ASIAN
LAW

現代の
イスラーム法

アジア法学会
［編］

［編集代表］
Kochu Nobuo
孝忠　延夫
Takamizawa Osamu
高見澤　麿
Horii Satoe
堀井　聡江

成文堂

刊行にあたって

本書の目的——アジア法とイスラーム法

　本書は，アジア法学会の創立10周年を記念して刊行された。本学会の目的は，アジア諸国のいわゆる法律（制定法）のみならず，これに様々な影響を与えている慣習法や宗教法等の規範をもアジア法の構成要素として研究することである。同様の研究は西洋法についても成り立ち得るであろうが，アジア諸国においては概ね西洋法をモデルとする国家法と固有法がしばしば齟齬し，後者が文化的に機能するという点でも，西洋中心主義的な法研究に一石を投じるという点でも，特にアジアの法を問題とする意義がある[1]。

　以上を前提とすると，イスラーム法（アラビア語でシャリーア）はアジア法研究の最適の主題といえるであろう[2]。同法は，7世紀末頃から10世紀にかけて成立した学説法の体系であり，スンナ派（ムスリム多数派）においては四法学派（ハナフィー派，マーリク派，シャーフィイー派，ハンバル派）に分かれ，各派の法も完全に統一されることはなかった。それはシャリーアが慣習法を取り込みつつ，地域社会に適合した結果であった。19世紀以降のイスラーム世界では，植民地支配や近代化の過程で西欧法に基づく制定法が導入されたが，特に家族法の分野においては，多くの国でシャリーアが部分的に成文化されている[3]。経済との関連においても，シャリーアの理念を現代化した新しい潮流として，ハラール産業やイスラーム金融の成長がみられる。

1　アジア法の概念について詳しくは安田信之「アジア法の概念とその生成過程」，安田信之・孝忠延夫〔編集代表〕『アジア法研究の新たな地平』成文堂，2006，11-36（第1章）参照。
2　もっとも，シャリーアがアジア法の構成要素であるとしても，同法が前近代におけると同じ意味で法といえるか否かは論争的な問題である。この問題については第1章の解説を参照されたい。
3　シャリーアに関する基本事項とイスラーム法学の歴史については，拙著『イスラーム法通史』山川出版社，2004参照。

本書の構成

　本書は，シャリーアのこうした展開とそれを取り巻く様々な問題を，中東と南アジアや東南アジアとを比較しつつ，できる限り網羅的に俯瞰することを試みた。

　まず「序論　アジア法におけるシャリーア（イスラーム法）」では，孝忠延夫が近年の比較法や法文化論の理論的動向をふまえ，我が国におけるアジア法およびシャリーア研究の現状と展望を論じている。続く本論は大きく2つの部分に分かれ，それぞれ2つの章から成る。

　第1部「国家とイスラーム」は，今日におけるシャリーアの法的，社会的影響力を左右し，しばしば政治化する国家の政策に焦点をあてる。

　第1章では，中東におけるこの問題の代表的な考察材料であるエジプト憲法を中心に，シャリーアの憲法上の位置づけとその意味を考察する。

　ボードワン・デュプレ「アラブ諸国の政策および憲法におけるシャリーアへの準拠」は，イスラームとナショナリズムの関係を軸として，国家の政体を問わずシャリーアが公的に承認され，政治的言説と化すメカニズムを，「アラブの春」以降の状況も視野に入れつつ歴史的かつ政治哲学的に分析している。

　後藤絵美「イスラーム国家における「シャリーア」と「自由」―現代エジプトのヴェール裁判にみる政教一致体制」は，問題のむしろ法的な影響に光を当て，シャリーアを法の唯一の源泉とするエジプトの憲法改正（1980）の前後における，教育機関が女子学生のヴェール着用を制限ないし禁止する規則に関する司法の判断の変化を比較検討し，上記改正がエジプトの世俗主義から「政教一致」への転換をもたらしたと論じる。

　第2章は，今日におけるシャリーアの最大の影響圏である家族法の南アジアにおける状況に目を転じ，いわゆるパーソナル・ローの1つとしてのシャリーアの適用に関する政策や一般法との関係をめぐる問題を取り上げる。

　マーティン・ラウ「パキスタンにおける司法積極主義とムスリム家族法改革の比較分析」は，近代以降のムスリム家族法改革の焦点である婚姻・離婚制度における妻の権利の強化に関して，イスラーム国家を標榜するパキスタ

ンと世俗国家インドの立法および判例を比較し，前者が後者より進歩的であるという逆説的な相違を明らかにしている。

伊藤弘子「国際私法における南アジアのムスリム家族法適用上の問題」は，ムスリム家族法改革の1つの障害をなす南アジアの法の多元性そのものを歴史的および実務的観点から考察し，パーソナル・ローの適用上の問題点を日本における事例を基に論じている。

第2部「シャリーアの現代的実践」は，前述したハラール産業とイスラーム金融に焦点をあて，現代におけるイスラーム解釈の問題を第1部とは違った角度から観察することを目している。

第3章では，福島康博「イスラームに基づく食の安全・安心：マレーシアのハラール認証制度の事例」が，ムスリム多数国かつハラール産業の主力であるマレーシアを取り上げ，現代的な価値観と結びついたハラールへの関心の高まりを背景とする国家的な取り組みを概観したうえで，認証基準にみられるシャリーア解釈のローカル性を明らかにしている。

第4章はイスラーム金融に関する総論と各論から成る。

長岡慎介「何が／誰がイスラーム金融を作るのか——理念と現実をめぐるダイナミズムと多様性」は，イスラーム金融の理論と展開を概観したうえで，共通の枠組みに発する制度的多様性と，とりわけ中東と東南アジアで顕著な解釈の相違を示し，グローバル経済における制度の展望と意義を考察している。

桑原尚子「イスラーム金融における債権譲渡をめぐる諸問題と遅れてきた「近代経験」——マレーシアを事例として——」は，中東諸国と共にイスラーム金融を牽引してきたマレーシアにおけるイスラーム債券を取り上げ，学説・判例から近代法の影響に基づくシャリーアの再解釈の方法を明らかにしている。

以上の論文から明らかなことは，イスラームおよびその法が1つではないという単純な事実である。これは今に始まったことではなく，むしろイスラームの伝統といってよいが，日々新しい技術やモノが生まれ，これに応じて価値観も多様化する現代にあっては，また何よりイスラーム的正統性や権

威の所在がかつて以上に曖昧となった今日にあっては，イスラーム解釈はより多様化しているのではないだろうか。また，本書を通じてイスラームと近代化，ナショナリズム，世俗主義，マイノリティ，ジェンダー等々のトピックを考える手がかりが得られれば幸いである。

編集方針について

　本書の編集にあたっては，論文集にありがちな弊を避け，一冊の本として内容的にまとまったものとなるように心がけた。そのため，各章の冒頭にテーマ解説を置き，各論文の意義および関係をより良く理解できるようにした。また，内容が関連する箇所についての相互参照の指示および，誤解や不統一感を避けるための注記も必要な限り加えたつもりである。また，本書は古典的なシャリーアおよびイスラーム法学に関するまとまった概説を欠くため，重要な用語については各論文における初出時に下線を付し，これらについては巻末に用語解説をおいた。これを一読頂ければ，イスラームとその法に関する一通りのことはおわかり頂けるであろう。以上によってもなお至らぬ点があれば，ひとえに編者の責任である。

　最後に，編者一同より，本書のために優れた研究成果を提供して下さった執筆者の方々に，この場を借りて心よりお礼を申し上げたい。また，昨今の厳しい出版事情のなか，助成金なしの学術出版を快諾して下さった成文堂の飯村晃弘氏に深く感謝すると共に，当初の刊行予定から大幅に遅れ，ご迷惑をおかけしたことに謹んでお詫びを申し上げたい。

堀井　聡江

目　次

刊行にあたって……………………………………………堀井　聡江　i
序論　アジア法におけるシャリーア（イスラーム法）……孝忠　延夫　1
　　1．はじめに——イジュティハードの門は閉じたのか（1）
　　2．イスラーム法研究（アジア・イスラーム法研究）と
　　　アジア法研究の現状と課題（5）
　　3．イスラーム法と国家（11）
　　4．むすびに——イスラームと「アジア的なるもの」
　　　という二項対立を超えて（17）

第1部　国家とイスラーム

第1章　シャリーアの憲法上の位置づけをめぐる問題……………23
　解説………………………………………………堀井　聡江　23
アラブ諸国の政策・憲法におけるシャリーアへの準拠（The reference to the Sharia in Arab Politics and Constitutions）
　………………………………ボードワン・デュプレ（堀井聡江訳）　26
　　1．内破，失権そして政治的復活（27）
　　2．不可欠な準拠，ばらばらな内容（32）
　　3．イスラームに依拠する法，宗教に関する
　　　問題における権限の移転（35）
　　4．イデオロギーとしてのシャリーア（44）

イスラーム国家における「シャリーア」と「自由」——エジプトのヴェール裁判にみる政教一致体制——………………………………後藤　絵美　46
　　はじめに——政教一致を問い直す（46）
　　1．「イスラーム国家」の成立（49）

2．ヴェール裁判の背景（55）
　　3．大学規定裁判とシャリーアおよび自由（60）
　　4．教育大臣令裁判とシャリーアおよび自由（68）
　おわりに（74）

第2章　ムスリム家族法の変容——南アジア 79
　解説 .... 堀井　聡江　79

パキスタンおよびインドにおける司法積極主義とムスリム家族法改革の比較分析（Judicial Activism and the Reform of Muslim Family Law in Pakistan and India: A Comparative Analysis）
　.................................... マーティン・ラウ著（堀井聡江訳）　82
　序論（82）
　　1．インドとパキスタンにおけるイスラーム家族法
　　　　適用のための法的門戸（84）
　　2．世俗国家インドにおけるイスラーム家族法（86）
　　3．インド——司法積極主義とイスラーム家族法改革（90）
　　4．パキスタン——イスラーム家族法と憲法上の平等権（95）
　結論（100）

国際私法における南アジアのムスリム家族法適用上の問題
　.. 伊藤　弘子　103
　序説（103）
　　1．南アジア家族法の背景（106）
　　2．南アジアのムスリム家族法（119）
　　3．国際私法による南アジア・ムスリム法の適用（134）
　おわりに（143）

第2部　シャリーアの現代的実践

第3章　ムスリム・アイデンティティとハラール産業 149
　解説 .... 堀井　聡江　149

「イスラームに基づく食の安全・安心：マレーシアのハラール認証制度の事例」 .... 福島　康博　151
　　はじめに（151）
　　1．食の安全・安心とイスラーム（152）
　　2．マレーシアのハラール認証（159）
　　3．マレーシアの実践例（169）
　　4．ハラール認証基準をめぐる多様性（181）
　　おわりに（190）

第4章　イスラーム金融の背景――中東と東南アジアの比較 ‥195
　解説 .... 堀井　聡江　195

「何が／誰がイスラーム金融を作るのか――理念と現実をめぐるダイナミズムと多様性」 .... 長岡　慎介　198
　　1．台頭するイスラーム金融――その歴史と現在（198）
　　2．イスラーム金融を支える理念とその現代的位相（201）
　　3．イスラーム金融を作り出すアクターとアリーナ（207）
　　4．イスラーム金融のダイナミズムと多様性（212）

「イスラーム金融における債権譲渡をめぐる諸問題と遅れてきた「近代経験」――マレーシアを事例として――」 .... 桑原　尚子　221
　　はじめに（221）
　　1．マレーシアのイスラーム法制度概観（223）

2．マレーシアにおけるイスラーム金融法制：とくに紛争処理について（225）
　　3．イスラーム債券の発行（229）
　　4．イスラーム法におけるダインの売買による債権譲渡（231）
　　5．第三者への債権譲渡に関する論点（238）
　　6．ダインの売買による債権譲渡：マレーシア証券委員会・シャリーア諮問協議会の見解（241）
　おわりに（245）

あとがき……………………………………………高見澤　磨　251
用語解説……………………………………………堀井　聡江　253
事項索引………………………………………………………………266

序論
アジア法におけるシャリーア（イスラーム法）

孝忠　延夫

1. はじめに──イジュティハードの門は閉じたのか

1.1. アジア法研究とイスラーム法

「アジア法」，「イスラーム法」──この両者とも日本においては（厳密には，いわゆる「先進諸国」においては，というべきだろうが），法学研究の『本道』からは外れた分野であり，特定の「地域研究」として貴重な研究成果が産み出されたとしても，グランド・セオリーの「例外」，あるいは「特殊な」事例とされることが多かった。しかしながら，近年，急速にこの分野での研究は進み，西欧中心の研究および研究方法論の「限界」あるいは「誤り」も自覚されるようになってきている。ただ，この両者をあわせて，正面から論ずることには多くの困難が伴う。それぞれの歴史の中で社会的に構築されてきた制度と法，複雑かつ多様な事例を読み解き分析する視点と方法，…等々を欠いたまま個別の制度や法を紹介するだけでは，不十分だからである。それに何より筆者の「能力」の限界は決定的である。比較法学における法系論・法圏論の限界をのりこえ，それに代わりうるものとしての『法伝統論 legal tradition』を主張した H.P. グレン（H.Patrick Glenn, 1940-2014）に対して

1　すでに何度か引用したことがあるが，ここでも G. スピヴァクの指摘を挙げておきたい。彼女は，いわゆる「認可された無知（sanctioned ignorance）」の問題を挙げ，西欧と非西欧とを，一方が理論を産出し，他方が題材・実例を提供するといった二項対立の構図でとらえるような植民地主義的生産の構想を批判する。本橋哲也「ガヤトリ・C・スピヴァク『ポストコロニアル理性批判』」（大澤真幸編『ナショナリズムの名著50』平凡社，2002年）所収）など参照。

2　本章では，法的多元主義（legal pluralism）に親和的とされるグレンの「法伝統論」についてイスラーム法伝統およびアジア法伝統等との関連で紹介・論究してみたい。グレンによれば，伝統は社会と法との共通の側面であり，伝統を考察することによって両者

さえ，そのイスラーム法伝統の記述について「非専門家の大胆な試み」であり，「残念ながら，…当該テーマの紹介としては推薦できない」との書評が公刊されている（Foster 2006, 174）。これらの書評を読んだ筆者が無謀にも本章を著すのは，本書の果たすべき課題と内容が現在，そしてこれからの法学研究，比較法研究に，不可欠の課題と内容を含むものであることを確信するからである。

　日本における「アジアとイスラーム法」にかかわる先行研究として，千葉正士編『アジアにおけるイスラーム法の移植』（成文堂，1997年）を先ず挙げておかなければならないだろう。その「はしがき」で千葉は，アジア法についての関心が高まり，その研究成果も増えていることを喜びつつ，イスラーム法（シャリーア sharīʿah）の専門研究者が少ないゆえに，「無理のある企画であることを承知しながらあえて試みた」と記している。そして同書の最後の章「アジア・イスラーム法研究の課題」の中で「残された課題」を率直に提示している（千葉1997, 299; 同1998, 181.）。

　千葉によれば，「アジア・イスラーム法研究の意義」は，――厳密に言えば，千葉は「移植アジア・イスラーム法研究の意義」としているのではあるが――，次の3点にある。まず「第一に，理念におけるウンマ〔筆者注：イスラーム共同体〕の一体性は，現実における多様性を否定するものではなく，反対に現実の多様性を承認しそれにもかかわらずそのすべてに超越して妥当する理念を表明するものである」（同，9-10）。このことの実証的研究の意義，必要性である。第二に，「イスラーム法を他のアジア法とだけではなく西欧法をも加えて比較すること〔の〕人類文化史としての意義」（同，11）である。そして，第三に，「現存ムスリム諸国の憲法体制における移植西欧法とイスラーム法との関係」（同）研究の意義である。かかる意義がありな

の共通の要素を明らかにすることができる（Glenn2010, 2-3）。また，伝統は規範的情報によって構成されるものであり（同，13），変化へのシステムの適合性については，「変化に対応する伝統であるか？」ではなく，「変化の概念を認める伝統であるのか？」との設問の方が適切であると述べる（同，26）。なお，安田信之名古屋大学名誉教授からは，Glenn2010の第1章，第2章，および第6章の試訳をいただき，Glennの法伝統論についてご教示いただいた。ここに記して感謝の気持ちを示したい。

序論　アジア法におけるシャリーア（イスラーム法）　3

がら，わが国の法学界が「アジア・イスラーム法には全く無関心であった」理由として，千葉は，わが国法学の「国家法一元論と西欧法普遍論という方法論的前提」（同，9）を挙げる。

この「西欧法普遍論という方法論的前提」については，眞田芳憲なども千葉と同様の批判をおこなっている。すなわち，「…非西洋諸国の法文化，最近接のアジア諸国はもとより，東南アジア諸国の法文化に関心を示す学問的必然性は乏しいか，あるいはまったく存在しなかったのである。…わが国の法律学にとって，イスラーム法は，西洋法とは全く異質の，時には猟奇的興味さえ覚えさせる，いわゆる《前近代的な後進社会》の法であり，《非合理の世界》の法であった。西洋型近代化の促進を志向するわが法律学からすれば，イスラーム法はとうていその学問的研究の対象に馴染むものでなかったのである」（眞田2000, 6-7）。

しかしながら千葉は，かかるわが国の法学界の状況のなかでも，「新鮮で貴重な材料を提供する」すぐれた研究成果が積み重ねられてきたことを評価し，「イスラーム研究は，待望されているポストモダン法学の最も有力な担い手の一つであることが確かである」（千葉1997, 6）と位置づける。ただ，同時に千葉は「法学界はこれらに対してその門を閉ざしたままである」（同，5）と慨嘆する。

1.2. イジュティハードの門は閉じたのか

近代のイスラーム法研究者およびムスリム知識人に浸透した「イジュティハードの門の閉鎖」，つまりイスラーム法の解釈的発展は中世において停止したというテーゼは，イスラーム法研究の意義のみならずイスラーム法自体の存在を無ならしめる。そこには，オリエンタリズム的言説の根深い浸透が認められる，としたワーイル・B・ハッラークの「イジュティハードの門は閉じたのか」（Wael B. Hallaq 1984）は，大きな反響をよんだ。この論文は，オリエンタリズムの支配と弊害からいかにして脱するかという重い問いかけに応えようとするものであった（奥田2003）。

堀井聡江によれば，「イジュティハード（ijtihād）とは，「努力」を指すア

ラビア語であるが，イジュティハードの専門用語としては，神の啓示を解釈してシャリーア（sharīʿa イスラーム法）を発見する学的努力を指す」。また，「…イジュティハードには様々なレベルがあり，最も高いレベルにおいては，シャリーアをその法源から導き出すことを指す。シャリーアの法源とは，スンナ派の法学上の通説によれば，①聖典クルアーン，②スンナ（sunna）すなわち預言者ムハンマド（632年没）の言行，③イジュマー（ijmāʿ），すなわち法学者の合意，および④キヤース（qiyās）と総称される一定の推論である」[3]。ハッラークは，上述の論文において，こうした解釈学的営為を通じ，イスラーム法が絶えず発展を続けていたことを実証した。

現代におけるイジュティハードの実践の形態には，法典編纂，ファトワー，法学研究という3つの形態があるとされる。奥田敦は，「…植民地支配後の主権国家によって編纂された法律においても，親族法・相続法の領域に限らず，契約法に関しても選択的なイジュティハードが実現した例を見出すことができる」とし，さらに「近代化の象徴のように考えられがちな法律の編纂，制定がまた同時に，現代的イジュティハード実践の場たり得るのである」（ハッラーク2003, 奥田2005, 342）と述べている。

イスラーム法は，「多様性と統一性を包摂する」法であるといわれる。統一性・一貫性はクルアーンという聖典の統合性によって確保されているが，「典拠と解釈の営為の総体として存在する」イスラーム法は，「法学者が当面する問題毎に解決策を編み出す点で〈問題解決型の法〉」（小杉2011, 103）だからである。〈問題解決型の法〉であるがゆえに，多様なアジアにおいて，イスラーム法は，人々の生活に深く浸透している。また，政治などの公共的領域との関係を見ていくうえでも不可欠の考慮要素である（いうまでもないが，「後進的」，「途上国」だからということではなく）。近年，イスラーム研究，イスラーム法研究は，日本においても飛躍的に進んできた。2006年から，人間文化研究機構（NIHU）および国内5拠点大学で行なわれているネットワーク型の共同研究プログラム「イスラーム地域研究（IAS）」は，多くの研究成

---

[3]　堀井聡江「イスラーム法をめぐる用語　イジュティハード／ファトワー」（床呂／西井／福島2012, 194）。

果を国内外に発信しつつ進められている。また，東南アジアに限定して言えば，床呂郁哉／西井涼子／福島康博編『東南アジアのイスラーム』（東京外国語大学出版会，2012年）におけるいくつかの専門論文などの研究成果もみられる。日本でも「イスラーム法研究の門」は，確実に開きつつあるように思う。

2. イスラーム法研究（アジア・イスラーム法研究）とアジア法研究の現状と課題

2.1. イスラーム法研究

　イスラーム法は，啓典に基づく天啓法であると同時に，法学者の解釈を通して法規定が定められる点で，「法曹法」ないしは「学説法」のカテゴリーに含まれる。「学説法はローマ時代などに他の例も見られるが，前近代のみならず現代にまで学説法が効力を有しているという点では，非常に珍しい例である」（小杉2011, 66）とされる。[4]

　千葉は，イスラーム法研究を，「待望されているポストモダン法学の最も有力な担い手の一つである」とし，自らの道具概念の枠組によってアジア・イスラーム法の再構成を試みる。そして，「われわれの具体的な課題は，この地域に生きる多数の法主体が，それぞれの原固有法の上にイスラーム法を移植し，それを同化したあとでさらに近代西欧法を移植して現在に至った。その多元的な現状ということになる」（千葉1997, 15）とする。このことは，小杉泰も指摘しており，例えば，東南アジアのイスラームについて，「特殊な東南アジア的な文脈にだけ還元することなく，広いイスラーム世界の文脈に位置づけるための方法論的視座を提起」（小杉2006, 618）すべきであり，

---

[4] 小杉泰によれば，「文明の観点から見ると，人間生活のすべての面に対して何らかの指針を示すイスラーム法は，本書で言う「社会運営の技術体系」を体現している。そのような技術体系が「法」として具体的な形をとる点がイスラーム文明の特徴の一つであるが，その時に，私たちが法の通常の形として想定する制定法と異なっているのは，イスラーム法が法学者たちの解釈によって具体的な内容が形成される点である。そして，法学者たちの解釈が蓄積する中で，法学派が実体をもつようになった。…法学者と彼らの学派こそがイスラーム法の担い手である。」（小杉2011, 292）

「東南アジアの場合，シャリーア（イスラーム法）とアダット（慣習法）の二元性が地域的特徴とされることが多いが，この中にも1つの問題が含まれている。イスラーム法と慣習の二元性は中東でも見られる現象であるが，シャリーアと慣習の弁別はそもそもイスラーム化の結果生じており，イスラーム化以前からの慣習がそのままの形で残っていることはないからである」（同，648）と述べる[5]。イスラーム法と在来社会の法という問題設定そのものが孕む問題性を自覚することが求められている。この意味で，グレンが，代表的な法伝統の最初に地母法伝統（Chthonic Legal Tradition）[6]を挙げ，イスラーム法伝統，アジア法伝統等も論ずるとともに，それらが決して排他的なものではなく，一国の法体系のなかに「受容」され組み入れられており，持続可能なものであるとしていることは重要な指摘といえよう[7]。

　このことは，より大きなパースペクティヴからすると，西欧法とイスラーム法という二元的なとらえ方，問題設定の問題性にも繋がるように思う。すなわち，「西欧」の形成に果たした（ヨーロッパ的なるものに内在化された）イスラームの役割を不可視化してしまうこと，さらには，笹倉秀夫が「多様な要素からなる西欧文化を，ただ一つの要素に還元して，他文化と比較することはできない」（早稲田大学比較法研究所2008, 544）と言うように「西欧」自身の多様性，多元性をも無視してしまうことになるからである。

　では，イスラーム法をどのように位置づけるべきなのであろうか。比較法

5　このことにかかわる研究として，森正美「フィリピン・ムスリム社会における多元的法体制と法実践の交渉——パラワン島南部のバランガイにおける婚姻手続き過程」角田／石田2009, 131, 同「フィリピンにおけるイスラーム法制度の運用と課題——離婚裁判事例を中心に」床呂／西井／福島2012, 173などがある。また，Mallat2006なども参照。
6　Chthonic law の「地母法」という訳語は，安田信之が工夫した訳語である。これまで日本では，そのままカタカナ表記するか，「土着法」（五十嵐清）あるいは固有法（五十嵐，貝瀬幸雄）という訳語が使用されてきた。
7　グレンの同書の第2版（2004年）に対する，それぞれの法分野の専門家からなる書評集である Foster2006 の総論（W.Twining および A.Halpin 執筆）とグレンの Chthonic Law について批判的検討を加えた第3章（G.Woodman 執筆）など参照。アレンが，地母法（chthonic law）伝統，アジア法伝統という新しい概念を用いていることに対しては，同論集のなかで W.Twining が「恣意的であり，その有効性は疑わしい」と批判している（Foster2006, 113-4）。

学の方法論のメインストリームは，今なお法系論・法圏論にあるとされるが，このことを前提としつつ，大江泰一郎は「メタ法系論」とも言うべきものを主張する。大江は，「〈近代法〉は，その〈構造〉において非西洋圏の法を認識するさいの基準モデルとなりうべきもの」であり「体系構成の基準点になりうる」（同，498）ものであるとし，ニコラス・ルーマンがシステム理論に依拠して提起した三類型論を紹介する。そこでは，イスラーム法が「政治システムと宗教システムとが親族秩序からは解放されながらも，その政治システムが宗教システムからは切り離されるには至らず，結果として『宗教に拘束された法』が発達するケース」という類型の代表例として挙げられている。

広渡清吾は，「法圏の確定」をそれ自体として学問的作業の目的とすることに懐疑を示し，「法圏」は実証できるものとしてアプリオリに存在しているものではないとして，次のように述べる。「個別のミクロの実証成果に基づく分類によってはじめて帰納されるのであり，諸法秩序の共通性が見いだされた場合には『なぜ共通なのか』という理由・原因が次に探査されるというものではないだろうか」（滝沢2002, 30-1）。この問題意識は，眞田が，わが国の多くの論者がイスラーム法の法的特性を指摘しても，「この法的特性が由来する源泉ともいうべきイスラームの社会構成原理について論究しない…。イスラーム社会の基層原理とも言うべきこうしたイスラームの社会構成原理に解明の光を投じることなくして，イスラーム法に対して法的評価を加えることはおよそ不可能である」（早稲田大学比較法研究所2008, 443-4）と述べることに通ずる指摘だと思われる。

2.2. 比較法の発展と現状

日本における比較法の現状について，野田良之は，すでに1973年，「…中国法研究の復活によって，われわれの比較法的視野がさらにアジアの全域に広げられることが必要である。ヨオロッパ文化を追うことに急で，われわれに最も近い〔アジア諸国の〕国国の文化に疎遠であることは，比較法的にみて決して健全だとは言えない。それらの法系の体系的研究は，地理的にみて

最も好適の位置にあり，歴史的にみても最も研究条件に恵まれた日本の比較法学者の世界の比較法研究に対して負う責任でもある。」（野田1973, 7-8）と述べている。

　法系論・法圏論を批判的に克服しようとする，グレンは，イスラーム法伝統を「高度に発達した複雑な法伝統を表現」するものととらえ，幾つかの西欧法伝統と並んで，「むしろそれを修正するもの」と位置づけている（Glenn2010, 198）。「法伝統の観念は，法系の観念よりも，現在の法的諸関係を概念化するのに最も適している」とし，イスラーム法伝統，東アジア法伝統などの非西欧法伝統に重点をおいて論じたグレンの法伝統論については，日本でも五十嵐清，貝瀬幸雄などによる紹介がおこなわれている（五十嵐2008, 貝瀬2015）。

　グレンによれば，西欧法学からの挑戦に対してのイスラーム側からの応答には，二つのタイプがある。一つは，啓示の性質に基づくものであり，もう一つは，より特定的にイスラームの事情によるものである（Glenn2010, 201）。また，「イスラーム伝統は，イスラームの教えに反しないかぎり，地方の非公式の慣習にも寛容である。これは，イスラーム法の独立した法源ではないが，他の法源に対するイスラーム的寛容であり，イスラーム法の地理的拡大の中で基本的な重要性を有するものとされる」（同, 213）。換言すれば，「法伝統」とは，「歴史的過程のなかで多元的に形成されてきたもの」といえる。このことは，とりわけアジアにおけるイスラーム法を考えるときに重要であろう。

　個人の自由と平等，法の支配と司法権の独立などの主張に対して，<u>イスラーム法学者</u>は，「権利・義務の有効性に異議を唱え，権利の存在を認める諸国で広範に拡がる暴力を挙げ，普遍的規範とされるものの地域化や国内化と『共通の利益についての社会的措置の必要性』を主張する」（同, 223）。グレンは，「イスラームの社会正義の観念」に論究し，それが南北問題，貧困問題に直面する世界にあって「共同体による援助理念，…集団的利益」を提示することによって大きなインパクトを与えるものであると評価する（同, 225）。

また，リーガル・プルーラリズムを比較法学の主流に位置づけようとするW・メンスキーは，大部の比較法教科書（Menski2006）において，ヒンドゥー法，イスラーム法，アフリカ法，そして中国法を比較の対象として挙げ，その第5章をイスラーム法の叙述にあてている（Islamic law: God's law or men's law?）。また，彼は，千葉の多元的法体制に関する理論に言及しつつ自らの法理論をカイト理論として展開する[8]。かかる研究についても日本では角田猛之などによる紹介・検討がなされるようになってきており，千葉が慨嘆した[9]ような研究状況は，変わりつつあるのではなかろうか。伝統的な比較法研究方法論を乗り越えようとするこれらの研究は，近年のイスラーム研究の成果をふまえたイスラーム法研究といえよう。

2.3.「アジア」法研究

筆者は，日本における「アジア法研究」の一定の成果と到達点を示す安田／孝忠2006の「序」で，次のように述べたことがある。

「（アジア法研究の展望）冒頭にも述べたように，本書は，アジア法研究の具体的な研究成果を示すことによって，従来の西欧法中心主義的研究アプローチに対する〈異議申し立て〉をおこない，その再検討の必要性を問いかけるものである。本書タイトルの『アジア法研究の新たな地平』とは，この意味でアジア法研究の到達点と課題を示す〈地平〉のみならず，日本における法学研究再構築の手がかり（地平）を示すものでもある。言うまでもないことではあるが，本書は，オリエンタリズムなどによって『捏造されたアジア』の法に関する研究でも，西欧が『自己イメージの反転像として描いたア

---

[8] W.Menski, 'Flying kites in a global sky: New models of jurisprudence', Socio-legal Review7, 2011, pp.1-22. なお，イスラーム法に関する近年の主要な欧語（英語）研究論文は，Picken 2011にほぼ収録されている。

[9] 角田猛之「ロンドン大学東洋アフリカ学院ロースクールにおける『アジア・アフリカの法体系』講義（2011-2012年）の紹介──ヴェルナー・メンスキー教授の講義資料を中心として）関西大学法学論集第63巻6号（2014年）312頁，同「グローバルな規模で最も妥当性を有する刺激物としての多元的法体制」（角田／メンスキー／森／石田2015, 155)。

ジア』の法に関する研究でもない。〈西欧とアジア〉の二項対立を超え、より普遍的な価値と方法論を模索する営為の一冊である。」(安田／孝忠2006, 10)

　この箇所については，大江泰一郎の次のような批評がなされている。「…本書を，『〈西欧とアジア〉の二項対立を超え，より普遍的な価値と方法論を模索する営為の一冊である』と呼ぶとき，アジアを西洋に対抗するいわば〈もうひとつの普遍〉へと引き上げようとする，〈普遍〉へのこだわりが読者には強く印象に残る[10]」。しかしながら，そこで筆者は，〈西欧とアジア〉の二項対立を超え，と明確に述べており，オリエンタリズム批判のこの文脈にオクシデンタリズムの主張まで読み込むことはいきすぎであろう。筆者は，大江の言うように，「アジアの実相に即した法の内実」を解明する営為の蓄積の「…結果として普遍の価値をあとから獲得するのであって，われわれの現在はまだその長い途上にあるにすぎない」と考えている。また，イスラーム法研究の課題を考察するにあたっては，あらためて地域や地域性を超える〈普遍性〉，そしてその要素とは何かをも考えなければならないとも感じている。千葉は，非西欧法あるいはアジア法を研究対象とするだけではなく，新しい方法論によって「非西欧法研究を非西欧法学に，アジア法研究をアジア法学に発展させ」ることを展望していた（千葉2015, 48：角田／メンスキー／森／石田2015, 13)。

　かかる千葉の『展望』をふまえつつも――「西欧で認知されていない」という理由からではないが――，「アジア法研究」は，現在「アジア諸国（諸地域）法の研究」といわざるをえない。グレンが，「アジア法」という章を立てて論じつつ，その内容が中国法，東アジア法，日本法などであることにも，それを一体として論じることの難しさが窺われよう。筆者は，「アジア概念が『アジア法』という独特の法概念を導く基礎となっている」(石田眞：早稲田大学比較法研究所2008, 167-8) という，安田信之に対する批判に必ずしも与するものではないが，価値概念としての「アジア」概念をアジア法研究の

---

[10]　大江泰一郎「書評」比較法研究第69号（2008年）233, 236頁。

基礎におくことはできないと考える。このことは，臼杵陽が，「イスラーム地域研究」は「イスラーム＋地域研究」ではなく，「イスラーム地域＋研究」だと述べていることと通ずるところがあるように思う（臼杵2009, 265）。

　しかし，控えめに言ってもイスラーム法研究とアジア法研究とは，ともに，国家法一元論と西欧法普遍論に対する「異議申し立て」という性格を持たざるを得ない研究分野であることは確かである（「異議申し立て」にとどまらない何ものかを考究することが求められているのではあるが）。また，シャリーアの原義が，〈水場へ至る道〉であることからも明らかなように，イスラーム法は人間の生存にとって最も重要で不可欠なものであり，人々の生き方，生活に必須の指標に他ならない。アジアにおけるイスラーム法の研究は，多様で多元的なアジアのそれぞれの社会で「生ける法」の研究として，今後ますますその重要性と意義が増していくのではなかろうか。

3. イスラーム法と国家

3.1. イスラームと国家

　キリスト教にしても仏教にしても，既存の「国家」とどのような関係をとっていくのか（かかわりを築いていくのか）が大きな問題であった。ところが，「アラビア半島には，イスラーム登場以前には，強大な国家権力，あるいは中央集権的な行政機構は存在しなかった。そのような国家の『空白地帯』に，新しい宗教としてイスラームが生まれて，宗教的な共同体とともに国家を建設し，共同体の法が国家をも規制するという原則を樹立した」（小杉2006, 291）。したがって，「宗教と国家の関係を考えると，人類史的に見て，これは例外的な『事件』と言うべきかもしれない」（同）とも評価される。イスラームと国家との関係を宗教と近代国民国家との「政教関係」という視角からみることの「誤り」は明らかである。

　もちろんイスラームは，その成立以来，「統治」に強い関心を寄せてきた。そして，その国家およびその統治は，宗教をその正統性・正当性の基盤に置いてきたのである。近代国民国家の登場によって影が薄くなり，その国家観は「時代遅れ」のものになったかに思われたが，「20世紀後半にその生

命力は劇的な再活性化を示した。イスラームに基づいて現代社会をどうとらえるのか，現代における国家をどう考えるのかについて，さまざまなイスラーム的試案が各地で提示されている。何を目的として，なぜ，どのように，イスラーム世界で国家は統治を行うのか――それは，古くて，新しい問題となっている」(小杉2006, 58) のである。グローバリゼーションは，現行法の正当性を再考することを求め，提示された法の潜在的な正当性を検討することを，われわれに求めているとしたうえで，グレンは，「①法における伝統，あるいは法的伝統を語ることは，何を意味するのか，②国家は何故法的伝統として最もよく理解されるのか，そして最後に③法的伝統としての国家は何故現代，そして将来の適切な概念化なのか」(Glenn2013, 705) と問いかけ，「国家は，一方的な世界観を押し付ける存在ではなく，伝統の調整の場である」(Glenn2010, 54) とする。[11]

　アジアにおいては，多くの国が，その独立にさいして，旧宗主国の統治システム，法制度の影響を大きく受けつつ，「イスラーム国家」を標榜し，あるいは国民統合におけるイスラームのあり方を模索してきた。そして，19世紀以来「多かれ少なかれイスラーム法に依拠した立法は，欧米の法典の継受という全般的な流れのなかで，近代国家がイスラーム法を国家体制のなかでどのように位置づけるか，そのあるべき姿を模索した結果ということができ」る (堀井2004, ii)。

　前述した千葉の「アジア・イスラーム法研究の三つの意義」の第三の意義，すなわち「現存ムスリム諸国の憲法体制における移植西欧法とイスラーム法との関係」研究の意義に関連する事例として，ここではインドにおけるイスラームの問題について簡単にふれておきたい。インドをとり上げるのは，第一に，インドをとりまく南アジア諸国とは異なり，「政教分離国家」を国是としてきたからである。インドの1億を超えるムスリムは，かかる政

11　ジョン・ベル (John Bell) は，グレンの「法伝統」の検討範囲が私法に限定されていることや法の発展における「制度」の役割の重要性を過小評価しているとし，伝統を発展させる要素を十分に論じていないなどと批判していたが (Foster2006, 130,138)，グレン2013は，この批判に応答する意味も持っていたと思われる。

教分離国家の〈優位性〉を示すインドの不可欠の構成要素たる「国民」として存在する。しかし，インドの西には，『パキスタン・イスラーム共和国』，東にはイスラームを国教とする『バングラデシュ人民共和国』，そして南には仏教を第一の地位におく『スリランカ民主社会主義共和国』などの国家が位置する。第二に，それは，インドの「国民」統合のあり方を問う最大の「マイノリティ」でもあるからである。インドにおける他の「マイノリティ」とムスリムを同列におくことによる憲法理念の実現の困難さについては，別稿で論じてきたところである。なお，ムスリムが多数を占める国家では，シャリーアに，ある種のあるいは唯一の「法源」として，または国家制定法の法的効力の基準としての地位が与えられることが多い。さらには，法律制定の実体とプロセスに影響力を行使する権限を特別な機関に付与する国もみられる（ハーディン／ナスララ2015, 274）。

3.2. インドにおけるイスラーム

1) 宗教的マイノリティとしてのムスリム

ムスリムは，インドにおいてのみならず，今日の世界においてもっとも可視化された「マイノリティ」といってよい。「近代」国家の主張する近代性や民主主義の本質的な内容にかかわる論議（ヒジャーブ，女性の地位，身分法など）から，国家のあり方をめぐる論議にまでムスリムにかかわる論議は，世界各国・各地で起こっている。ヨーロッパ的な論議における（それぞれの国民国家成立にかかわる論議を別にすれば）「マイノリティの権利」は，異なったエスニックな，人種的，宗教的，文化的，あるいはナショナル・アイデンティティを持つ「マイノリティ」の文化的権利を中心としてきた。しか

---

12 〔編者注〕筆者は次節の終わりでインドの政教分離が国家と宗教の分離という意味での世俗主義と同義ではなく，国家による全ての宗教の平等な尊重を指すとする。重要な指摘ではあるが，政教分離をこの意味で用いるのは言葉のうえで問題があると思われるため（第2章ラウ論文の訳者注4参照），本書では以下，政教分離＝世俗主義というコンベンショナルな用法に従いつつ，インドではその限りでないというにとどめたい。
13 拙稿「インドにおける『マイノリティ』」（孝忠／安武／西2013, 115）等参照。
14 詳しくは，同論文の表1「ムスリムが多数を占める国家におけるシャリーアに基づく諸決定についての表」参照。

し，「マイノリティの地」(Manchanda2010, 28) といわれる南アジアでは，状況が異なっている。互いの「多数者」宗教集団が国境の反対側に「少数者」として自らの宗教集団を残して位置している。したがって，国内での宗教的・文化的衝突が，国民国家の形成と国民統合にかかわる問題と結びつけられ，マイノリティは，「敵対的」な存在とされ，あるいは「第五列」とみなされたりもする。近年ヨーロッパで，制度上名指しはされないものの，事実上「イスラームであることの〈犯罪化〉」ともいえるような事態が進行していることは，第二次世界大戦後，南アジアが抱え続けてきたものと類似の現象がヨーロッパでも起こりつつあるとみなすこともできる。このことは，キムリッカやアパドゥライの指摘するように，マイノリティ（とりわけムスリム）の問題がリベラルデモクラシーの関心というよりも，国家の安全の問題として扱われるということになる。[15]

もちろん，インドにおけるムスリムの問題は，たんなる「マイノリティ」の問題ではなく，「印パ分離・独立」といわれるように，どのような「国民」によって構成される国民国家を形成し，「国民統合」を築き上げていくのかにかかわる問題でもあった。

2)「ムスリム」としてのアイデンティティ──「改宗」と身分法を手がかりとして

インドの「マジョリティ」とされる「ヒンドゥー」とは何か（誰か），ということに関する憲法，および法律上の規定（憲法第25条，不可触民制犯罪法（市民権保護法），ヒンドゥー法案その他）から読みとると，シク，ジャイナ教徒，仏教徒は，ヒンドゥー・コミュニティの一部とされているようである。したがって，この3宗教への「改宗」はヒンドゥー主義の枠内のものとされるので，国家法の視点からの「改宗」とは，イスラーム，キリスト教，ユダヤ教，あるいはゾロアスター教への改宗を意味するということになる。

このことは，ヒンドゥー法案（ヒンドゥー婚姻法，ヒンドゥー養子・扶養法，

---

[15] Kymlicka/Norman2000, アルジュン・アパドゥライ著/藤倉達郎訳『グローバリゼーションと暴力』（世界思想社，2010年）。

ヒンドゥー相続法など)の内容にも大きなかかわりをもつ。また、そこでいう「改宗」が、イスラームなど(「インド外」で生まれたとされる宗教)への改宗のみを意味するとすることは、「改宗」の概念を元々含まないとされるヒンドゥー主義の「保護」を目的としていると解されるとともに、インド憲法の理念である政教分離主義からの疑念をよびおこす。というのは、法律が宗教集団間の差異を認め(創りだし)、宗教の違いによる「分裂」を増大する一因となっているからである。

「ムスリム」は、「改宗」概念の対象であるという位置づけに始まり、宗教生活、家族生活などにかかわる規範を「マジョリティ」とは異にする宗教集団とされる。そこでは、ムスリムは一体のものとされ、宗教を理由とする「アイデンティティ」が国から与えられるということになる。ここから、ある範疇に分類されたものは、均質であるという前提に依拠する「類化のマジック」が働きはじめることになる。[16]この固定化された宗教的／コミュナル的アイデンティティは、地域的で、しかも他のアイデンティティと重なり合う性質を持っていたといわれるイギリスの植民地支配以前のものとは大きく異なる。すなわち、累積的に形成されてきたものとしてのムスリム・アイデンティティの存在である。

憲法制定施行後、ムスリムの「マイノリティ」化を決定づけた事件の一つとして、「シャー・バーノ事件」[17]を挙げることに異論は少ないだろう。困窮した離婚女性には別れた夫から扶養手当を受ける権利があるとし、統一民法典の成立についても言及した最高裁判決(1985年)は、ムスリムの宗教的アイデンティティに干渉するものであるとして激しい反発が起こった。同時にインド人民党(BJP)などは、国はなぜ統一民法典に関する指導原則(憲法

---

16 関根康正は、この「類化のマジック」がコミュナリズムという本質主義的言説を現実に動かす力になるとする。関根「南アジアの開発と国民統合の現実——インドにおける経済自由化とヒンドゥー・ナショナリズムの台頭」川田順三ほか編『開発と文化4 開発と民族問題』(岩波書店、1998年)105頁。

17 Mohd. Ahmad Khan v. Sha Bano Begum, (1985) 2 SCC 556: AIR 1985 SC 945. この判決について、詳しくは、本書第2章1(マーティン・ラウ)および2(伊藤弘子)、杉山圭以子「80年代における政治とセキュラリズム——シャー・バーノ訴訟と諸論争を中心に」『学習院大学国際関係学研究』20号(1993年)135頁など参照。

第44条)を実行しないのか,と迫った(極言すれば,「市民」からの排除の暴力性と「国民」への包摂の暴力性を同時に示す動きが顕著になってきた時期といえる)。政府と国会は,事実上ムスリムの主張を容れ,「ムスリム女性(離婚の権利保護)法」を成立させ,ムスリム女性が離婚後の扶養手当を巡って刑事訴訟法に基づいて争う余地をなくした(1986年)。最高裁が統一民法典の問題に言及したことは,結果としてムスリムを社会の本流から決定的に引き離すこと(すなわち「マイノリティ」化)を助長することになったといえよう。また,そこには,国家が「憲法の諸原理に同意すること」を求めるばかりではなく,「文化的変容を受ける用意」すなわち「主流の文化,生活様式,慣習などをとり入れること」を求めることができるのか,という問題が伏在している(ハーバーマスは,このことを「移民」の問題として論じているが,移民とナショナル・マイノリティの問題を切断するのではなく,「関係概念,すなわち程度問題とし,概念の連続性を想定する[18]」ことも可能ではなかろうか)。

　パキスタン・イスラーム共和国憲法は,イスラーム諸原理こそが社会正義を宣言するものであるとするが,インド憲法は,その前文,基本権,および国家政策の指導原則が三位一体となって,社会正義の実現をめざすものであるとする[19]。そして,その理念の1つとされた政教分離主義は,単なる宗教的寛容(religious tolerance)のみならず,すべての宗教に対する平等な尊重と配慮を求めるという積極的な概念であるとされている[20]。もちろん,かかる理念が容易に実現できるものでないことはその歴史が示しており,最高裁判所も,時々の政権に「妥協的な」判断を示す傾向があることも否定しがたい[21]。

18　杉田敦『境界線の政治学』(岩波書店,2005年)68頁。
19　*Masilamani v. Idol of Swaminatha Swami*, AIR 1996 SC 1697.
20　Arvind P. Datar, *Commentary on The Constitution of India*, Second Edition, 2007, Wadhwa, Nagpur.
21　Hanna Lerner, *Making Constitutions in Deeply Divided Societies*, Cambridge University Press, 2011, Cambridge; Mahmood2010.

4. むすびに——イスラームと「アジア的なるもの」という二項対立を超えて

　イスラームと「西欧」,「アジア」と「西欧」, というそれぞれ二項対立でとらえられがちな枠組み, 問題設定の〈問題性〉について指摘されるようになって久しい。本章では, これらのことと同時にイスラームと「アジア的なるもの」, イスラーム法と地域固有の法（在来社会の法）を, さらには国家法と非国家法（固有法）などという二項対立の枠組みでとらえることの〈問題性〉についても指摘してきた。

　すなわち, イスラーム（イスラーム法）は, それぞれの社会（在来社会の法）と向かい合い, 関係をつくりあげてきている。そこで創りだされていった規範は, 人間の生存にとって最も重要で不可欠なものであり, 人々の生き方, 生活に必須の指標, まさに〈水場へ至る道〉に他ならない。本書各章には, イスラーム法と在来社会の法という問題設定そのものが孕む問題を問題とする研究成果も示されており, 日本におけるイスラーム法研究のさらなる発展を予感させてくれる。

　インドでは, 近年,「インド的なるもの」とイスラームとを二項対立的な構図でとらえようとする政治的潮流が影響力を増しているようにもみえる。それは, あたかも「ヨーロッパ的なるもの」とイスラームとを二項対立的な構図でとらえようとする動きと呼応しているかのようである。アジアのそれぞれの国の国民統合の理念にかかわる問題であり, 西欧では, EU（ヨーロッパ連合）のあり方にかかわる問題でもある。

　われわれが, アジア（その最も広い地理的広がりで）およびアジアの法を研究するとき, イスラームおよびイスラーム法をアジアとアジアの法を成り立たしめている重要かつ不可欠の要素の一つとみなしたうえで考察を進めることが必要であろう。本書に収録された論稿から明らかなように, 日本のイスラーム法研究は, これらのことを踏まえてより高い〈地平〉に踏み出そうとしている。

参考文献

アパドゥライ2010；アルジュン・アパドゥライ著／藤倉達郎訳『グローバリゼーションと暴力』（世界思想社）
五十嵐2002；五十嵐清『現代比較法学の諸相』（信山社）
　同　2008：「法伝統（legal tradition）とはなにか」鈴木禄弥先生追悼論集『民事法学への挑戦と新たな構築』（創文社）67頁
　同　2010：『比較法ハンドブック』（勁草書房）
臼杵2009：臼杵陽『イスラームはなぜ敵とされたのか　憎悪の系譜学』（青土社）
奥田2005：奥田敦『イスラームの人権―法における神と法』（慶應義塾大学出版会）
孝忠2005：孝忠延夫『インド憲法とマイノリティ』（法律文化社）
　同2011；同編著『差異と共同』（関西大学出版部）
孝忠／安武／西2013；孝忠延夫／安武真隆／西平等編『多元的世界における「他者」（下）』（関西大学マイノリティ研究センター）
小杉2006；小杉泰『現代イスラーム世界論』（名古屋大学出版会）
　同2011；『イスラーム文明と国家の形成』（京都大学学術出版会）
眞田2000；眞田芳憲『イスラーム法の精神　改訂増補版』（中央大学出版部）
滝沢2002；滝沢正編集代表『比較法学の課題と展望』（信山社）
千葉1997；千葉正士編『アジアにおけるイスラーム法の移植』（成文堂）
　同1998：『アジア法の多元的構造』（成文堂）
　同2015；『法文化への夢』（信山社）
角田／石田2009；角田猛之／石田慎一郎編著『グローバル世界の法文化』（福村出版）
角田／メンスキー／森／石田2015；角田猛之／ヴェルナー・メンスキー／森正美／石田慎一郎編『法文化論の展開――法主体のダイナミックス』（信山社）
床呂／西井／福島2012；床呂郁哉／西井涼子／福島康博編『東南アジアのイスラーム』（東京外国語大学出版会）
野田1972，1973；野田良之「日本における比較法の発展と現状（一），（二・完）」『法学協会雑誌』第89巻10号1241頁，同第90巻1号1頁
ハーディン／ナスララ2015；テイモア・ハーディン／ファーリス・ナスララ「ムスリムが多数を占める国家におけるイスラーム法」角田／メンスキー／森／石田2015, 267頁
ハッラーク2003；ワーイル・ハッラーク著，奥田敦編訳『イジュティハードの門は閉じたのか』(慶應義塾大学出版会)
　同2010：ワエール・B・ハッラーク著，黒田壽郎訳『イスラーム法理論の歴史』（書肆心水）
ハッラーフ1984；アブドル＝ワッハーブ・ハッラーフ著／中村廣治郎訳『イスラムの法　法源と理論』（東京大学出版会）
堀井2004；堀井聡江『イスラーム法通史』（山川出版社）
安田／孝忠2006；安田信之／孝忠延夫編『アジア法研究の新たな地平』（成文堂）
安田2000；『東南アジア法』（日本評論社）
早稲田大学比較法研究所2003；早稲田大学比較法研究所編『比較法研究の新段階』（早稲

序論 アジア法におけるシャリーア（イスラーム法）　　19

田大学比較法研究所）

同2008；『比較と歴史のなかの日本法学』（早稲田大学比較法研究所）

Abdullai2010; A.An-Na'im Abdullai, 'Religious Minorities under Islamic Law and the Limits of Cultural Relativism' in; Ghanea2010, 296.

Foster2006; N.HD.Foster(ed.), 'A Fresh Start for Comparative Legal Studies? A Collective Review of Patrick Glenn's *Legal Tradition of the World*, 2nd Edition', 1 JCL 100(2006).

Ghanea2010; Nazila Ghanea (ed.), *Religion and Human Rights: Critical Concepts in Religious Studies*, vol.II, Routledge, London.

Glenn2006; 'Comparative Legal Families and Comparative Legal Traditions', in: Reimann/Zimmermann2006.

――2010; *Legal Tradition of the World*, 4th ed., OUP, Oxford.

――2013; 'The States as Legal Tradition', Cambridge Journal of International and Comparative Law (2) 4:704-714 (2013).

Hallaq1984; Wael B. Hallaq, 'Was the gate of ijtihad closed?' International Journal of Middle East Studies 16, 1, 3.

Johannes2010; A.van der Ven Johannes, 'Religious Rights for Minorities in a Policy of Recognition' in; Ghanea2010, 265.

Kymlicka/Norman2000; W.Kymlicka/W.Norman (ed.), *Citizenship in Diverse Societies*, OUP, New York.

Mahmood2010; Tahir Mahmood, 'Religious Communities and the State in Modern India', in; S.Ferrai/R.Cristofori, *Law and Religion in the 21th Century*, Ashgate, Surrey.

Manchanda2010; Rita Manchanda (ed.), *States in Conflict with their Minorities: Challenges to Minority Rights in South Asia*, SAGE, New Delhi.

Mallat2006; C.Mallat, 'Comparative Law and the Islamic (Middle Eastern) Legal Culture', in Reimann/Zimmermann2006.

Menski 2006; Werner Menski, *Comparative Law in a Global Context: The Legal Systems of Asia and Africa*, 2nd ed., Cambridge UP.

Picken 2011; Gavin N. Picken (ed.), *Islamic Law Critical Concepts in Islamic Studies*, 4vols, Routledge.

Reimann/Zimmermann2006; M.Reimann/R.Zimmermann(ed.), *The Oxford Handbook of Comparative Law*, OUP, Oxford.

Robinson2012; Rowena Robinson, (ed.), *Minority Studies*, OUP, New Delhi.

第1部　国家とイスラーム

第1章
シャリーアの憲法上の位置づけをめぐる問題

《解説》
　エジプトは，イラクやシリアといった失敗国家を抱える中東のなかでは稀有な国民国家の成功例として，政治的にも文化的にも周辺のアラブ諸国に大きな影響を与えてきた。近代エジプトの出発点となったムハンマド・アリー朝（1805-1914オスマン帝国エジプト州，1914-22イギリス保護国，1922-53エジプト王国）以来，同国は世俗化の道を進み，1952年の共和革命後はその立役者の1人であった第2代大統領ナセルが掲げるアラブ・ナショナリズム（「アラブは1つ」）によってアラブ諸国を牽引した。
　アラブ・ナショナリズム高揚の1つの背景は，アラブ諸国の「共通の敵」としてのイスラエルの誕生（1948年）であったが，アラブ連合軍の「ユダヤ教国家」（「ユダヤ人国家」ではなく）に対する大敗北と受け止められた第三次中東戦争（1967年）はアラブ・ナショナリズムの終焉をもたらした。一般にこのことは，エジプトのみならず中東全体において，1970年代以降，世俗的な政治イデオロギーに代わるイスラーム主義の台頭をもたらしたと考えられている。それは「下から」の動きだけではなく，これに対抗または迎合する「上から」のイスラーム化でもあった。エジプトでは，ナセル時代からの転換を目指した第3代大統領サダトが，前任者とは真逆のイスラーム寄りの政策を展開した。そのいわば「目玉」が，シャリーアを法源の1つから唯一の法源へと昇格させる憲法改正（1980年）であった。
　ボードワン・デュプレ「アラブ諸国の政策および憲法におけるシャリーアへの準拠」は，世俗主義的イデオロギーとイスラーム主義の境界の曖昧さや，ナショナリズムとイスラームの親和ないし癒着の歴史的観察から，第三次中東戦争は70年代以降のイスラーム化を加速させたとはいえ，決定的原因ではないと論じる。すでに中東諸国の根強い権威主義体制によるイスラーム

的正統性の主張が反体制勢力を同じ土俵に上げ，イスラーム的言説が支配する政治文化が醸成されていた。短命に終わったエジプトのムスリム同胞団政権をはじめ，「アラブの春」以降のエジプト内外のイスラーム化現象もこの流れに位置づけられる。

　デュプレによるもう1つの重要な指摘は，今日においてシャリーアとは何かという問題に関わる。彼によれば，シャリーアはもはや法として適用可能な実体としては存在せず[1]，人によって意味するところも異なるが，誰もがその正統性を信じ，援用する「準拠枠」にすぎない。それゆえにこそ，シャリーアとは何かを定義し，その「正しい」解釈を決定する権限が重要となる。この権限が<u>ウラマー</u>（イスラーム知識人層）から国家へと移転したことこそ，近代以降のシャリーアを特徴づける最も重要な現象といえるであろう。

　後藤絵美「イスラーム国家における「シャリーア」と「自由」─現代エジプトのヴェール裁判にみる政教一致体制」は，シャリーアへの公的な準拠の最たる例である上記エジプト憲法の改正が，同国の世俗主義から「政教一致」への実質的な転換をもたらしたと評する。この転換を表す具体例として真っ先に挙げらるのは，デュプレもふれている，妻の離婚権を拡大した1979年の改正家族法（詳しくは訳者注18参照）に対する，あるいはエジプト民法典（1949年施行）の法定利息に関する規定に対する憲法訴訟のほか，カイロ大学教授ナスル・アブー・ザイド（2010年没）の弾劾事件（1996年）のように，特に知識人やジャーナリスト等の「反イスラーム的」発言ないし活動が

---

[1]　解説者も基本的にはこの立場である。その理由は簡単に言えば，ローマ法を継受した法律がローマ法そのものと同一視できないのと同じであり（これに対し，シャリーアと，その影響を受けた諸法は同一視されがちである），かつシャリーアはローマ法が大陸法に与えたほどの影響を今日のイスラーム諸国の法律に与えてはいない。例外は家族法であるが，この分野においては本章でデュプレがふれているエジプト家族法改正や第2章でラウが論じているパキスタン家族法改正におけるような，立法者によるシャリーアの修正もまた大きいことに注意を要する。また，シャリーアの導入がイスラーム法そのものとは無関係な目的や理由でなされることもある。以上の問題については，拙稿「エジプト民法典に対する影響の批判的考察」『イスラム世界』72（2009），1-25：大河原知樹・堀井聡江『イスラーム法の「変容」近代との邂逅』〈イスラームを知る17〉山川出版社，2014，99-109参照。

背教罪にあたるとして，第三者が被告発者とその妻ないし夫との婚姻の解消を訴えるケースであろう。

　ヴェール問題は無論さまざまな文脈で多くの考察の材料となっているが，後藤のようにこの文脈で具体的な法律・判例の分析を基にこの問題を論じた研究は少ない。ヴェールはムスリム・非ムスリムのいずれにとってもイスラーム性の恰好のシンボルであるだけに，その着用の規制をめぐる公的判断の憲法改正前後における変化自体はある程度予測できる。しかし，後藤の議論の主眼はデュプレと同様に，ヴェール＝イスラーム的という図式のわかりやすさとは裏腹の「イスラーム的」なるものの解釈的多様性である。さらに後藤もまた，国家がこの多様性をコントロールする目的でシャリーア解釈の権威を自認し，結果としてイスラーム性の曖昧さを増大させている可能性を示唆している。

堀井　聡江

アラブ諸国の政策・憲法におけるシャリーアへの準拠
(The reference to the Sharia in Arab Politics and Constitutions)

ボードワン・デュプレ（堀井聡江訳）

〔翻訳にあたっての注記〕
(1) アラビア語のアルファベット転写は，原文の方式ではなく我が国で一般的な方式で統一した。アラブ人名は原文に沿って表記し，訳注にアラビア語の本来の綴りを示した。また，定冠詞アルと後続の名詞は＝で区切った。
(2) 括弧付注番号の脚注は原注，他の脚注は訳者注である。

　現代の国民国家の法体系へのシャリーアの統合は，イスラーム的規範性（Islamic normativity）の秩序および認識論の崩壊といえるような形で経験された。この規範性の全体的なバランス，原理原則，形態論ないし文法と呼びえるものが，完全に変容してしまったのである。このことは，適用可能な規範が成文化によってほぼ定式化された，実体的なレベルでは明らかである。制度的なレベルでも，三権分立や司法ヒエラルキー，立法原理，国民代表制，人権および基本的自由に奉仕する憲法体系の構築によって，同じことがいえる。この体系のなかでは，シャリーアは明確で直ちに適用可能なルールというより，1つの準拠枠 (reference framework) と見なされているからである。

　用語は決まった言語で用いられるわけではない。シャリーアという語彙も様々な文脈において，いかなる言語使用域の論理のなかにも易々と浸透しているのがわかる。これは正しさの水準が異なるためではなく，実際には当事者があれこれ議論するなかで目指している目的のためである。法律としてのシャリーアは，19世紀の発案である。政治的言説の領域における準拠としてのシャリーアは，20世紀後半の作戦である。これに対し，憲法に定める法源としてのシャリーアは，20世紀最後の四半世紀のイノベーションである。だが，法的な規範性から自律した倫理的パラダイムとしてのシャリーアの復活は，近年のことである。

　シャリーアは，アルマンド・サルヴァトーレの啓発的な表現を借りれば，正真正銘の内破を経験した[1]。その結果は，19世紀的な実証主義の論理にいう

法と倫理の規範的な分離であった。両者は少なくとも一見したところ，専門用語のうえではそれぞれごく固有の領域として自律化した。20世紀半ばには，政治的，倫理的ないし法的な言説のうえでも，イスラーム準拠は周辺的であった。その後，国家的，地域的，さらには国際的な変動がもたらした圧力のもと，シャリーアは，下からはいわゆる社会のイスラーム化という形で，上からは憲法や政治における準拠として復活する形で，勢力を拡大し始めた。もっとも，この変動には見た目よりむらがある。保守的イスラーム政権の成立が必ずしもシャリーア中心の政治・憲法体制の確立を意味するわけではないからである。

1. 内破，失権そして政治的復活

シャリーアと呼ばれているものは，今日では第一次的には道徳の領分であるが，政治や憲法に絡む問題は政治，宗教，法および道徳の錯綜的関係の近代社会における残滓が惹き起こす緊張を示す。筆者は以前の拙稿のなかで，国民国家の政治的台頭およびこれと並行する実定法制度の発達の一部をなす現象としてのイスラーム法なるものの発明について論じた[2]。シブリ・マッラト曰く，「明治期の日本におけると同様に，ごく一般的な法取引を規定する明確かつ簡にして要を得た法典が必要とされ，いきおいナポレオン法典が唯一無二のモデルとなった[3]」。

シャリーアは，イスラーム的規範性である以上，倫理的，宗教的，政治的および法的次元をもつのであり，これを現代的な意味での「法」（law）にする必然性はない。シャリーアのこうした複合的な性質は今や分裂を来たしているが，それはこれらの各次元がとりわけイスラーム改革運動（*al-islāḥ*）を

（1） *Cf.* A. Salvatore, "La sharî'a moderne en quête de droit : raison transcendante, métanorme publique et système juridique", *Droit et Société*, n. 39, 1998, pp. 293-316.

（2） BUSKENS, Léon et Baudouin DUPRET, « L'invention du droit musulman. Genèse et diffusion du positivisme juridique dans le contexte normatif islamique », dans François POUILLON et Jean-Claude VATIN (dir.), *L'Orient créé par l'Orient*, Paris, Karthala, 2011, p. 71-92.

（3） C. Mallat, "Islamic law, droit positif and codification: reflections on longue durée", *Plurality of Norms and State Power from 18th to 20 th Century*, Vienna, Workshop, 1997.

原因として自律化していったためである。たとえばエジプトでは，とくに19世紀後半を通じて，公共圏の形成，法の成文化の波，立憲運動の発生が同時にみられた。こうした公共圏の再編─その結果，国家機構およびそれが市民との関係を合法に律するための手段が確立された─により，シャリーアは徐々に二分された。すなわち，法的枠組みとしてのシャリーアは，実定化とそれに伴う制約を被ったが，公共圏としてのそれは，正統的，文明的，規範的といった形容を中心軸に築かれる支配的な準拠の場を獲得したのである。

シャリーアのぶれは，シャリーアを要求する人々がもつその概念にも反映されている。(4)シャリーアは「法律が依って立つ基礎」となるときもあれば，「人生設計」となるときも，はたまたそれ以外のものとなるときもある。あるエジプトの法律家が1990年代に筆者に述べたように，「イスラームは，単なる法に尽きないし，これに限定することは決してできない」(5)というわけである。つまり一般的にいってシャリーアは明確な意味内容ではなく，1つの準拠であって，社会が唯一正統とする真正な伝統といった観念を指し示すものである。この準拠の目的はといえば，人々がもつ無数の世界観に応じて異なる。

元来，汎アラブ主義は，19世紀的ナショナリズムの単なる変形ではなかった。アラブという理念が表明されたのは，アブデルラフマーン・アル゠カワーキビー（1902年没）の『邑々の母』や，ラシード・リダーの『カリフ制

---

(4) DUPRET, Baudouin, *Au nom de quel droit ? Répertoires juridiques et référence religieuse dans la société égyptienne musulmane contemporaine*, Paris, LGDJ, 2000.
(5) Ibid.
6 アラブ民族の帝国主義からの解放や統一を掲げるアラブ・ナショナリズム。その起源は19世紀に遡り，列強によるオスマン帝国（1299─1922年）の領土の分断によるアラブ諸国の誕生を経て，「共通の敵」としてのイスラエルの建国や東西冷戦を背景に，1950-60年代に高揚期を迎えた。だが，第三次中東戦争（1967年）におけるアラブ諸国の大敗によりイデオロギー的影響力を失い，1970年代以降におけるイスラーム主義の台頭に至る。
7 ʿAbd al-Raḥmān al-Kawākibī。シリア出身で，「マナール派」と総称されるイスラーム改革主義者の1人。アラブ民族を旗手とするイスラーム復興を構想した。
8 Rashīd Riḍā. 1935年没。シリア出身のイスラーム改革主義者。改革運動の中心人物であるエジプトのムハンマド・アブドゥフ（1905年没）の弟子として，「マナール派」の語源となった雑誌『マナール』を創刊した。

度』が考案したような,アラブ人によるカリフ制度という概念をめぐってである。だが,アラブ論が常にイスラームの肯定と結びついていたことは注意を要する。この傾向は,なかんずくアラブ・ナショナリズムの政党であるバース党[9]のドクトリンに反映されていた。ミシェル・アフラク[10](1989年没)は,その著『マニフェスト』のなかで,「アラブの精神」(rūḥ ʿarabiyya),すなわちイスラームが必須の構成要素をなす「譲れない本質」について論じている。「イスラームは,アラブ人に彼らの内なる力を開示し,歴史の表舞台で彼らに脚光を浴びせた生命の躍動である」。アフラクは,イスラームはアラブ的であってアラブ人はムスリムであるとし,アラブ主義を肉体,イスラームを魂とする総合を試みている。

ガマル・アブデル・ナセル(1970年没)[11]の言説はこれほど教条的ではないが,同じ特徴を示している。イスラームは,最も手っ取り早く国中に深く浸透できる手段とされる。だが,イスラームにはグローバルな目的もある。たとえば,ナセリズムの参考書である1962年国民行動憲章の付録として,『憲章報告』が刊行された。その第1章は,「宗教と社会」と題されている。その目的は,「社会主義的イスラーム理解」の唱道者と「順応主義的理解の擁護者」[(6)]の手を結ばせ,近代性とイスラームの遺産を曖昧な文言によって和解させることだった。このイスラーム的な社会主義の内容は,ムスリム同胞団のイスラーム社会主義と極めてよく一致する。後者は,「神とその預言者を通じた啓示を,宗教的・道徳的価値を信奉する。また,(中略)人間的尊厳と個人の自由を尊重しつつ,共同体を信奉する」。このことは偶然にも,ム

9　1940年代初めのシリアから複数のアラブ諸国に広がった政党で,当初はアラブ・ナショナリズムに基づくアラブ統一と社会主義を掲げ,シリアではキリスト教徒やアラウィー派などのマイノリティの支持を集めた。シリアとエジプトによる国家統合(アラブ連合共和国,1958-61年)を実現させたが,アラブ・ナショナリズムの失速(訳者注6参照)に伴い,アラブ社会主義政党としての性格を強めた。
10　Michel ʿAflaq. シリア出身のキリスト教徒で,フランス留学を経てバース党創設者の1人となった。
11　Jamāl ʿAbd al-Nāṣir. エジプト共和国第2代大統領。彼とそのアラブ・ナショナリズムについては次の後藤論文 pp. 50～51参照。
(6)　CAMAU, Michel, personnal communication.

スリム同胞団とナセルの対立が，イデオロギー的な対立よりは権力闘争に近かったことを示している。

　アルジェリアの社会主義は，イスラームないしは初期イスラーム主義への準拠すら辞さない。1931年創立のアルジェリア・ウラマー協会（Association of Algerian Muslim Scholars）は，独立期を通じて強力な立場にあったが，ムスリム同胞団のそれとは異なるイスラーム社会主義のドクトリンが発達するにつれ，その影響は周辺化した。70年代初めには，雑誌『正論』（al-Aṣāla）の創刊に伴い，世論におけるイスラーム的な論調が歴然と高まる。同誌は，国内外におけるアルジェリアのイスラーム主義のぶれを示している。事実，同誌は，指導者層によるイスラームの方便化と，エリートの側での原理主義的目的の遂行とを共に象徴している。こうした論調が十全に表明されたのは，アラブ化プロセスと身分法典の採択においてである。[7]

　したがって，20世紀最初の三四半世紀のうちにイスラームへの準拠が表舞台から消えたと言えば不正確である。とはいえ，かかる準拠は国民国家の創設という最優先課題に従属していた。アラブに関する文脈での憲法の変遷を調べれば，「アラブ統一国家を創設する」（1970年イラク憲法第1条）という目的の挿入と共に，「社会主義の利益およびその強化と維持を防衛する」（1971年エジプト憲法第59条）ことの至上性がみてとれる。

　続いて，やはりアラブという文脈のなかでは，ナショナリズムの失速，1967年の敗北[12]，自由の欠落および権威主義的な近代化政策の不首尾が，そろって政治的イスラーム主義の出現を促す要因となった。20世紀の第一段階を画するものが，カリフ制というユートピアのアラブ国家というユートピアへの変容であったとすれば，第二段階はそれ以上に，イスラーム主義運動内部における本来のユートピアへの原点回帰を特徴とする。この回帰が可能となったのは，ナショナリスト文化には宗教を凌駕する対抗馬の役割も，ひいては宗教のカウンターバランスとなるイデオロギーの発達を促す役割も果た

---

(7)　VATIN, Jean-Claude, « Chronique Algérie », *Annuaire de l'Afrique du Nord*, vol. XV, 1976, p. 305-341.
12　第三次中東戦争のこと（訳者注6参照）。

第1章　シャリーアの憲法上の位置づけをめぐる問題　　31

せなかったからである。

　同時に，こうした宗教的な指示対象の第一線復帰は大抵，例えば中央集権主義的社会主義のような，ユートピアとイデオロギーの交差点をたやすく利用する支配体制に後押しされた。イスラーム主義運動によっては，迷わず"バース・イスラーミー（ba'th islāmī）"（イスラーム復興）という語を用いたが，ナショナリストは，「ウンマ」（共同体）という言葉にその時々でアラブという特性を付与しつつ，宗教的文献におけるこの語の一致した意味であるウンマ・イスラーミーヤ（umma islāmiyya），つまりイスラーム共同体に流用した。こうした交差点の1つが社会的正義という概念であったことは，サイド・クトゥブ（1966年没）[13]の著作群や，イラン・イスラーム革命における「被抑圧民」（mustaḍ'afūn）のレトリック[14]，または1960年代のほとんどのアラブ諸国の社会主義的言説が証明している。

　ナショナリズムとイスラーム主義の頻繁な結託からわかるのは，こうした原点回帰を最初に提起した人々から権力を奪いながらも，ナショナリストの事業がムスリム社会というまとまりから決して浮くことなく，むしろ進行中の計画を保証するイスラーム的な根拠を求めようとしたことである。

　ゆえに少なくとも原則的には，躓きの石はイデオロギーではない。問題はむしろ政治的なことである。既存の勢力の弾劾，権威主義的なしきたりの告発，縁故主義や汚職との闘いはみな，イスラーム主義につきものである。現政権に対するこの種の異議申し立ては，世俗的な形態の反対運動の失敗ないしは政権による梃入れにつけて，むしろ強まった。政権側の反応は，譲歩から実力行使，威嚇，国家イスラーム主義まで様々である。うち最後の技法は，強権では得られない体制の安定性を確保し，正統化することにより，イ

13　Sayyid Quṭb. エジプトのムスリム同胞団の1960年代における急進的イデオローグ。教育省役人として渡米後にイスラーム主義に傾斜し，同胞団に加わる。ナセル大統領暗殺未遂事件（1654年）後の一斉検挙で逮捕・投獄され，後に恩赦を得るが，獄中の著書『道標』などを根拠に国家転覆罪で再逮捕され，処刑された。

14　mustakbirūn（抑圧者）の対語。神がエジプトのファラオの圧制から「この地上において抑圧された民」を救ったとするクルアーン28章5節等に由来する。イラン共和国憲法第154条後段は，イランは「内政不干渉の立場から，世界の被抑圧民の抑圧者に対する闘争を支援する」と規定する。

スラーム主義者の要求を無力化する目的をもつ。

　事実，ナショナリズムとイスラーム主義のイデオロギー的な交差にみられる二面性と，既存の体制によるイスラーム主義的レトリックの便宜的復活こそ，いわゆる「アラブの春」の覚醒のなかでのイスラーム主義グループの規模に見合わぬ勝利や，イスラームやシャリーアといったレパートリーの再演を説明するものである。政治的イスラームに深く根づいたゲリラ的反対運動の復活は，権威主義的体制に対する唯一の組織的反対運動がすでにマルクス主義や社会主義から撤退し，宗教的正統性に訴えるに至ったことを想起してみれば，驚くにあたらない。しかし，これと同時に，イスラームという土俵の上では，支配体制と反対勢力を区別する特色はほとんどなかった。

　エジプトでは，国会の屋根の下で，国民民主党の指導部が敬虔さの演出を競った。(15)アルジェリアでは，イスラーム主義を標榜する複数の政党が政府に与したが，政府も世界最大のモスク建設にいそしんでいる。スーダンもまた，「イスラーム的」と称する刑法典を採択した。最も教条的といえるのは，サウジアラビアの王家であろう。要するに合イスラーム性は，公的空間では久しい前から，これで肝心なものが手に入るからにはそれなりの敬意を払わねばならず，そのために大げさな手続もいらないほど，避けがたく強制されていた。この点で，イデオロギー的イスラームは政治的イスラーム，つまりは権力闘争と政争に解消されたといえる。

2. 不可欠な準拠，ばらばらな内容

　シャリーアへの準拠は様々な手段で達成可能であり，政治的なそれは一部にすぎない。この場合，シャリーアに準拠するとは，ある制度的な枠組みや，選挙手続き，または支配体制に対する反対デモにおいてシャリーアに訴えることを意味する。これらの政治的な利用法は，宗教の名において請け負った行為に信頼性を付与する宗教的な次元に依拠している。それは宗教と政治が結びついているという意味ではない。逆に，宗教と政治のそれぞれが

---

(15) DUPRET, Baudouin et Jean-Noël FERRIE, *Délibérer sous la coupole. L'activité parlementaire dans les régimes autoritaires*, Beyrouth, Presses de l'IFPO/Open Edition, 2013.

数々の論理に呼応し,これらがしばしば交差を示すのである。そのことは宗教の政治利用が全くの冷やかしだという意味ではなく,損得勘定を排除するわけでもない。

そこである政治家が,宗教また自らの信念の名においてアルコール販売禁止法を成立させようとするとき,それは神の命令を実行せんとする彼の意思から導かれているだけではない。事実,彼は自分に有利な政治的立場も用意している。それはこの立場が世論の期待に沿うと彼なりに状況を判断したためである。人気を得たり選挙で勝つことも予想したかもしれない。それと同時に,こうした計算が成り立つのは,彼が自分の法案の拠りどころとする準拠のシステムが信頼できる場合,つまりイスラームという文脈でいえば,宗教用語が広く巷に溢れ,流布し,受け入れられている場合のみである。ここで彼自身がこの言葉遊びにはまっていることは必ずしも否定できない。この場合,宗教的な準拠は政治とは別次元の話となり,政治に尽きるとはいえない。

とはいえ,宗教的な準拠はやはり政治にじかに作用している。言い換えれば,彼が政治的計算にしたがって行動しているという事実は,自分の主張が正しいという彼の信念と矛盾しない。権力を夢見ようと,ある価値観のために戦おうと,その価値観を使って権力を手にしようと我々の自由である[9]。この観点からすれば,聖法の政治利用からわかるのはムスリムの政治観ではなく,イスラームという準拠枠の利用が当たり前な政治のやり方である。この準拠枠は,ある立場を一般に承認され,ゆえに当然とされる諸原則に帰するがゆえに通常は機能する。自明なことは立証不要であるから,議論の効率を高め,他者に付和雷同を強いるのである。実際,他人の多くが認めることは公然と否定しにくい。だからといって,このよくある準拠のレパートリーに与えられる内容は決して万人共通ではない。人々が例えばシャリーアのよう

---

(9) FERRIE, Jean-Noël, « Usages politiques de la Charia », dans Baudouin DUPRET (dir.), *La Charia aujourd'hui*, Paris, La Découverte, 2012, p. 79-94. Également DUPRET, Baudouin et Jean-Noël FERRIE, « Participer au pouvoir, c'est imposer la norme : sur l'affaire Abu Zayd (Égypte, 1992-1996) », *Revue française de science politique*, vol. 47, n° 6, 1997, p. 762-775.

な指示対象に込めるものは千差万別であり得るし，一般に受け入れられた準拠の援用から導き出す結論は異なるどころか，矛盾することすらある。

シャリーアの政治利用の際立った1つの特徴は，同法に準拠すべき必要性についての確たる合意にある。同時に，準拠の内容的なバリエーションもかなり重要といえる。シャリーアを引き合いに出す必要性からほとんど逃れられない以上，政治的アクターは他者が採るかもしれない立場を見越して議論を先取りしたり，相手の目的や意図に前もって判断を下す。政治的な戦略とはこのように競争相手を所定の言語使用域に引っ張りこみ，作戦発動の余地を奪う試みに尽きる。

無論こうした戦略にはつけがある。特に風俗習慣や各種の自由の領域においてだが，宗教的なレパートリーに関与すると，気づけばある種のとりわけ厄介な議論を生みだす論争的枠組みにはまっているからである。具体的には，男女平等，良心の自由や性の解放に関することが挙げられる。さらに，シャリーアの言語使用域に明確な内容を与えるのは，個別の状況であることに注意しなければならない。その内容は，ある特定の場面で援用されて初めて具体化するのである。ゆえに，貸付利子，身請け離婚 (divorce by compensation)，生物医学倫理，処女膜再生，同性愛，アルコール販売，観光，ヴェール着用，背教罪や瀆聖罪といった種々の問題については，議論の成り行きはおろか，そもそもどんな意見が出るかも正確に予知することはできない。

その理由は，割り切った政治家たちが場当たり的に内容をでっち上げるからではなく，イスラームの標準的な準拠に関する解釈の幅が極端に広いためである。よってこれをどれか1つの型に収めるのは，倫理的な世界観に基づく政治勢力の均衡である。換言すれば，変わるのはシャリーアの内容ではなく，この内容に対する世論状況である。「この観点からすれば，政治活動のなかで聖法に依拠するとは，何より世論状況——少なくともその推測——に乗ることである。こうした姿勢は無論，高度に政治的である。まさに政治家は一般にこうした行動をとる。ところでこれほど自然な行動もない。彼らの将来（端的にはキャリア）を少なくとも部分的に決定するのは，世論の動向と変化

第1章　シャリーアの憲法上の位置づけをめぐる問題　　35

だからである」[10]。この政治的ゲームは，第一義的には順応主義の競い合いであり，結果次第では政治的アクターは重い代償を支払わずにはすまされない。

今日のムスリム多数社会におけるこうした順応主義は，イスラームおよびその規範性であるシャリーアの保守主義的な準拠の成果である。誰もがシャリーアを自己の目的に利用できるのは確かだが，それでもなお常道を外してはならない。つまりムスリムの文脈にいう政治とは，たとえ全くの象徴としてであれ，イスラームという指示対象の最優先性を認めることである。

3. イスラームに依拠する法，宗教に関する問題における権限の移転

「イスラーム法」は，ムスリムが多数を占める国家の法を指す言葉としても，学説的伝統（フィクフ）[15]ではなく現代の法律起草や立憲制に固有の技術に含まれる一定のメカニズムを指す言葉としても，不適切となってしまった。ムスリム多数国の憲法には特に，1つの際立った現象がみられる。イスラームやシャリーア，ないしフィクフへの準拠がそれである。ここで問題とされるのはもはやイスラーム的規範性の成文化ではなく，現代の立法者に対し，彼らの作品の指針としてこの聖なる法の参照を義務づけることが何より重要となる。かくしてイスラームを国教にしたり，国家の首長をムスリムとする旨を定めたり，イスラーム的規範性を実定法の着想源とするようなイスラーム国教条項が登場することになる。

この問題は，2011年1月におけるチュニジアの体制崩壊と新憲法の起草開始に始まる変革の動きに伴い，とりわけ選挙の勝者として浮上した保守的イスラーム主義の諸勢力の存在によって再び緊急性を帯びている。それでも宗教の支配を望む声より政治的合意の模索がしばしば優先したようにも，イデオロギー的現実主義がユートピア的理想主義を凌駕したようにもみえる。これほどあっけなく現実主義が趨勢を決した理由は，シャリーアが構築する準

---

(10)　Ferrié, op.cit.
15　イスラーム法学を指す。

拠枠の柔軟性や，拘束力あるルールというより打ち出の小槌としての役立ち度に1つの説明を求めることができるに違いない。

　イスラームに準拠する憲法の多くは，ムスリムが人口の大多数を占める国のものである。その具体的表現は，一般に前文，国教の定め，立法の宗教教義への合致の原則，国家元首の資格要件という4つのレベルでみられる。イスラームを国教として取り込むのは，1950年代に遡る古い慣行である。[11] ムスリムに高い地位を認める憲法もあり，君主制諸国における王位はムスリムの血筋によって継承される。多くの憲法はまた，家族を宗教およびイスラーム的価値の中心に位置づけるため，シャリーアと引きかえに一定の権利や自由の範囲を制約している。シャリーアとその諸原則ないしイスラーム法学の諸原則の規範的価値を称揚する条文は多いが，この価値の位置づけについては一様ではない。イスラーム準拠のこうした対照性は，憲法に関する2つの出来事から説明できる。

　エジプトの1971年9月11日憲法は，その第2条で「イスラームのシャリーアの諸原則は，立法の1つの源泉である」と規定することにより，国家制度に関して最初にイスラームへの準拠を導入したという意味で突破口となった。[16] 1980年5月22日，第2条は改正され，今度は「イスラームのシャリーアの諸原則は，立法の主要な源泉である」と定めるに至った。憲法改正準備のための特別委員会によれば，この新たな文言の目的は，「立法者に対し，他のいかなる法源を措いてシャリーアの命令を適用し，シャリーアが目指すところを発見するよう義務づけ」，「明示的な命令が存在しない場合には，立法者はシャリーアの解釈（イジュティハード）の典拠からの演繹により，従うべきルールを確立することができるが，それによってシャリーアの原理および一般原則に反してはならない」とすることであった。

　同条を根拠として，最高憲法裁判所（SCC）に数々の憲法訴訟が提起されたが，その判例は特に興味深い。元来，同裁判所は，法律や命令の合憲性審

---

(11)　もっとも，インドネシアのように行っていない国もあれば，トルコのように国家の世俗性を強調する国もある。
16　この改正を含むエジプト憲法の変遷については，次の後藤論文 pp. 49-55 に詳しい。

査を求められた際，シャリーア解釈の領域に踏み込むのを避ける傾向があった[12]。かくして1985年，SCC は身分法改正のためのジハーン法（発案者である故サダト大統領[17]の夫人の名に因んでこう呼ばれる）を無効としたが，それは改正間もない第2条への違反という原告の根拠とは異なり，制定以来手つかずの1929年に遡る法律の改正のために，共和国大統領が憲法で付与された例外的権限を行使する必要はなかったという純粋に技術的な理由によるものだった[18]。また，同日に下した別の判決のなかで，SCC は先例となる1つの原則を定立した。訴訟の原事案では，ワクフ（寄進）省とアズハル大学医学部に対し，民法典に定める遅延利息を加算した多額の債務の支払い命令がなされていた。民法典のこの条文が違憲訴訟の対象となったのだが，SCC は憲法第2条の非遡及性の原則を確立したのである。「立法府が立法の主要な源泉としてシャリーアの諸原則を借用する義務は（中略），同条の施行日より後に公布された法の規定にのみ及ぶ。（中略）当該の日に先立つ規定については，ひとえにこの理由により，上記の義務に服することを得ず，よって憲法適合性の判断の対象外とする」。SCC は，シャリーアをあたかも成文化されたルールのごとく適用すれば，紛争や法秩序の不安定化を招く危険があるとも述べている。

しかし，この改正後の法律が違憲として訴えられる可能性は，時が経つにつれ増大していった。ついに同裁判所は，1993年5月15日の判決のなかで，シャリーアとその解釈の領域に関する立場の表明を迫られることになった。

---

(12) 同法はなかでも，複婚した夫の従前の妻に対し，ほとんど当然に離婚請求権を付与していた。
17 エジプト共和国第3代大統領。前任者ナセルと異なりイスラーム主義の取りこみを図るが失敗し，過激派に暗殺された。彼とエジプト憲法の改正については次の後藤論文 pp. 51-55参照。
18 ジハーン法の正式名は1979年法律第44号である。エジプトのムスリム家族法は，1920年法律第25号および1929年法律第5号を中心とするシャリーアの極めて不完全な成文化を通じて，妻の地位の若干の改善（特に離婚請求原因の拡大）を試みていた。これを不十分とする大統領の命令に基づいて発布されたジハーン法は賛否両論の嵐をまき起こし，反対派により憲法裁判所に提訴されたが，手続的違憲という玉虫色の解決により，1985年法律第100号として実質的な復活を果たした。堀井『イスラーム法通史』217-24, 227-28参照。

シャリーアの意味およびその解釈の方法についても，同じ文脈で説明を与えている。事案は，離婚女性が1985年法律第100号に従い，自分の息子の監護権およびかつての婚姻の住居において同人と同居する権利を求めたというものである。彼女は，10年間の扶養費に相当する額の慰謝料を得る権利も主張していた。元夫は，これらの要求事項がシャリーアに適合しないことを根拠として SCC に訴えた。同裁判所は判決のなかで，イスラームの諸原則のうち，絶対的なものと相対的なものを区別している。すなわち，「その法源と意味が絶対的な」諸原則，つまりその法源（<u>クルアーン</u>，<u>スンナ</u>，合意（イジュマー），類推（キヤース））が何であれ，疑いなくイスラーム的な規範を代弁する諸原則だけが，解釈の余地なく適用されねばならない。だが，やはり同裁判所によれば，相対的とされる規定もあり，これらは解釈に服するため，時代と場所に応じた変化や解釈の違いもあれば，社会的必要性に応じた可変性もある。

　ナタリー・ベルナール＝モジロンは，いみじくもこう述べている。「最高憲法裁判所が，国家当局に対し，シャリーアに関連するルールを"社会の発展"に適合させる大幅な自由を与えた。実際には，立法者がいずれかの法学派に依拠しつつも，既存の学説には拘束されることなくシャリーアの解釈を進める責務を負っている。その際の条件はといえば，イスラーム法の一般原則に基づき，かつ絶対的な原則には1つも抵触することなく，現在の社会状況に合ったルールを定立することだけである。（中略）最高憲法裁判所がイスラームのシャリーアの諸原則の法的価値と，"その法源と意味が絶対的な"諸原則の立法府による遵守の必要性とを認めたのは，逆説的なことに，その効果を限定するためである。同裁判所は，イスラームのシャリーアに由来する規範に拘束されると宣言しながら，自らその内容の決定権を保持したのである」[13]。

　エジプトでは，2011年革命とムスリム同胞団の選挙戦勝利の結果，2012年12月26日に新憲法が発布された。第2条はそっくり踏襲された反面，新たな

---

(13) BERNARD-MAUGIRON, Nathalie, « La place de la charia dans la hiérarchie des normes », dans Baudouin DUPRET (dir.), *op. cit.*, p. 61.

規定として,「イスラームのシャリーアの諸原則とは,シャリーアの普遍的明文,同法の基本的・学説的諸原則,および伝統と共同体を支持する者達（ahl al-sunna wa-al-jamāʻa）の諸学派が承認する同法の法源を含む」とする第219条がつけ加えられた。同条の錯綜した文言と条文として終わりの方であることは,このエジプト憲法の性急な採択を物語るが,第2条にいう「シャリーアの諸原則」をSCCに代わって定義することで,同裁判所の権限を制限したい意向も反映している。これらの諸原則は,網羅的に表現されている。「普遍的明文」（adilla kulliyya）とは,啓示に由来する全ての要素を意味する。「学理的諸原則」は法学理論（ʻilm uṣūl al-fiqh）,「学説的諸原則」（qawāʻid fiqhiyya）はイスラーム法学説,「諸学派が尊重する法源」は,スンナ派の諸学派が依拠する全てのそれを指す。換言すれば,シャリーアの諸原則とは,イスラーム的規範性のあらゆる源泉に相当する。しかし,これらの諸原則がエジプトの立法者や,ひいてはこれらとの適合性審査を求められたSCCに及ぼす拘束力については,何ら述べられていない。シャリーアはこれまで以上に,実体のある強制的な内容というより準拠枠として存在を誇示しているのである。

　2013年7月の軍事クーデターと共に,2012年憲法は停止された。ムスリム同胞団にとって代わった新政権は,その改正提議のための専門家委員会を設置した。新憲法草案が起草され,第2条はやはり1980年改正時の文言のまま残されたが,第219条は削除された。新憲法は2014年1月の国民投票で承認された。

　チュニジアでは,エジプトとは逆に,シャリーアを立法の公式の法源とする条項はない。1959年憲法第1条は次のように規定する。「チュニジアは,自由な独立主権国家である。国教はイスラーム,公用語はアラビア語とし,政体は共和国とする」。この文言は最初の国民議会で,国民戦線（つまり新憲法自由党とその連合勢力）のメンバーによって占められながらも噴出した難点を克服すべく,初代チュニジア大統領ハビブ・ブールギバの主導の下に採

19　スンナ派の正式名称。

択されたものである。同条は、イスラームを援用する憲法前文と相まって、司法部内の保守勢力代表者（しばしばサラ・ベンユースフ[20]の支持者と重なる）の間に亀裂を生じた。[14]

　一部の裁判官は、この機会を利用して、特に身分関係の分野で、法の欠缺や不明瞭性がみられる場合の補足的な法源たる地位をシャリーアに与えようとした。シャリーアは原則的には数ある法源の1つに過ぎないが、シャリーアを援用する複数の判決のなかでは、身分関係の「唯一の法源」となっている。民法の他の領域では、裁判官によってはやはりシャリーアを債権契約法典の実質的な法源の1つとして援用した。チュニジアの判例は長いあいだ、裁判官がシャリーアを補足的法源の地位へと引き上げる権限をめぐって対立した。かかる権限を支持する判例においては個々のシャリーア解釈の妥当性の判断が問題であったのに対し、反対の判例においてはいかにして同法を実定法秩序から追放するかを考え出すのが問題だった。[15]

　2011年のベン・アリ大統領とその門閥の失墜後、こうした対立が再び表面化したのは言うまでもない。イスラームおよびシャリーアの位置づけは、緊迫した論争の対象となった。数ある逆説の1つに、公的な文脈におけるイスラームやシャリーアへの準拠はほとんどないなかでの、イスラーム主義者対リベラル派という政局の分極化がある。2011年選挙以来の政府与党であるイスラーム主義政党のアン＝ナハダは反対派の圧力に屈し、また政治的な実利主義も手伝って、シャリーアへの憲法上のいかなる言及も断念した。もっとも、だからといってアン＝ナハダがイスラームによる社会の教化という同党のプロジェクトを断念したわけではなく、ただトルコのエルドゥアンと同様、そうした象徴的な手段よりは、シャリーアを立法・判例の源とする既成

20　Ṣalāḥ b. Yūsuf. チュニジア独立運動の指導者の1人で、ブールギバと共に新ドストール党を創設したが、ブールギバの近代化路線と対立して失脚し、1961年フランクフルトで暗殺された。

（14）　BEN ACHOUR, Yadh, « Statut de la femme et État de droit au Maghreb », dans Yadh BEN ACHOUR, Jean-Robert HENRY, Rostane MEHDI (dir.), *Le débat juridique au Maghreb. De l'étatisme à l'État de droit. Études en l'honneur de Ahmed Mahiou*, Paris, Publisud-IREMAM, 2009, p. 227-241.

（15）　BEN JEMIA, Monia, « Le juge tunisien et la légitimation de l'ordre juridique positif par la

事実を通じたより漸進政策的アプローチに訴える方を選ぶのである。ラーシド・ガンヌーシが2012年3月26日の記者会見のなかで，「我が国の立法のほぼ90パーセントがシャリーアに起源や典拠をもつ」と述べているのはこの意味である。以上のことはみな，政治的舞台の構築が始まったばかりの段階で，イスラームが資源かつ制約としていかに重要かを示している。

新憲法は，多くの波乱を経て2014年1月に採択された。その第1条は，イスラームが国教である旨を定めている。また，第6条は次のように規定する。「国家は宗教を守護し，信教・良心・宗教活動の自由を保護し，モスクおよび宗教施設の党派的利用からの中立性を保障する。国家は，衡平と寛容の諸原則を広め，聖なるものを保護し，これに対するいかなる攻撃も禁ずる責務を負う。国家はまた，背教罪告発および憎悪と暴力の誘発を禁ずる責務も負う」。このように，シャリーアは，立法の準拠たる役割を与えられていないが，イスラームは聖なるものを保護すべき国家の宗教とされる以上，その法的な面での動員が不可能というわけではない。衆目の一致しない規定の解釈を決するのは，政治的情勢ということになる。

イスラームへの準拠と宗教的な管轄権の移転という点では，モロッコの事例も興味深い。この国の憲法史は稠密である。1970年憲法は権威主義的であったが，その後の2つのクーデター未遂事件で，国王は保安装置だけを頼りにはできないと悟り，1972年の憲法では政党政治を復活させた。1996年には大規模な改革がなされ，合意に基づく1998年の政権交代およびその後の王位継承の布石となった。2011年憲法は，体制側が合意形成型政治への再編の好機としたモロッコ版「アラブの春」によって促された改革主義的思潮と軌を一にしている。同憲法の重要な特色は，首相が職務の執行，とりわけ支持勢力である議会多数派の統制のために必要な手段を有するとし，その広範な権能を列挙していること，国王の仲裁および影響力を承認していること，権利の保護と発展を担う独立の諸機関を設置していることの3つである。以上

---

charia », dans Baudouin DUPRET (dir.), *op. cit.*, p. 153-165.
21 Rāshid al-Ghanūshī. ナハダ党党首。1980年代からイスラーム主義的反体制運動の中心となり，投獄と22年間の亡命生活を経て，2011年1月30日に帰国した。
(16) Camau, Michel, personal communication.

は，三権分立というより，3つの職掌の影響圏の定義を目指した分離である。

　宗教に関連する規定を問題にするなら，イスラームという準拠枠と宗教関連事項についての権限の移転との区別を指摘しておこう。モロッコの場合，イスラームへの準拠は豊富であり，かつ文言に裏がない。憲法第3条は，イスラームが「国教である」と定める一方で，「信教の自由」を認めている。同憲法では，初期の草案には含まれていた良心の自由は認められていないものの，第25条は「思想，意見およびあらゆる形の表現の自由が保障される」と定めている。

　この文言は，ある規定を限定したり，またはその適用を妨げる法律の援用によって当該規定の射程を制限する技術とは異なり，不可侵の原則を確立している。かくしてイスラームの支配がイスラーム的規範性（シャリーアないしフィクフ）への準拠を伴っていないことがわかる。国教としてのイスラームは，第一次的には国民的な準拠枠である。事実，文言解釈によれば，国家統一，領土保全，1つにして不可分の国民アイデンティティと共に，「中庸な」形態の「イスラーム教」が国家統合原理の1つをなすとされる（第1条）。同憲法でイスラームに準拠する条文は，ほとんど常に寛容性，開放性，信教の自由といった原則を強調している。モロッコの憲法体制を特徴づけるのは，国家元首に宗教的正統性がない場合とは異なり，イスラーム的規範性の法的な準拠としての認定など蛇足だということである。2011年憲法もこの常態の例外ではない。(17)

　新憲法と旧法の違いは，「国家元首，最高責任者，国民統合の象徴，国家の恒久的存続を擁護する者および諸制度の最高の審判者」（第42条）たる国王と，「信徒の指揮者（amīr al-muʾminīn）22」たる国王の権能を切り離した点にある。事実，第41条は次のように規定している。「信徒の指揮者たる国王は，イスラームの尊重を保障する。国王は，信教の自由を保護する。国王

---

(17)　同憲法第175条「ムスリムの宗教，王政，国民の民主主義的選択または本憲法に定める種々の自由および基本権の達成に関する諸規定を侵犯するいかなる改正もしてはならない」にも注意したい。

22　前近代においてはイスラーム共同体の指導者たるカリフが用いた称号。

は，ウラマー高等評議会の議長を務め，同評議会に付託された案件の審議に対して責任を負う。同評議会は，付託された問題に関して，イスラームの寛容なる教義と諸原則に基づき，公的に承認された宗教的鑑定（ファトワー）を発行できる唯一の機関である。同評議会の管轄，構成および手続は，勅令（ダヒール）によってこれを定める。国王は，本条によってその専権として付与された信徒の指揮職に固有の宗教的大権を勅令により行使する」。換言すれば，同憲法は，国王の2つの「機関」を区別し，双方の権限がなるべく混同しないよう努めている。ハッサン・ラシクが強調するように，保護統治の確立に端を発し，民族運動の中で追求されたスルタン職の世俗化の進展が続けば，長期的にはこの2つの権能の区別の深化が予想できよう。すなわち，国家元首の行政的任務は一層仲裁的な役割と化す一方で，宗教的な最高権威としての役割は，強力かつ広範囲に行使されるであろう。[18]

　しかし，目下のところ，国王による信徒の指揮職（imāra）の権限行使は排他的である。王権の特殊な委譲は，宗教的規制の領域における国王の権限の最も緩やかな定義を伴う。そこで信徒の指揮職とはつまるところ一体何かが問題となる。この職務に関連する権限は，例示的にせよ網羅的にせよリスト化されてはいない。この関連で問題にし得るのは，およそ明示的に宗教の枠外とされていない事項は全て，信徒の指揮者の一存により宗教と結びつく余地があるという副次的な原則である。この種の結びつきの例として，近い過去では国王自身が「家族法典」（Mudawwana al-usra）の改正に関与したことが挙げられる。この法分野の規制は，厳密には宗教の領分ではないが，ムハンマド6世が自認する信徒の指揮者の管轄下にある。多くの分野で同様のメカニズムが作動し得ることが想像できるが，立法府，行政府また憲法裁判所も強く反対できない。具体的には，良心の自由，中絶，死刑，歴史的遺産，ラマダーン月の斎戒の公的な制度化，婚姻外の性的関係の合法性，イスラーム

23　「権威，権力」を意味し，主としてスンナ派世界において，イスラーム共同体の長たるカリフとは区別される世俗的な政治的支配者の称号として用いられた。
（18）　RACHIK, Hassan, conférence donnée à la Fondation Bouabid, le 19 janvier 2012 : http://bit.ly/1bib0yL.

金融等が挙げられる。

　モロッコのシステムの独自性は，シャリーアの規範的領域を狭め得る点である。モハメド・ムアキトが述べるように，この領域は，信徒の指揮職の中心性と反比例的に機能するのである。モロッコにおけるように，指揮職という象徴が憲法上強固な状況では，政治的にはシャリーアの規範性はそれほど関係しなくなり，「あたかも前者の強さの代償として後者の弱さをもたらすかのよう」である。

　モロッコは，シャリーアよりむしろ君主の命令の決定権が過大なケースである。シャリーアの規範性は，国王がこれを利用したいか，逆に制限したいかによって，王権により強化されることも，損なわれることもあり得る。法秩序をその淵源のイスラーム化によって国民化したり，左派政治勢力を打倒するといった話になれば，この資源のご都合主義的な利用が主流となる。逆に，イスラーム主義の台頭を抑えるということになれば，イスラームの指揮権を用いてシャリーアの規範性を制約する傾向となろう。[19]

4. イデオロギーとしてのシャリーア

　永遠性に魅せられた人々には不穏な考えだが，宗教は変化するものである。イスラームも同じで，過去に凍りついたまま修復不能な「法治主義」ではない。宗教と政治の領域がどのように表現されるかは，権力を正統化する言説の形態をじかに左右する。この２つの領域は，イデオロギーとユートピアの間を行き来する。イスラーム的規範性の源泉に照らして政治的，憲法的または道徳的な真理を見極めるのは困難だが，人々がある共有の過去の援用と解釈を通じて自らの伝統の再生に加担することもまた明らかである。この営為の糧となるのがユートピアである。これらのユートピアは，政治的・社会的現実と再結合し，具体的な形をとることで，イデオロギーに転じる。とりわけ保守的イスラーム勢力の増大という文脈においては，今日のシャリーアにこの相関関係が認められると考えてもおかしくない。

---

(19)　M. Mouaqit in B. Dupret (dir.), *La Charia aujourd'hui. Usages de la référence au droit islamique*, Paris, La Découverte, 2012.

本稿にいうイデオロギーとは，ポール・リクールに従い，このように所与の社会において実現される，共有の表象群である。これらの表象は，道徳的かつ規範的である。これらの価値概念が政治的舞台に投影されると，しばしば異論の余地なき地位を得ることがある。ジャンノエル・フェリエは，このことを消極的連帯の効果と呼んでいる。[20] 政治思想はその発達につれて，規範的な重みを増しつつも，その規範性に新たな内容を付与する自由を留保するという埋め合わせ的な作用を通じて，所与の文脈で道理にかなう何かを根拠とするようになる。こうしたイデオロギーの堆積過程から，新たな合理化が生じる。かくして政治的言説は，誰もが知っている筈のことと称して，その実これを創出し，メタファーや帰属意識，持続性と一貫性を生み出すのである。革新の度合いはどうであれ，イデオロギー的言説は，現実のかなり自由な脚色をも民意の世界に投影できると同時に自らの権威を正当化するような，既存の深い道徳的紐帯との結びつきを絶えず再確認する。

イスラーム的規範性は，政治や憲法の領域だけでなく，道徳および社会の領域にも統合されつつある。シャリーアは，ある世界観や価値観を兼ね，またその代弁者とされる限り，イデオロギー的に特に有用となる向きがある。理由はともかく，圧倒的なムスリム多数社会の文脈では，シャリーアは公的・政治生活と同質になった。ほとんどの政治的指導者は，証拠の見せ場に過ぎない公的舞台で，自分たちが創り出したシャリーアの表象とこれに仮託した有用性を誇示しがちである。シャリーアの内容に関する見解は分かれたままであるが，現代のムスリム世界においては，同法が規定する領域外でこれを適切に位置づけることが困難となっている。シャリーアは確かに1つの枠組みに過ぎないが，あらゆる言説をふるいにかける枠組みといえよう。

---

(20) Ferrié, *Le Régime de la civilité. Public et réislamisation en Égypte*, CNRS-Editions, Paris, 2004.

イスラーム国家における「シャリーア」と「自由」
──エジプトのヴェール裁判にみる政教一致体制──

後藤　絵美

はじめに──政教一致を問い直す

　近年,「政教分離を問い直す」「政教分離を再考する」という言葉を含むタイトルの研究書や一般書が少なくない。その中では,「政教分離」というのがどのような状態で,それが成立するまでにどのような経緯があったのかという問いが,多様な地域の多様な事例をもとに叙述されている。

　『歴史のなかの政教分離──英米諸国における政教分離の起源と展開』(2006) もそうした論集の１つである。同書の編者の一人であり,政治思想史を専門とする千葉眞は,その「序論」で,政教分離と呼ばれるものの実態に２つの特徴があると述べている。１つは,政治権力と宗教権力の制度上での分離である。その具体例として,同書では,合衆国憲法の修正第１条「国教禁止条項」と日本国憲法第20条の「国の宗教活動の禁止条項」が挙げられている。もう１つの特徴は,自由に関する価値観の保障である。たとえば,合衆国憲法修正第１条には,「国教禁止条項」に続いて「自由な宗教活動条項」が示され,さらに言論の自由なども言明されている。日本国憲法第20条にも「国の宗教活動の禁止」の規定とともに「信教の自由」を規定する文言が配されている。そうして,欧米諸国や欧米諸国からの影響を受けたその他地域の諸国家が,いかにして,憲法という法制度の中に国教の禁止や自由の保障を確立してきたのかという道筋が,同書では,「幾多の歴史的な思考錯誤を通じて,西欧社会がたどり着いた一つの実際的な解決法の所産」[千葉 2006: 11] という見方とともに詳述されている。

　一方で,これまであまり注目されてこなかったのが「政教分離」と対置される「政教一致」という状態である。たとえば,前掲書の序論には次のような記述がある。

第 1 章　シャリーアの憲法上の位置づけをめぐる問題　　47

最後に今日的状況を考慮した上で，政教分離と政教一致について簡単に二点触れておきたい。第一点はとりわけイスラム圏における政教一致体制の浸透である。(中略) イスラム圏の諸国が今後長らく政教一致の原則を保持することは想像に難くないが，これはその宗教風土と政治文化からして十分に了解可能なことであろう。[同 : 22]

「政教分離」の複雑な歴史的・思想的背景を丁寧に論じる研究者らが，「イスラム圏における政教一致体制の浸透」については，「その宗教風土と政治文化から」長らく保持されるであろうと一言で断定するのを見るにつけても，われわれは「政教一致」と呼ばれるような状態についても，もう少し積極的に問い直す必要があるのではないかと思われる。そこで本章では，ここでいう「イスラム圏における政教一致体制」に目を向けてみたい。

　前述のように，「政教分離」の第一の特徴は，政治権力と宗教権力の制度上の分離であり，それは，具体的には「国教禁止条項」や「国の宗教活動の禁止条項」となってあらわれるという議論がある。たしかに，現代の中東諸国の体制はこれに真っ向から対立するように見える。国際政治学を専門とする小杉泰は，1994年の著書の中で，中東諸国の当時の憲法をもとに，国家と宗教の関係の類型化を図った。そこで明らかになったのが，大多数の国々が，1970年代以降，憲法の中でイスラームを国家の宗教と位置づけ，シャリーア（イスラーム法，後述）を立法の主たる源泉とすると謳っていることであった。例えば，エジプトに関しては，1971年憲法が挙げられているが，その第2条には「イスラームは国家の宗教であり〔中略〕イスラームのシャリーアの諸原則は立法の主たる源泉である」という条文がある。

　本章では，現代のエジプトを「イスラム圏における政教一致体制*」の一例と捉え，以下の2点を見ていくことにしたい。まず，エジプトは，いつから，どのような経緯を経て，イスラームを国家の宗教とし，イスラームの

---

* 1971年以降のエジプトの体制は，本書序論でふれられている，世俗主義とは異なり宗教との関わりを否定しないインドの「政教分離主義」と類似するように見える。ただし，エジプトの場合，全ての宗教を等しく尊重するというよりも，為政者が「イスラーム」ととら

シャリーアの諸原則を立法の主たる源泉と定めるようになったのかという点である。もう1つは，そうして生まれた「イスラーム国家」のエジプトとは，いったいどのような空間だったのかという点である。そこにおいて，「イスラームのシャリーア」あるいはその「諸原則」とは何を指していたのか。それらはどのような形で実践されていたのか。エジプトの1971年憲法にはまた，第41条（「人身の自由（al-ḥurrīya al-shakhṣīya）は当然の権利であり，不可侵である」）や第46条（「国は信仰の自由および信仰の実践の自由を保障する」）など，自由に関する価値観（前述の政教分離の2つ目の特徴とされたもの）に触れた条項があった。これが，どのように位置づけられ，実践されていたのか。本章では，1980年代から2000年代までの3つの裁判を事例に，以上の問いについて考えていく。

　裁判とは，具体的な事件や出来事について，国家の司法機関である裁判所（裁判官）が行う公権的な判断である。すなわち，裁判に関わる事例を見ることで，我々は，それぞれの時点での「公権的な判断」がどのようにあったのかについて，限定的ながらも，知ることができるのである。

　本章で扱う裁判は，いずれも，教育機関におけるヴェール着用の禁止を発端とするものである。エジプトでは1980年代以降，大学当局や教育大臣が，大学構内や小・中・高等学校の校内で顔を覆う形のヴェールの着用を禁止し，結果として，一部の学生や生徒を構内や校内から締め出すという事態が起きていた。そこで，その禁止が，「イスラームのシャリーアの諸原則は立法の主たる源泉である」と謳い，「人身の自由」や「信仰の自由」を保障する憲法に違反すると訴え出る人々があらわれたのであった。本章で参照するのは，そうして行われたヴェール裁判の判決である。

　本章全体の構成は以下の通りである。次節（第1節）では，国教やシャリーアに関する憲法条項が成立するまでの過程を辿る。第2節では，ヴェール裁判の背景的な状況を明らかにするために，エジプトにおけるヴェール問題の歴史的な経緯と裁判所制度について概観する。第3節では大学構内での

えるものを尊重するタイプの国家体制であることから，ここでは「政教一致体制」と呼ぶ方が適切だと思われた。

ヴェール着用の禁止を扱った2つの裁判を取り上げ，第4節では教育大臣令に関する裁判を検討する。以上の作業を通して，「政教一致を問い直す」ための1つの入口を提示できれば幸いである。

1.「イスラーム国家」の成立

1.1. エジプト憲法の系譜

エジプトの正式な国名はエジプト・アラブ共和国（1971年以来）で，人口は，1966年の時点で約3000万人，2006年には約7300万人［エジプト中央国家動員・統計庁ウェブサイト］と，ここ数十年で大幅に増加した。一般に，人口の約9割がムスリム，残りの1割程度がコプト・キリスト教徒だといわれるが，1971年に公布され，1980年に改正されたエジプト・アラブ共和国憲法（以下，「1971年憲法」）の第2条には，「イスラームは国家の宗教であり，アラビア語は公用語であり，イスラームのシャリーアの諸原則は立法の主たる源泉である」と謳う条文がある。以下ではまず，1971年憲法とその第2条の成立についてまとめていく。

1971年憲法は，エジプト史上6番目の憲法である。これは，3度の改正を経て，2011年2月まで施行された。次頁の表1はエジプトでの憲法公布について，そのおおまかな流れを示したものである。

エジプトで近代国家体制の整備が始まったのは，19世紀前半のムハンマド・アリー統治時代（1805-49）のことであった。1830年代以降，統治法や議会法などを示した「憲法的」性質をもつ文書がいくつか公布されたが，最初の近代憲法として広く認められているのは，1923年4月付の「エジプト国家の憲法体制を制定する1923年42号勅令」である（以下，1923年憲法）［竹村2014a: 110］。この時期以前，エジプトはオスマン帝国の属州であったが，1882年にスエズ運河の利権をめぐる対立の中でイギリス軍に占領され，1914年の第一次大戦勃発とともにイギリスの保護国となった。大戦終結後，世界各地で民族主義運動が活発化し，エジプトでも，1919年革命と呼ばれる独立要求闘争が起こった。その結果，1922年，この地は「エジプト王国」として名目上の独立を果たし，最初の憲法が勅令という形で制定された。

表1：エジプトにおける憲法公布

1923年 憲法（エジプト最初の近代憲法，立憲君主制による欽定憲法）
1930年 憲法（王権の優位を定めるために1923年憲法を改めたもの）
1935年 1923年憲法の復活
1952年 1923年憲法の失効に関する憲法宣言
1956年 憲法（名称：エジプト共和国憲法 「1952年革命」後初の正式な憲法）
1958年 暫定憲法(エジプトとシリアによるアラブ連合共和国成立に際して公布)
1964年 憲法（アラブ連合共和国からのシリアの離脱後に公布）
1971年 憲法(名称：エジプト・アラブ共和国憲法　1980年，2005年，07年に改正）
2011年 1971年憲法の停止・新憲法制定までの代替を提示する憲法宣言
2012年 憲法（名称：エジプト・アラブ共和国憲法）
2013年 2012年憲法の一時停止に関する声明
2014年 憲法（名称：エジプト・アラブ共和国憲法）

［浦野・西1979，竹村2014aをもとに筆者作成］

　これ以降の憲法は，公布の時期や内容によって，おおよそ4つに分けられる（表1では色分けをして示した）。第1期は欽定憲法期で，ここには，前述の1923年憲法と，その中の国王の権限を強化し，議会の権限を制限した1930年憲法が含まれる。後者は，民衆からの強い反発を受けて数年のうちに無効化され，代わって1935年に，1923年憲法の復活が勅令によって定められた。

　第2期は，民定憲法草創期およびアラブ・ナショナリズムの時代と呼びうるものである。1952年7月，後に大統領となるナセル（Jamāl ʿAbd al-Nāṣir, 1918-70, 大統領在職期間1956-70）が率いる自由将校団がクーデターを起こした。第一次中東戦争での敗北の原因は当時の政府の腐敗にあるとして，国王の退位を求めたのであった。同年12月，1923年憲法の失効が宣言され，翌1953年6月には，王制の廃止と共和制の樹立が発表された。新しい政府のもと，国民投票で承認された憲法が1956年のエジプト共和国憲法であった。しかし同年に大統領となったナセルが，アラブ・ナショナリズムの思想のも

と，シリアとの統一国家「アラブ連合共和国」の樹立と暫定憲法の制定を発表したことから，1956年憲法はわずか2年で失効した。この連合共和国が長続きすることはなく，3年後にシリアが脱退した。その後，エジプト国家が恒久的な憲法を制定するまでの暫定的憲法という位置づけで，1964年憲法が国民投票を経ることなく公布された。

第3期は恒久憲法期である。1970年に急逝したナセルに続き，大統領職に就いたサダト（Anwar al-Sādāt, 1918-81, 大統領在職期間1970-81）は，1971年5月，人民議会の議員と，議会の様子をテレビ中継で視聴していた国民に向けて，新たに生まれたエジプト・アラブ共和国のための恒久憲法（al-dustūr al-dā'im）を制定する必要があると説いた。同年9月，新憲法の最終案が国民投票にかけられ，承認を得たことから，1971年憲法として公布された。これは，1980年，2005年，2007年の部分改正を経つつ，サダト大統領期から，続くムバーラク（Ḥusnī Mubārak, 1928- , 大統領在職期間1981-2011）大統領期まで，40年間，憲法として効力を持ち続けた。

第4期は，「アラブの春」の時代である。2011年1月，大規模な民衆運動の結果，ムバーラク大統領が辞任し，国権を委譲された軍隊最高評議会が1971年憲法の停止を宣言した。新しい体制を構築すべく，議会選挙（2011年11月から12年3月）と大統領選挙（2012年4月から6月）が実施されるとともに，憲法起草に向けた取り組みが行われた。新たに選ばれたムルスィー大統領（Muḥammad Mursī, 1951- , 大統領在職期間2012年6月-13年7月）のもと，国民投票を経て制定されたのが，2012年憲法であった。ところが，わずか半年後の2013年6月，軍を中心としたクーデターにより，ムルスィー政権は失脚，2012年憲法も停止となった。その後，同憲法を大幅に改正する形で新憲法案がつくられた。これが2014年1月の国民投票での承認を得て，2014年憲法として公布された。

1.2. 1971年憲法第2条の成立

さて，1971年憲法第2条の話に戻ろう。この条項の前半部分にある「イスラームは国家の宗教である」という条文が，最初にエジプトの憲法にあらわ

れたのは，1923年憲法の中においてであった。この条文の挿入を提案したのは，ムハンマド・バヒート（Muḥammad Bakhīt, 1856-1935）という名のウラマー（宗教学者）であった。

　エジプトでスンナ派イスラームの教育・研究機関として最高峰に位置づけられるアズハル機構（al-Azhar）で学んだバヒートは，イスラーム法関連の公職を歴任した後，1914年から20年まで，「国家のムフティー職」（エジプト国民のためにファトワー［イスラーム法学裁定］を発行する役職）を務めた。バヒートの役割は，現状（イギリスの保護国となっている状況を含む）への反発が強まらないように，宗教的な語彙を用いて国内の諸勢力を説得することにあったという。ところが，実際には，バヒート自身が反英運動に積極的な形で関わり，1919年革命では主導者の一人となっていた。1922年，エジプト王国の憲法の起草が始まると，バヒートは起草委員会のメンバーに選出され［Skovgaard-Petersen 1997: 133-35］，彼が提案した「イスラームは国家の宗教である」という条文の挿入は，委員会の全会一致で認められたのであった［*al-Dustūr* 1940: vol.9, 3371］。

　国教を定めるこの条文は，当初，「アラビア語は公用語である」という条文とともに，全7編から成る1923年憲法の第6編「一般規定」の冒頭，第149条に位置づけられていた（表2）。これが国家の基本理念を定めた第1編に組み込まれたのは1956年憲法が最初であった（第1編「エジプト国家」第3条）。その後，同条文は，1958年の暫定憲法（シリアとの統一国家のための暫定憲法）を除いて，つねに第1編の中に収められてきたが，それは必ずしも国民や為政者に何らかの実践を要求するものではなかったといわれている。

　1971年憲法第2条の後半部分は，同憲法の中で最初にあらわれた（第1編「国家」）。当初，条文には，「イスラームのシャリーアの諸原則は立法の主たる源泉の1つ（maṣdar raʾīsī）である」とあったが，これが1980年に改正され，「イスラームのシャリーアの諸原則は立法の主たる源泉（al-maṣdar al-raʾīsī）である」とより断定的な表現になった。

　1971年憲法で「イスラームのシャリーアの諸原則は立法の主たる源泉の1つである」という条文が加えられた背景には，世論からの強い要求があった

第1章　シャリーアの憲法上の位置づけをめぐる問題　　53

表2：エジプト憲法の中の国教・公用語・シャリーア条項の変遷

1923年憲法 第6編「一般規定」	149条	「イスラームは国家の宗教であり、アラビア語は公用語である。」
1930年憲法 第6編「一般規定」	138条	同上
1956年憲法 第1編「エジプト国家」	3条	同上
1964年憲法 第1編「国家」	5条	同上
1971年憲法 第1編「国家」	2条	「イスラームは国家の宗教であり、アラビア語は公用語であり、イスラームのシャリーアの諸原則は立法の主たる源泉（の一つ）である。」
2012年憲法 第1編「国家および社会の構成要素」	2条	「イスラームは国家の宗教であり、アラビア語は公用語であり、イスラームのシャリーアの諸原則は立法の主たる源泉である。」
2014年憲法 第1編「国家」	2条	同上

［筆者作成］

といわれる。1971年5月、サダト大統領の呼びかけに応じて発足した新憲法準備委員会は、憲法に挿入すべき基本理念について国民の意見を募った。そうして届いた6800以上の意見書の多くは、国教やシャリーアに関する条文の挿入を求めるものであったという［O'Kane 1972:137-39］。

　この時期、エジプトでは、イスラームへの関心が高まりつつあった。直接的な原因としてしばしば挙げられてきたのが、1967年の第三次中東戦争でのイスラエルに対する敗北である。6日間のうちにシナイ半島を占領されるという、「信じがたく」「屈辱的な」出来事に直面し、その後の経済状況の悪化に苦しんだ人々の中から、ナセル大統領のアラブ・ナショナリズムへの失望や、近年のエジプトでは神への信仰が蔑ろにされているという反省の声が聞こえてきたのである［Williams 1980: 82; El Guindi 1981: 468-69］。1970年に始まるサダト政権は、そうした声を汲み取り、国民の信頼を回復すべく、また、それまで周縁化されていた宗教勢力を新たな支持者として取り込むべ

く，憲法第2条の内容に合意したといわれる［Lombardi 2006: 124-25］。

　1971年憲法の制定後，サダト政権はイスラーム系の団体活動への規制を大幅に緩和した。ナセル時代に投獄されたムスリム同胞団のメンバーを釈放し，同胞団やその他の組織が雑誌を発行したり，集会を開いたりすることを認めた。1970年代，エジプト各地の大学ではイスラーム団体などと呼ばれる学生組織が次々と結成された。これらの団体は，イスラームの教義や思想，信仰者の行動規範などに関する勉強会を開催したり，小冊子を刊行したりした。多くは非政治的・非暴力的な組織であったが，1980年のサダト大統領暗殺に関与したジハード団のように，過激で戦闘的な組織の活動も活発化した。

　この時期にはまた，アズハル機構のウラマーの発言力も増しつつあった。1976年，同機構内部に，憲法第2条に基づき「制定法をシャリーアに適合するよう改正するための高等委員会」が立ち上げられた［小杉 1998: 246；Lombardi 2006: 126］。第2条の実践を目指した動きは，行政府や法曹界の中でも見られた。1975年，法務省は「シャリーアに基づく法制度の導入に向けた高等委員会」を設置し，1976年，最高裁判所（後の最高憲法裁判所）は，憲法第2条に関わる裁判の中で，すべての制定法はイスラームのシャリーアの諸原則に適合しなければならないとの見解を示した［Lombardi 2006: 129-31］。

　こうした流れの中，1979年7月，人民議会の3分の1にあたる議員が，憲法第2条の「イスラームのシャリーアの諸原則」に関わる部分を改正するよう――「立法の主たる源泉の一つ」という文言を「立法の主たる源泉」へと変更するよう――提案した。翌年4月，人民議会はこれを認め，翌月の国民投票の結果，改正が成立した［ibid: 133］。

　以上からわかるのは，エジプトにおいて「政教一致体制」と呼びうる状況が成立したのが，比較的最近だったということである。イスラームの国教化は1920年代，イギリスからの独立の動きの中でウラマーの1人の提案によって始まった。また，憲法の中に「イスラームのシャリーアの諸原則」への言及が見られるようになったのは1970年代である。当初，それは「立法の主た

る源泉の1つ」とされており，その他の「立法の主たる源泉」が存在することも示唆されていた。それが，唯一の「立法の主たる源泉」となったのは，1980年のことである。

では次に，憲法に「イスラームのシャリーアの諸原則は立法の主たる源泉である」と謳う，1980年以降のエジプトがどのような空間だったのかを見ていくことにするが，その前に，事例として取り上げるヴェール裁判の背景として，エジプトにおけるヴェール着用者の増加という現象と，エジプトの裁判所制度について簡単に述べておきたい。

2. ヴェール裁判の背景

2.1. エジプトとヴェール

エジプトでムスリム女性のヴェールが注目を集めるようになったのは，1970年代以降のことである。この時期，ヴェールの着用を選択する女性の数が，都市部の大学生などの高学歴層を中心に増え始めたのであった。

イスラームの啓典『クルアーン』には，女性のヴェール着用に関わるとされるいくつかの章句がある。男女の信仰者に慎み深く行動し，とくに女性は美しい部分を覆い隠し，胸にヒマール（khimār）と呼ばれる覆いをかけるようにと命じた24章30，31節，男性信仰者に対して預言者ムハンマドの妻たちとの間にヒジャーブ（ḥijāb）を介するようにと命じた33章53節，預言者の妻や娘，信仰者の女性に，嫌がらせから身を守るために，その他の女性と見分けがつくような，ジルバーブ（jilbāb）と呼ばれる衣服の着用を命じた33章59節などである（表3）。

これらの章句の存在によって，ヴェール着用はイスラームの広がりとともに各地の女性のあいだに広がっていったと考えられる。ただし，クルアーンの章句や，それを理解するための手がかりとされてきたハディースを見たかぎりでは，たとえば，ヒマールやヒジャーブ，ジルバーブというのが，それぞれどのようなもので，それらによって女性は身体のどの部分を覆うべきだったのか，そもそも，なぜこうした啓示が下されたのかなど，必ずしも明らかではない。そこで，そうした詳細は，後世の人々の解釈や判断に委ねら

表３：女性のヴェール着用に関わるクルアーンの章句

男性信仰者らに言え，視線を下げて陰部は大切に守るようにと。その方が彼らにとってより正しい。（24章30節の一部）

また，女性信仰者らにも言え，視線を下げて陰部は大切に守るようにと。そして外にあらわれているもの以外，飾りを人に見せないように。胸にはヒマールをかけて。〔中略〕また隠された飾りを知らせるために足〔で地面〕を打ってはならない。（24章31節の一部）

また，彼女たちに何か尋ねる時はヒジャーブの後ろから尋ねなさい。そうした方がおまえたちの心にとっても，彼女らの心にとっても汚れがない。（33章53節の一部）

預言者よ，おまえの妻たちと娘たち，そして女性信仰者らに言え，ジルバーブを身体にまとうように，と。それこそ彼女らが自分たちを知ってもらい，悩まされないための最短の方法である。（33章59節の一部）

［『クルアーン』より，筆者訳出］

れることになった［後藤2014: 51-85］。

　20世紀初頭，エジプトでは，西洋的近代化を目指した内外の取り組みの中で，それまで顔を含む全身を覆っていた女性たちの多くが，顔を露出するようになった。やがて，伝統的なワンピースを西洋式のものに換え，ヴェールをまとわずに出歩く女性の姿も見られるようになった。1960年代後半には，当時の世界的な流行に乗ってミニスカートを着用する女性さえあらわれた。この頃までには，ヴェールは保守的な地域や階層のものと見なされるようになっていた。

　ところが，1970年代に入ってここに別の流れが加わった。女性の社会参加が進み，学校や職場，公共交通機関などで男女が接触する機会が増えている現代にこそ，女性は性的な嫌がらせなどで「悩まされない」ために，ムスリムであることを周囲に「知ってもらい」，また，その美しい部分（「飾り」）を覆い隠し，男性の注意を引かないようにヴェールを着用しなければならな

第1章　シャリーアの憲法上の位置づけをめぐる問題　　57

い——。そうした主張が聞こえ始めたのである。

そこで一部の女性たちは，幅広のゆったりとした衣服を着て，身体のラインを隠したり，ヴェールやかぶりもので頭髪や首，胸部を覆ったりした。中には顔を覆い，手袋を着用して，肌を一切露出しない女性もいた。数枚の薄い黒布からなる顔覆いはニカーブ（niqāb）と呼ばれた。

ニカーブは通常，3枚重ねになっており，必要に応じて表側の1，2枚を頭の上にかけ，まち針などで固定する［図版はいずれも後藤2006 p. 158より転載］

1980年代から1990年代にかけて，こうした装いは，一方で，「イスラーム的な衣服」や「シャリーアに則った衣服」，あるいは「ヒジャーブ」と称され，着用者の宗教意識の高さや敬虔さのあらわれといわれた。他方で，ヴェールに対するそうした見方はまだ少数派のものであり，多くはそれを着用せずとも宗教的には何の問題もないと考えていた。むしろ，これらの衣服を「必要以上に」女性の身体を覆い隠すものと見なす傾向は強かった。また，その服装から国家や社会の脅威となる過激で戦闘的なイスラーム運動や，それを標榜する組織とのつながりが連想されることも少なくなかった。とくに顔や表情を覆い隠すニカーブに警戒心を抱く人は多く，過激なイスラーム運動組織の男女が身元を隠すためにニカーブをまとって紛れ込んで

ニカーブは通常，3枚重ねになっており，必要に応じて表側の1，2枚を頭の上にかけ，まち針などで固定する［図版はいずれも後藤 2006 p. 158より転載］

図1　ニカーブの例

る，ヴェールの下に武器や爆発物を隠して持ち運んでいるなどと噂された。当時，大学がイスラーム団体の主な活動拠点の1つだったこともあり，1985年には，カイロ大学で保安上の問題やコミュニケーションの阻害などを理由に，構内でのニカーブの着用が禁じられた。以後，各地の公立・私立大学で同様の措置が取られた。1994年には，さらなる若年層（小・中・高等学校の生徒）に対して，学校での頭髪を覆うヴェール着用の制限やニカーブ着用の禁止が言い渡された。

こうした大学組織や行政府の動きに，イスラームへの関心を高めつつあった世論は沸き立った。中には，大学や行政を相手取り，裁判を起こす人々もあらわれた。本章で取り上げる裁判も，ニカーブの着用をめぐって行われたものである。

2.2. エジプトの裁判所制度

1923年憲法の制定以来，エジプトでは，行政・立法・司法の三権分立による国家体制がとられてきた。1971年憲法にも，司法権の独立および各種裁判所裁判官の独立を保障するという条文がある（第165-67条）。本章で扱う1980年代から2000年代の裁判所制度は複雑かつ流動的で，先行研究ではさまざまな形で説明されている。次頁の図2は，筆者なりにその概観を図示したものである。

裁判所は3つに分類しうる。第1は，法務省（wizārat al-'adl）の監督下にある一般裁判所（al-qaḍā' al-'ādī）で，ここでは民事や商事，刑事等の裁判が行われる。一般裁判所には，簡易裁判所（al-maḥākim al-juz'īya），日本の地方裁判所にあたる一審裁判所（al-maḥākim al-ibtidā'īya），高等裁判所にあたる控訴院（maḥākim al-isti'nāf），最高裁判所にあたる破毀院（maḥkamat al-naqḍ）がある。第2は，国家院（majlis al-dawla）の傘下にある行政裁判所（al-qaḍā' al-idārī）である。エジプトの司法制度では，フランス法文化の影響から，行政が関わる裁判が一般個人だけに関わるものと分けられてきた。ここには，公務員の懲戒を審議する懲戒裁判所（al-maḥākim al-ta'dībīya）や，中級以下の公務員や小額の損害に関する訴訟を扱う行政裁判所（al-maḥākim al-idārīya），そ

第1章　シャリーアの憲法上の位置づけをめぐる問題　59

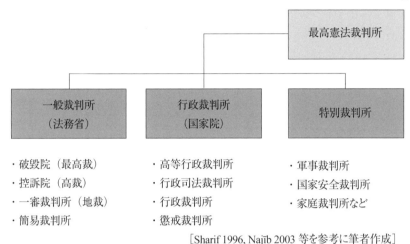

[Sharif 1996, Najīb 2003 等を参考に筆者作成]
図2　エジプトの各種裁判所（1979年〜2011年）

の他の行政訴訟を扱う行政司法裁判所（al-mahkama al-qaḍā' al-idārī），それらの上級裁判所である高等行政裁判所（al-maḥkama al-idārīya al-'ulyā）が含まれる。

この2つの範疇に加えて，憲法や法律で特別に設置された裁判所として，法令の合憲性や裁判所同士の対立を審理する最高憲法裁判所（al-maḥkama al-dustūrīya al-'ulyā），軍関係の訴訟を扱う軍事裁判所（al-qaḍā' al-'askarī），政治犯罪や治安に関わる犯罪を扱う国家安全裁判所（al-maḥākim amn al-dawla），家族生活に関わる訴訟を担当する家庭裁判所（maḥākim al-usra, 2004年に設置）などがある［Sharif 1996: 18-29; Najīb 2003: 120-30］。

このうち，本章で扱う事例に関わるのは，行政司法裁判所と高等行政裁判所，最高憲法裁判所である。前二者は1972年法律第47号によるもので，行政司法裁判所はカイロやアレクサンドリアをはじめ複数の都市に，高等行政裁判所はカイロに設置されている。各裁判を担当する裁判官の数は，通常，行政司法裁判所が3名，高等行政裁判所が5名である。

最高憲法裁判所は1979年法律第48号によるもので，その前身にあたるのが，ナセル政権が1969年に設置した最高裁判所（al-maḥkama al-'ulyā）であった。法令の合憲性を審査する独立機関として新設された最高裁判所は，続く

サダト時代まで，政権の意向を強く反映した判断を行っていた［Moustafa 2007: 65-67］。より独立性の高い審査の実現を目指した法曹界の運動によって設立されたのが最高憲法裁判所である。各裁判を担当する裁判官の数は（法律では明示されていないが）7名以上となっている。

　一般市民が，行政府やその他の国家機関の法令や規則，あるいは，それらに所属する人々の行為が，憲法や法律に違反すると訴え出た場合，合憲性や合法性の審理を行うのが行政裁判所群である。そして，とくに法令の合憲性が問題となったときには，最終的な判断は，しばしば最高憲法裁判所に委ねられてきた［Lombardi 2006: 145-146; Moustafa 2007: 9-81］。

3. 大学規定裁判とシャリーアおよび自由

　前述のように，1980年代以来，エジプトの国立・私立大学では度々，大学の規定によってニカーブの着用が禁じられ，その是非をめぐっていくつかの裁判が行われてきた。それらの裁判は，大学が高等教育省（wizārat al-taʻlīm al-ʻālī）の管轄下にあることから，行政司法裁判所が担当することになった。その際の審理では，1971年憲法第2条や，人身の自由権の尊重を謳った第41条，信仰の自由に関する第46条との関連が主な争点となった。合憲性が問題となった裁判だったが，問われたのが法令の合憲性ではなく，一機関が定めた規定の合憲性だったことから，判断が最高憲法裁判所に委ねられることはなく，高等行政裁判所が最終審となった。

　1980年代から2000年代にかけて起きた大学でのニカーブ着用禁止をめぐる訴訟のうち，高等行政裁判所に持ち込まれたものは少なくとも9件あった。本章ではそのうち，最初の控訴審であるアイン・シャムス大学の事例（1988年3月行政司法裁判所判決，1989年7月高等行政裁判所判決）と，比較的新しいカイロ・アメリカ大学の事例（2001年12月行政司法裁判所判決，2007年6月高等行政裁判所判決）を取り上げる。主な資料は，これら2つの控訴審の判決文書である。それでは，その内容を見ていくことにしたい。

3.1. アイン・シャムス大学規定裁判

　1950年創立のアイン・シャムス大学（Jāmi'at 'Ain Shams）は，エジプトで3番目に古い国立大学である。文学部，法学部，商学部，工学部，医学部，農学部など15の学部からなる総合大学で，キャンパスはカイロ郊外に位置している。1989年に出された高等行政裁判所の判決によると，同大学に関わる裁判の経緯は以下のとおりであった。

　1987年8月，アイン・シャムス大学はニカーブをまとった学生の大学への入講禁止を決定し，9月にそれを実施した。すると12月に入って，当時文学部に所属していた女子学生が，「一定の衣服の着用を学生に強要したり，シャリーアで禁じられていないニカーブの着用を禁止したりすること」は，「憲法で保障される人身の自由の侵害である」と，禁止規定実施の取り止めを求め，高等教育相と大学を相手取り，カイロ行政司法裁判所に訴え出た [al-maḥkama al-idārīya al-'ulyā, no. 1316/1905, year 34: 2-3]。

　女子学生の訴えに対して大学側は，(1) 原告は正規の学生ではなく，年度末に行われる試験の際を除いてそもそも入構が認められていないこと，(2) ニカーブは（シャリーアにもとづく）「イスラーム的な衣服」ではないこと，そして，(3) ニカーブ着用の禁止は大学講内への不審者の侵入を防ぐためのものであることを理由に，訴えの不当性と入講禁止措置の正当性を主張した [ibid: 3]。

　翌年3月，行政司法裁判所は原告の訴えを認め，大学に対してニカーブ着用禁止規定の実施取り止めと，裁判費用の支払いを命じた。その理由は主に以下の5つであった。まず，(1) この学生は正規の学生ではないが，事務手続きや試験等に際して大学構内に入る必要があり，同規定によって不利益を被ると考えられること，(2) 法律や公益のための諸規定に反しない限り，自由な服装を着用することは憲法と法律で認められた人身の範囲内の自由であること，(3) とくに，規定で禁止されたニカーブは，一部の法学者によって，女性が着用すべき「シャリーアに則った衣服（al-ziyy al-shar'ī）」と考えられているものであり，かつ，(4) それは公序良俗に反しないものであること，(5) 文学部は，不審者の疑いのあるニカーブ着用者については顔覆いを

取らせて，身元を確認することが可能であり，その措置については原告も問題ないと述べていることであった［ibid: 3］。

　2ヶ月後，大学側は一審判決の中で法律の適用と解釈に誤りがあったとして，高等教育相とともに，この件を高等行政裁判所に控訴した。主な理由は，(1) 一審判決では原告が正規の学生ではなく試験時を除いて入構する権利がないという点や，(2) 服装の自由は大学が設ける学内規定の範囲内でのみ認められるものであるという点が考慮されていなかったこと，そして，(3) ムスリムのウラマーの多数派（jumhūr 'ulamā' al-muslimīn）が顔を恥部（アウラ 'awra，覆うべき身体部分）から除外し，ニカーブ着用を義務と捉えていない点や，それについて制限を課すことを認めているという点が考慮されていなかったことであった［ibid: 3］。

　高等行政裁判所の判決は，その約1年半後，1989年7月に出された。

　判決では一審と同じく，大学に対してニカーブ着用禁止規定の実施取り止めと裁判費用の支払いが命じられた。理由として最初に挙げられたのは，大学の学内規定が合法となるのは，その規定が個人の福利（マスラハ maṣlaḥa）に影響しない場合のみであるという点であった。原告は正規の学生ではないが，年度始めに行う手続きや試験の際，あるいは，成績の受け取りなどのために大学構内に入る必要がある。また，原告はニカーブの着用を，一定の法学派（madhhab shar'ī）の見解に依拠しつつ，信仰箇条（'aqīda）の1つと捉えている。大学側が構内でのニカーブ着用の禁止規定を設けた場合，原告の個人の福利に影響が及ぶ。よって，この場合の学内規定は法的に認められないというのであった［ibid: 4-5］。

　加えて，ウラマーの多数派がニカーブ着用を義務とせず，その制限を認めているという指摘に対しては，以下のように述べられた。

　　イスラームのウラマーの多数派（jumhūr 'ulamā' al-islām）が女性の顔を恥部から除外し，女性が顔を露出することを認めていたとしても，彼らはまた，女性が顔を覆うことも，聖なるカアバの回巡〔引用者注：メッカ巡礼の際の儀礼〕のときを除いて，禁じてはいない。さらに，女性は常に顔を覆わなけれ

第1章 シャリーアの憲法上の位置づけをめぐる問題　63

アイン・シャムス大学規定裁判

資　料：高等行政裁判所判決
　　　　（no. 1316/1905, 34年度・1989年7月1日）
裁判官：ムハンマド・アンワル・マフフーズ裁判長，
　　　　他4名
控訴人：高等教育相，アイン・シャムス大学学長，
　　　　アイン・シャムス大学文学部長
被控訴人：アマル・アブドゥッサラーム

控訴理由：（抜粋）
・一審判決では，原告が正規の学生ではなく試験時を除いて入構する権利がないことや，服装の自由は大学が設ける学内規定の範囲内でのみ認められることが考慮されていなかった。
・一審判決では，ウラマーの多数派が女性の顔を恥部から除外し，ニカーブ着用を義務としていないことやそれを制限することが認められている点が考慮されていなかった。
判　決：一審と同じ。大学に対して，ニカーブ禁止規定の実施の取り止めと裁判費用の支払いを命じる。

　ばならないと考えるウラマーもいる。これはつまり，女性がニカーブやヒマール〔と呼ばれる覆い〕を顔の前に垂らして，〔男性の〕視線を遮ることは，ある人々にとってはシャリーアに基づく義務行為にあたらず，またある人々にとっては義務行為にあたるということである。いずれにしても，女性が顔を覆うことはシャリーアで禁じられていない。〔中略〕加えて，それは法律で禁止されているわけでも，慣習で否定されているわけでもない。〔中略〕それを完全に禁止したり，妨げたりすることは，服装をめぐる人身の自由の侵害であり，信仰の自由の制限である。〔中略〕女性がニカーブを用いる厳格な考え方を採用し，頭髪を覆うだけの緩やかな考え方を採らなかったとしても，それは憲法で認められた権利の行使である。〔その選択は〕シャリーアの解釈の1つが勝った結果であり，信仰に関わる事柄であり，権利という点で〔他の選択と〕同等である［ibid: 5-6］。

　ここではまず，控訴側が言うように，ウラマーの多数派が女性の顔の露出

を認めているとしても，彼らはまた，女性が顔を覆うことも（メッカ巡礼での儀礼の際など限られた場面をのぞいて）禁じてこなかったという点が指摘されている。さらに，続けて次のように論じられている。ウラマーの中には，女性は常に顔を覆わなければならないと主張する者もいる。こうした異なる解釈に共通して言えるのは，ニカーブ着用がシャリーアで禁止されていないということである。ニカーブの着用はまた，法律で禁じられているわけでも，慣習で否定されているわけでもない。このようにシャリーアや法律，慣習に照らして問題のない行為を完全に禁止することは，憲法で保障される人身の自由の侵害にあたる。また，シャリーアの解釈の1つを選択することは，個人の信仰に関わる事柄であり，それに制限を加えることは，信仰の自由の制限にあたる。よって，アイン・シャムス大学が構内でのニカーブ着用を完全に禁止することは，憲法に反する行為であり，認められない，というのが高等行政裁判所の結論であった。

3.2. カイロ・アメリカ大学規定裁判

　アイン・シャムス大学規定裁判の控訴審判決から12年を経た2001年，カイロ・アメリカ大学（The American University in Cairo/ al-Jāmi'a al-Amrīkīya bi-l-Qāhira）の学内規定をめぐる裁判が始まった。

　カイロ・アメリカ大学は，1919年に米国の個人資本によって設立された私立大学である。ここには，人文社会学，経営学・経済学・通信学，科学・工学等の研究科があり，主として英語による教育と研究が行われている。キャンパスは2008年までカイロの中心部，タハリール広場脇に位置していた（その後，カイロ郊外に移転した）。欧米式の「リベラル」な学風で知られており，ここに通うエジプト人の学生や大学院生は富裕層の出身者が多い。

　2007年の控訴審判決によると，裁判の経緯は以下の通りであった。2001年1月，カイロ・アメリカ大学本部が「治安上の理由から」構内でのニカーブ着用を全面的に禁止すると発表した。その結果，ニカーブを着用する女性ら数名が入構を阻まれた。その中の1人，当時，アズハル大学（アズハル機構内にある国立大学）博士課程に所属し，博士論文執筆のため，カイロ・アメ

第1章　シャリーアの憲法上の位置づけをめぐる問題　65

リカ大学図書館を利用していた女性が，この規定は憲法と法律に違反すると主張し，カイロ・アメリカ大学の学長を相手取り，規定の撤回を求めてカイロ行政司法裁判所に訴え出た［al-maḥkama al-idārīya al-ʿulyā, no. 3219, year 48: 3, 8］。

　2001年12月，行政司法裁判所は，前出の1989年アイン・シャムス大学規定裁判の控訴審判決の一部をほぼそのまま引用し，原告の訴えを認め，大学側に対してニカーブ着用禁止規定の取り止めと裁判費用の支払いを命じた。約1カ月後，カイロ・アメリカ大学側は，この件を高等行政裁判所に控訴した。その際，主な控訴理由として挙げられたのは，(1) 一審判決では，(米国資本によって設立された) カイロ・アメリカ大学が，エジプトの一般的な私立大学と異なる法的立場・権利をもつ特別法人（shakhṣ qānūnī khāṣṣ）であることが考慮されていなかったこと，(2) 治安維持の目的で女子学生の顔を露出させることは，信仰の自由や人身の自由の侵害にはあたらず，これに関して一審判決では，法の適用と解釈に間違いがあったことなどであった［ibid: 3-5］。

　最終的な判断は，5年半後の2007年6月に下された。

　判決ではまず，カイロ・アメリカ大学について，米国政府とエジプト政府のあいだで交わされた協定書や議定書の一部が引用され，同大学の活動がエジプト高等教育省の監督下にあることや，その運営に際して，エジプトの憲法および関係する法律の条項を遵守するという点で合意があることが確認された［ibid: 5-7］。その上で，カイロ・アメリカ大学を含むエジプト国内の大学が，構内でのニカーブの着用を禁止できるかどうかが検討された。その際，最初に言及されたのは憲法第2条であった。

> 憲法第2条で立法の主たる源泉と謳われるイスラームのシャリーアによると，ムスリム女性の衣服は，身体の線がわかるものや，〔身体の線が〕透けて見えるもの，あるいは，人目を引くようなものであってはならず，顔と両手をのぞいて全身を覆うものでなければならない。これは〔クルアーンの〕部族同盟章にある神の言葉に由来する。《預言者よ，おまえの妻たちと娘たち，そし

66　第1部　国家とイスラーム

カイロ・アメリカ大学規定裁判

資　料：高等行政裁判所判決
　　　　（no. 3219, 48年度・2007年6月9日）
裁判官：サイイド・サイイド・ナウファル裁判長
　　　　他10名
控訴人：カイロ・アメリカ大学学長
被控訴人：イーマーン・ターハー（アズハル大学博
　　　　士課程），高等教育相

控訴理由：（抜粋）
・一審判決では，カイロ・アメリカ大学が特別法人であることが考慮されていなかった。
・治安維持の目的で，女子学生の顔を露出させることは，信仰の自由や人身の自由の侵害にはあたらない。
判　決：一審と同じ。大学に対し，ニカーブ禁止規定の実施の取り止めと裁判費用の支払いを命じる。

　　て女性信仰者らに言え，ジルバーブを身体にまとうように，と…。》（〔33章〕59節）一方で，女性の顔を覆うニカーブや，手を覆う手袋について，法学者の大半（jumhūr al-faqahā'）は，その着用を宗教的な義務行為ではないとし，顔と両手を露出することを許可している。その根拠はクルアーンの《外にあらわれているもの以外，飾りを人に見せないように…。》（〔24章〕31節）という部分で，初期時代の法学者も現代の法学者も，《外にあらわれているもの》とは顔と手にある飾りのことだと解釈している。〔中略〕
　　　　クルアーンとスンナ〔引用者注：使徒ムハンマドの言葉や行いとして伝えられるもの〕には顔や手を覆うことを義務づける明確な根拠がない。〔また〕ニカーブ着用は〔イスラームで〕禁じられたり，忌避されたりする行為ではなく，許容された行為である。[ibid: 7-8]。

　ここでは，憲法第2条で「立法の主たる源泉」と位置づけられる「イスラームのシャリーア」の中で，ムスリム女性の衣服がどのように規定されているのかが提示されていた。判決によると，それは「身体の線がわかるもの

や、〔身体の線が〕透けて見えるもの、あるいは、人目を引くようなものであってはならず、顔と両手をのぞいて全身を覆うものでなければならない」という。さらに、女性が顔や両手を覆うことは義務ではないが、それはまた、「禁じられたり、忌避されたりする行為ではなく、許容された行為である」とも述べられた。

イスラーム法学では、伝統的に、信仰者の生活に関わる行為が、①義務（実践が義務とされ、実践しないと咎められる行為）、②推奨（実践が推奨されているが、実践しなくとも咎められない行為）、③許容（合法であるが、実践の有無のいずれを選択しても等価である行為）、④忌避（実践の忌避が推奨されているが、実践しても咎められない行為）、⑤禁止（実践が禁止されている行為）という五範疇に分類されてきた。ここではその分類に従い、ニカーブの着用が「許容」にあたることが示されたのであった。

判決では加えて、憲法第18条（教育を受ける権利）、第40条（法の前の平等）、第41条（人身の自由）、第46条（信仰の自由）、第57条（自由の侵害は犯罪である）が引用された。その上で、エジプト憲法では繰り返し「人身の自由や権利、その他の自由の保障」が唱えられており、「ニカーブの着用は、ムスリム女性にとって、それらの自由の実践である」と述べられた。よって、ニカーブ着用を完全に禁止することは、憲法で保障された自由の侵害にあたり、大学当局がこれを行なうことは許されない、というのが高等行政裁判所の結論であった。

3.3. 大学規定裁判とシャリーアおよび自由

大学でのニカーブ着用の禁止措置に関する2つの裁判では、ともに、(1) シャリーアにおけるニカーブ着用の位置づけと (2) 憲法が保障する自由との関わりが主な争点となった。両裁判では、ほぼ同じ論旨によって大学側が敗訴となった。すなわち、ニカーブ着用はシャリーアで禁じられていない行為／許容された行為であり、それを完全に禁止することは、憲法が保障する自由の侵害にあたるというのであった。同じ筋書きに見える2つの裁判だが、その判決内容にはいくつかの重要な違いも見出される。

1つは「シャリーア」という言葉の意味である。アイン・シャムス大学規定裁判の判決には，顔覆いの着用についてウラマーの解釈は一致しておらず，その結果，「〔顔を覆うことは〕ある人々にとってはシャリーアに基づく義務行為にあたらず，またある人々にとっては義務行為にあたる」とあった。また，「〔ニカーブの選択は〕シャリーアの解釈の1つが勝った結果であり，信仰に関わる事柄であり，権利という点で〔他の解釈に基づいた行為の実践と〕同等である」という表現も見られた。ここで，シャリーアとは，個々の人々が，ウラマーの解釈の中から自らの信仰心に基づいて選択しうるものとなっていた。ウラマーの解釈や個人の選択には幅がある。そのため，多様なシャリーア理解が生じるのであるが，それぞれの理解は——支持する人間の多寡に拠らず——同等なものとして扱われていた。

一方，カイロ・アメリカ大学規定裁判の判決には，次のような一文があった。「イスラームのシャリーアによると，ムスリム女性の衣服は，身体の線がわかるものや，〔身体の線が〕透けて見えるもの，あるいは，人目を引くようなものであってはならず，顔と両手をのぞいて全身を覆うものでなければならない。これは部族同盟章にある神の言葉に由来する。《預言者よ，おまえの妻たちと娘たち，そして女性信仰者らに言え，ジルバーブを身体にまとうように，と…。》(33章59節)」ここでシャリーアは，現代の裁判所（裁判官）が，クルアーンを根拠に規定しうるものとなっていた。

2つの事例からわかるのは，第1に，当時のエジプトでは同じ司法機関——高等行政裁判所——においても，シャリーアに対する理解が異なっていたということである。そして第2に，人身の自由や信仰の自由といった自由に関する価値観が，シャリーアと同等に（あるいはそれに続く形で）強調されていたという点である。こうした状況についてさらに詳しく検討するために，最後にもう1つ，別の裁判の事例を見ていくことにしたい。

4. 教育大臣令裁判とシャリーアおよび自由

4.1. 教育大臣令裁判

1994年5月，当時の教育大臣バハーウッディーン (Kamāl Bahā' al-Dīn) は，

公立・私立の小学校・中学校・高等学校の男女生徒の服装規定を定めた大臣令（1994/5/17, Qarār wizārī no. 113 および no. 208, 以下「制服令」と呼ぶ）を公布した。そこには，女子生徒の服装規定に関する条項（例えば高校生であれば，「白いブラウス」「適度な長さのスカート」など）に加えて，ヴェールの着用を制限する文言が含まれていた。具体的には，(1) 生徒が髪を覆うヴェールを着用する場合には，保護者の申し出が必要である，(2) その際，顔を覆うことは許されない，というものであった。

「制服令」はさまざまな波紋を呼んだ。翌月，ある有名な週刊誌上に頭髪を覆うスカーフをはじめヴェールを着用することは，ムスリム女性の義務か否かをめぐる有識者による議論が掲載された。「制服令」への支持を表明しようと，「ヴェール着用はムスリム女性の義務ではない」と主張したのは，過去に国家安全裁判所裁判長を務めたこともあるアシュマーウィー (Muḥammad Saʿīd al-ʿAshmāwī, 1932-) という法律家であった。それに対し，「ヴェールの着用はムスリム女性の義務である」と反論したのは，当時国家のムフティー職（前出，エジプト国民のためにファトワー［イスラーム法学裁定］を発行する役職）にあったタンターウィー (Muḥammad Sayyid Ṭanṭāwī, 1928-2010) というウラマーであった［後藤 2014: 87-115］。同年8月，アズハル機構内にあるファトワー委員会が，「制服令」を非難するファトワーを出した。その中では規定された制服が女子生徒の身体の露出を奨励しており，よってこの法令はイスラームの教えに反していると主張された［Lajnat al-fatawā bi-l-jāmiʿ al-azhar al-sharīf 1994: 275-79］。

そうした動きの中，ニカーブで顔を覆った女子学生らが学校から締め出されるという事態が各地で起こった。地中海岸にあるエジプト第2の都市，アレクサンドリアでは，娘2人がニカーブ着用を理由に高校から締め出されたとして，ある父親が，教育大臣と教育委員会委員長，高等学校校長を相手取り，娘たちに対する措置と法令の撤回を求めて訴えを起こした。その際，教育大臣令は憲法第2条と第41条（人身の自由）に違反するというのが主な主張であった。

1994年8月，アレクサンドリア行政司法裁判所は原告の訴えを認め，高校

でのニカーブ着用者の入校禁止を含む教育大臣令施行の取り止めと行政による裁判費用の支払いを命じた。その上で同裁判所は，教育大臣令の合憲性に関する審理を，最高憲法裁判所に委ねた。その際，憲法第46条（信仰の自由）の侵害についても検討を要請した［al-Jarīda al-rasmīya no. 21 (1996/5/20): 1027-28］。

最高憲法裁判所の判決は，約2年後の1996年5月に下された。

判決ではまず，教育大臣による「制服令」の内容が提示され，その後，憲法第2条に関わる判断に際しての最高憲法裁判所の方法論が示された。それによると，1980年の憲法改正以来，最高憲法裁判所は，法令の合憲性を審理する際に，第2条の後半部分に基づき，その法令が「イスラームのシャリーアの諸原則」に適っているかという点を第一の判断基準にしてきた。この場合のシャリーアの諸原則とは，「典拠が確実で意味が明らかなシャリーアの諸規定」であり，具体的には，クルアーンやスンナの明文に示され，かつ，その理解が一定しており，解釈の余地のない事柄を指す。一方，シャリーアの諸原則に含まれないものとは，典拠が確実でないか，その理解が一定でな

教育大臣令裁判

資　料：最高憲法裁判所判決（1996年5月18日）
　　　　Al-Jarīda al-rasmīya, no.21, 1996/5/20
裁判官：アワド・ムハンマド・アワド・ムッル裁判
　　　　長，他6名
告訴人：マフムード・サーミー・ムハンマド
　　　　（マルヤムとハージルの保護者）
被告訴人：教育大臣，アレクサンドリア教育委員会
　　　　　委員長，イシス女子高等学校校長

告訴理由（抜粋）
・学校での服装規定を定めた教育大臣令（1994/5/17, Qarār wizārī no. 113および no. 208）は憲法の第2条と第41条に違反する（一審のアレクサンドリア行政司法裁判所が，憲法第46条の違反についても判断を要請）。
判　決：教育大臣令は憲法第2条，第41条，第46条に違反しない。

いか，あるいはその両方にあてはまるが，「〔神が定めた〕規範に含まれる蓋然性がある規定（al-aḥkām al-zannīya）」[ibid: 1032] のことである。後者については，その時々に権威ある者（walī al-amr）が理性を用いつつ，シャリーアの諸目的（maqāṣid）に沿うように解釈を行ない，実質的な規定を設けることが認められているという[ibid: 1031-33]。

これに従い，「制服令」の合憲性に関しては，次のように述べられた。

> 〔女性の服装や外見に関しては，〕以下のクルアーンの章句が定める枠組みの範囲内で〔解釈が〕開かれている。すなわち，《胸にはヒマールをかけて》《外にあらわれているもの以外，飾りを人に見せないように》《ジルバーブを身体にまとうように》《隠された飾りを知らせるために足〔で地面〕を打ってはならない》という章句である。〔ただし，〕これらから不変の信仰に基づく女性の衣服を導き出すことはできない。〔中略〕
> 〔これらの章句で命じられているのは，〕女性はアウラから除外される部分以外の美しさを見せないようにということである。アウラから除外される部分とは顔と両手であるが，法学者の中には，足をここに含む者もいる。〔中略〕クルアーンの章句や，われらの賞賛すべき〔使徒の〕スンナには，シャリーアが定める女性の衣服がその全身を覆うもの——ニカーブをまとい，両目とその周囲を除くすべてを覆うもの——であるという明確な証拠はない。〔むしろ，〕顔や両手，あるいは足〔などのアウラから除外される部分〕を覆うことが義務づけられているという解釈は，受け入れ難いものである [ibid: 1035-37]。

ここではまず，クルアーンの24章31節や33章59節の一部が引用され，それらの言葉から，「不変の信仰に基づく女性の衣服を導き出すことはできない」と述べられている。さらに，クルアーンやスンナには，ニカーブ着用がムスリム女性の義務であると明示されておらず，そのような解釈はむしろ「受け入れ難いものである」とも記されている。

ニカーブの着用はシャリーアの諸原則に含まれないことから，「制服令」でのニカーブ着用の禁止は，（「イスラームのシャリーアの諸原則は立法の主たる源泉である」と謳う）憲法第2条に違反しないというのが最高憲法裁判所

の判断であった。加えて，判決では，「権威ある者は，シャリーアの一般的諸目的に反しないのであれば，人々のためになり，伝統や慣習に照らして正しいと思われる形で，解釈を行なう権利がある」［ibid: 1035］ことや，シャリーアの目的には，女性の尊厳の保護やその社会的地位の向上が含まれていること［ibid: 1034-35］，ニカーブ着用は女性の社会活動を制限し，匿名性を付与することで女性の倫理観や行動に悪影響を及ぼす可能性があるため，シャリーアの目的にそぐわないこと［ibid: 1037］などが指摘された。

憲法第41条（「人身の自由は当然の権利であり，不可侵である」）と第46条（「国は信仰の自由および信仰の実践の自由を保障する」）に関しては，以下のように述べられた。第41条で保障される人身の自由に関連するのは，人々の生活にとってより重大な事柄（具体的には配偶者の選択や子供を生むことなど）のみである。信仰の自由を謳う第46条も同様で，それは信仰の強制を禁じたり，それぞれの信仰の価値の平等を唱えたりするものである。こうした憲法条項は，個人の生活や信仰の実践について，あらゆる自由を保障するものではない。たとえ行政府が女子学生のニカーブ着用を禁止したとしても，それは憲法上の自由の侵害にはあたらない［ibid: 1038-40］。以上から，教育大臣の「制服令」は憲法に違反しないというのが，最高憲法裁判所の判断であった。

4.2. 教育大臣令裁判と大学規定裁判

教育大臣令裁判では，顔覆い着用の禁止の可否に関して，先行するアイン・シャムス大学規定裁判の判決と逆の結論が提示されていた。すなわち，後者では，大学当局が，構内にいる学生その他による顔覆いの着用を禁止することが認められなかったのに対して，前者では，教育大臣が小・中・高等学校での生徒による顔覆いの着用を禁止することが認められたのである。また，続くカイロ・アメリカ大学規定裁判では，再び結論が逆転し，顔覆い着用の禁止は認められなかった。

教育大臣令裁判と大学規定裁判では，顔覆い着用禁止の対象者が異なっていた（前者は小・中学生および高校生，後者は大学生）が，この点は裁判の中で重要視されていなかった。顔覆い着用の禁止の可否は（例えば，年齢や成

第1章 シャリーアの憲法上の位置づけをめぐる問題　73

熟度の違いなどではなく）あくまでも，(1) シャリーアにおけるニカーブ着用の位置づけと (2) 憲法が保障する自由との関わりから検討されていた。

　(1) に関して，教育大臣令裁判では，シャリーアが「諸原則」とそれ以外という2つから成るものとされていた。このうち「諸原則」とは，神が直接規定した事柄であり，クルアーンやスンナの明文に示され，かつその理解が一定しており，解釈の余地のないものであった。これにあてはまる事柄のみが，憲法第2条で「立法の主たる源泉」となるというのが，最高憲法裁判所の説明であった。それ以外については，その時々に「権威ある者」──ここに教育大臣も含まれる──が，理性を用い，解釈することが認められていると述べられていた。

　また，(2) について，憲法条項にある「人身の自由」や「信仰の自由」という言葉が，教育大臣令裁判では大学規定裁判と比べて，ごく限定的な意味で捉えられていた。これらの条項によって保障されるのは，「人々の生活にとってより重大な事柄」に関する自由のみであるとされていた。

　以上，高等行政裁判所による2つの大学規定裁判と，最高憲法裁判所による教育大臣令裁判の内容を見てきた。注目すべきは，第1に，それぞれの裁判の判決の中で，「シャリーア」という言葉の意味や，「自由」に関する概念の捉え方が大きく異なっていたという点である。そして，第2に，それらは単に「異なっていた」だけではなく，その時々に異なる捉え方があえて選択されていたということである。最後に，第二の点について，若干の考察を試みてみたい。

　前述のように，2007年に出されたカイロ・アメリカ大学規定裁判の控訴審判決には，2001年の第一審判決の内容の一部が引用されていた。それは，1989年のアイン・シャムス大学裁判の控訴審判決に依拠したものであった。また，（前には触れなかったが）カイロ・アメリカ大学規定裁判の控訴審では，一審判決が1996年の教育大臣令裁判の判決と異なっていたことが問題視されていた。そこで，そうした場合の措置として，国家院法に従い，（通常5名のところ）11名の裁判官による審理が行われたのであった。その結果出されたのが，上に提示した判決であった。すなわち，カイロ・アメリカ大学

規定裁判の控訴審を担当した11名の裁判官らは，多様なシャリーア解釈の並存を認めるアイン・シャムス大学規定裁判の判決や，「シャリーアの諸原則」と「信仰や個人に関わる「自由」」の範囲をより限定的に捉える教育大臣令裁判の判決の内容を熟知しながらも，いずれとも異なる判断を下したということになる。

　なぜあえて異なる判断が下されたのか。この問いに答えるためにはさらなる考察が必要であるが，ここでは1つの読み方として，以下のような流れがあった可能性を提示したい。すなわち，アイン・シャムス大学規定裁判の後に行われた教育大臣令裁判では，一定の問題に関して，「国家」（実際には国家機構の内部にいる特定の者）が，「権威ある者」としてシャリーアを解釈する権限をもつということが（最高憲法裁判所の判断として）明示的に認められた。そこで，続くカイロ・アメリカ大学規定裁判では，高等行政裁判所の裁判官らが，自らを「国家」の代表的なエージェントとして位置づけ，独自のシャリーア解釈を行ったのだ，というものである。

　この読み方の妥当性については稿をあらためて検討するとして，本章の事例から明らかになったのは，ヴェールをめぐる一連の裁判において，「シャリーアの解釈」が主要な問題となったことであり，また，それをもとに導き出されたとされる判断に，揺らぎが見られたということであった。

おわりに

　本章では，現代エジプトを「イスラム圏における政教一致体制」の一例と捉え，その成立までの経緯と，それがどのような空間であったのかを明らかにすべく取り組んできた。そこでわかったのは，まず，エジプトにおいて，「イスラームを国家の宗教とし，イスラームのシャリーアの諸原則を立法の主たる源泉と定める」という状況が成立したのは，比較的最近のこと——その「完成」は1980年——だったという点である。そして，それが成立する過程を見ていく中で明らかになったのは，この「政教一致体制」が，（本章の最初に挙げた引用の中で示唆されていたように）イスラームの「宗教風土と政治文化から」必然的に続いてきたのではなく，近年の政治的・社会的状況の

第1章　シャリーアの憲法上の位置づけをめぐる問題　　75

変化の中で，少しずつ確立してきたものだったという点である。

　もう1つ，少なくとも，ヴェール裁判に関する事例から見えてきたのは，「政教一致体制」と呼ばれるものが，実は，それほど「一致」していなかったということである。最初に述べたように，裁判とは，ある事件や出来事に端を発して表明される「公権的な判断」である。ここでは，1980年代から2000年代の3つの「公権的な判断」を眺めてきたことになるのだが，それらの中で示されていた「シャリーア」や「自由」に対する見解は，それぞれ大きく異なっていた。結果として，ある場所では禁止しえない行為が，別の場所では禁止しうるという状況が生まれており，かつ，それが実践に移されてきたのである。

　本章を閉じる前に，「公権的な判断」とその「実践」に関して，1点だけつけ加えておきたい。カイロ・アメリカ大学規定裁判の控訴審判決には，次のような言葉があった。「イスラームのシャリーアによると，ムスリム女性の衣服は，身体の線がわかるものや，〔身体の線が〕透けて見えるもの，あるいは，人目を引くようなものであってはならず，顔と両手をのぞいて全身を覆うものでなければならない。これは部族同盟章にある神の言葉に由来する。」ここでは，シャリーアの規定上，ムスリム女性の衣服は「顔と両手をのぞいて全身を覆うものでなければならない」という「公権的な判断」が示されていた。

　ところが，2000年代半ばのエジプトでは，こうした理解は（一般に広く共有されつつあったものの），必ずしも皆が同意したり，実践したりしているものではなかった。例えば，裁判で舞台となったカイロ・アメリカ大学の構内には，髪や首を覆っていない女性や，腕や脚を露出した女性が少なからずいた。あるいは，当時の大統領夫人をはじめ，エジプトの行政府に関係する女性たちの多くは，髪や首を覆っていなかった。そのエジプトで，高等行政裁判所が，判決にこのような一文を挿入した背景には，いったい何があったのか。人々はこの判決をどのように受け止めたのか。現代のエジプトという空間について考えていくためには，こうした「公権的な判断」が生まれた背景や，その「実践」との関わりについても丁寧に見ていく必要がある。

本章で描き出したのは，現代エジプトの状況の中でもごくわずかな部分に過ぎない。それでも，1つの「イスラーム国家」の中で，「シャリーア」と「自由」に対する捉え方が多様であるという本章の議論が，「イスラーム圏における政教一致体制」に対する認識を新たにし，また「政教一致」そのものを問い直すためのきっかけとなれば幸いである。

主要参考文献

浦野起央，西修編著『資料体系アジア・アフリカ国際関係政治社会史 第7巻（憲法資料 中東）』パピルス出版，1979.

大西直樹，千葉眞編著『歴史のなかの政教分離——英米におけるその起源と展開』彩流社，2006.

小杉泰『現代中東とイスラーム政治』昭和堂，1994.

後藤絵美『神のためにまとうヴェール——現代エジプトの女性とイスラーム』中央公論新社，2014.

———「現代エジプトの世俗と宗教——もう一つの「スカーフ問題」を通して」『科学研究費補助金「アブラハム的伝統の臨界——三大一神教の哲学，神学・政治論とその外部の地域文化研究」成果報告書』2009，pp. 198-206.

———「エジプト」丹野郁 編『世界の民族衣装の事典』東京堂出版，2006，pp. 154-159.

竹村和朗「エジプト2012年憲法の読解——過去憲法との比較考察（上）」『アジア・アフリカ言語文化研究』no. 87 (2014a), pp. 108-240.

———「エジプト2012年憲法の読解——過去憲法との比較考察（下）」『アジア・アフリカ言語文化研究』no. 88 (2014b), pp. 91-284.

長沢栄治『エジプト革命——アラブ世界変動の行方』平凡社，2012.

ルネ・レモン著，工藤庸子，伊達聖伸訳・解説『政教分離を問いなおす——EUとムスリムのはざまで』青土社，2010.

Al-Dustūr. 11vols. Cairo: Maṭbaʻ al-Miṣr, 1940.

Berger, Maurits and Nadia Sonneveld. "Sharia and National Law in Egypt." In Jan Michiel Otto (ed.), *Sharia and National Law: Comparing the Legal Systems of Twelve Islamic Countries*. Cairo: The American University in Cairo Press, 2010, pp. 51-88.

Boyle, Kevin and Adel Omar Sherif. *Human Rights and Democracy: The Role of the Supreme Constitutional Court of Egypt*. London and The Hague: Kluwer Law International, 1996.

Brown, Nathan J. *The Rule of Law in the Arab World: Courts in Egypt and the Gulf*. Cambridge: Cambridge University Press, 1997.

———. *Constitutions in a Nonconstitutional World: Arab Basic Laws and the Prospects for Accountable Government*. NY: State University of New York Press, 2002.

第1章　シャリーアの憲法上の位置づけをめぐる問題　77

―――― and Clark B. Lombardi. "The Supreme Constitutional Court of Egypt on Islamic Law, Veiling and Civil Rights: An Annotated Translation of Supreme Constitutional Court of Egypt Case No. 8 of Judicial Year 17 (May 18, 1996)." *American University International Law Review* 21 (2006), pp. 437-460. Available at SSRN: http://ssrn.com/abstract=910443.

――――. "Egypt: Cacophony and Consensus in the Twenty-first Century." In Robert W. Hefner (ed.), *Shari'a Politics: Islamic Law and Society in the Modern World*. Bloomington: Indiana University Press, 2011, pp. 94-120.

Droubi, Luna. "The Constitutionality of the Niqab Ban in Egypt: A Symbol of Egypt's Struggle for a Legal Identity." *New York Law School Law Review* 56 (2011), pp. 687-709.

El Guindi, Fadwa. "Veiling Infitah with Muslim Ethic: Egypt's Contemporary Islamic Movement." *Social Problems* 28 (1981), pp. 465-484.

Lombardi, Clark B. *State Law as Islamic Law in Modern Egypt: The Incorporation of the Sharī'a into Egyptian Constitutional Law*. Leiden: Brill, 2006.

―――― and Nathan J. Brown, "Do Constitutions Requiring Adherence to Sharia Threaten Human Rights? How Egypt's Constitutional Court Reconciles Islamic Law with the Liberal Rule of Law." *American University International Law Review* 21 (2006), pp. 379-435. Available at SSRN: http://ssrn.com/abstract=910426.

Moustafa, Tamir. *The Struggle for Constitutional Power: Law, Politics, and Economic Development in Egypt*. Cambridge: Cambridge University Press, 2007.

Najīb, Muḥammad Fatḥī, *al-Tanẓīm al-Qaḍā'ī al-Miṣrī*. Cairo: 2003.

O'Kane, Joseph P. "Islam in the New Egyptian Constitution: Some Discussions in *al-Ahrām*." *Middle East Journal* 26(2) (Spring, 1972), pp. 137-148.

Sherif, Adel Omar. "An Overview of the Egyptian Judicial System, and Its History." *Yearbook Islamic & Middle EL* 5 (1998): pp.3-28.

――――. "The Origin and Development of the Egyptian Judicial System." In Kevin Boyle and Adel Omar Sherif, *Human Rights and Democracy: The Role of the Supreme Constitutional Court of Egypt*. London and The Hague: Kluwer Law International, 1996, pp. 13-36.

Skovgaard-Petersen, Jakob. *Defining Islam for the Egyptian State: Muftis and Fatwas of the Dār al-Iftā'*. Leiden: Brill, 1997.

Williams, John Alden. "Veiling in Egypt as a Political and Social Phenomenon." In Esposito (ed.), *Islam and Development: Religion and Sociopolitical Change*. Syracuse: Syracuse University Press, 1980, pp. 71-86.

ウェブサイト

エジプト中央国家動員・統計庁　http://www.capmas.gov.eg/
アイン・シャムス大学　http://www.asu.edu.eg/
カイロ・アメリカ大学　http://www.aucegypt.edu/

第2章
ムスリム家族法の変容——南アジア

《解 説》

　家族法の分野は，今日におけるシャリーアの最大の影響圏である。それは実生活に密着した家族法の性質上，他の分野におけるような急激かつ根本的な改変を免れたというだけでなく，前近代のムスリム王朝における宗教共同体ベースの多元的な法システムの伝統を通じた家族法と宗教の密接な結びつきによる。例えばオスマン帝国の後継アラブ諸国においても家族法は程度の差はあれ多元的であり，民法典に編入されていない。また，国によってはムスリム家族法をなすシャリーアの完全な法典化を意図的に避けているが，それは家族法というシャリーアの聖域の国家による侵犯，とりわけ夫の強力な離婚権や複婚といった論争的問題への介入に対する反発のためである。前章でふれられているエジプトの「ジハーン法」事件は，この意味でも示唆的な例である（デュプレ論文訳者注18参照）。

　本章で取り上げる南アジアは，中東以上の伝統的な法の多元化に加え，これをパーソナル・ローとして制度化したイギリス統治下の法的遺産とその補足的立法，さらに一般法が重層をなす複雑な法的状況にあり（その歴史的概観とムスリム家族法に関連する立法状況については伊藤論文1.1～1.4参照），立法による改革はさらに困難といえる。

　従って南アジアの家族法改革においては司法積極主義が重要な意味をもつが，その展開は一様ではない。マーティン・ラウ「パキスタンおよびインドにおける司法積極主義とムスリム家族法改革の比較分析」は，なかでも妻の権利保護に関するインドとパキスタンの対照的な相違を明らかにしている。ゆるやかとはいえ世俗主義国家であるインド（孝忠「序論」p.16参照）がこの点でより進歩的であるとの想像に反し，ムスリム・パーソナル・ロー改革の試みは後出の「シャー・バーノ事件」（1985年・孝忠「序論」p.15参照）にお

けるような宗教コミュナリズム的反発を呼び起こし，今日までの成果は限定的である[1]。他方で，「イスラーム共和国」パキスタンにおいては，立法および裁判所によるその解釈・適用の上ではムスリム家族法の改革が進んでいる。なお，同国はイスラーム刑法を導入しているが，その運用もイランやサウジアラビアと比べればはるかに抑制的であるといえる[2]。この意味で，標榜される国家の形態から一義的にその法制度を論じることはできないというラウの指摘は極めて重要である。

　伊藤弘子「国際私法における南アジアのムスリム家族法適用上の問題」によれば，パーソナル・ロー改革は社会の構造的改革を伴うべき長期的課題であるが，現状での大きな課題の1つが渉外事件におけるムスリム家族法の適用である。南アジアは典型的な人的（部分的に場所的）不統一法国であるが，少なくとも統一的な人際法は存在せず，当事者に適用される法も多岐にわたるため，本国法の決定が特に困難だからである。例えばムスリムは，アングロ・ムスリム法（イングランド法理による修正を受けたイスラーム法）[3]に基づく法律だけでなく，事案によっては一般法や慣習法の適用を受ける。つまりパーソナル・ローは成文法・不文法を問わず，およそ裁判所によって適用されえる全ての実質法規範から成る。伊藤によれば，これらは伝統的な国際私法においては国家法を中心とする「属人法」の概念になじまず，むしろ法社会学や法人類学の用法に従ってパーソナル・ローと呼ぶのがより適切である。もっとも，伊藤は南アジアにおいては人際法的規則が存在しないのではなく「見えていない」だけであり，判例法の分析などから適宜決定すべきであるとする。また，当事者に適用されえる実質法の体系および内容の把握は

1　同様の傾向は，ここで扱われていないバングラシュにもあてはまるようである。Ridwanul Hoque & MD. Morshed Mahmud Khan, "Judicial activism and Islamic family law: A Socio-legal evaluation of recent trends in Bangladesh," *Islamic Law and Society* 14/2 (2007), 204-39.

2　パキスタンについて堀井『イスラーム法通史』231-54；70年代以降のイスラーム刑法の復活の動向について大河原・堀井『イスラーム法の「変容」』84-88.

3　著者が別の機会に指摘しているように，近年ではこの「純化」，つまり古典的なシャリーアへの回帰を求める動きがみられる。伊藤弘子「インド・イスラーム法の現代化」『名古屋外国語大学国際経営学部紀要』vol.12 (2003), 41-16.

裁判所・法実務家にとって望ましいが大きな負担となるため，何らかのシステムを構築する必要があることを指摘している。

堀井　聡江

パキスタンおよびインドにおける司法積極主義とムスリム家族法改革の比較分析（Judicial Activism and the Reform of Muslim Family Law in Pakistan and India: A Comparative Analysis）

マーティン・ラウ著（堀井聡江訳）

〔翻訳にあたっての注記〕
(1) アラビア語のアルファベット転写は，原文の方式ではなく我が国で一般的な方式で統一した。
(2) 括弧付注番号の脚注は原注，他の脚注は訳者注である。

序論

　多くの中東諸国で権威主義体制の崩壊に至った「アラブの春」は，民主主義への新鮮な期待だけでなく，イスラーム的な形態の国家や法の導入を求める政党が権力を握ることへの憂慮ももたらした。近年の学術的な議論の中でも，イスラーム法の尊重を謳う憲法の条文が宗教的少数派や女性の人権におよぼす影響に対する懸念がしばしば話題とされてきた。こうした懸念の高まりは，直近では2005年のイラクおよび2004年のアフガニスタンにおける憲法体制の構築開始に際して見られた。通常，この問題は「ムスリム諸国」ないし「イスラーム諸国」との関連で論じられてはいるが，他方でヨーロッパ諸国および実に北米においてすらイスラーム法が認知を得つつある事実に関する文献も増えている。

　イスラーム法の顕在度の相違は——英国のように国際私法の規定による法制度の一部としてごく限定的に認知される場合から，サウジアラビアのように法制度全体がイスラーム法と称される場合まで——国ごとに極めて大きいが，論争や憂慮の的となるのはきまって，特に女性および非ムスリムに関して，イスラーム法が国内外における人権の価値と両立しえるかという問題である。加えて，イスラーム刑法が例えば瀆聖罪や性犯罪といった，とりわけ刑罰の形態や犯罪の類型について国際人権法と両立不可能であることは，し

ばしば研究のなかで指摘されている。

　重要性からすれば，イスラーム法の全領域のなかでも家族法に関する規定は，例えばインドのように世俗国家であると自認する国々でも適用されていることからして，最も広い影響範囲を得ているといえる。これに比べて，イスラーム刑法は，近年これを導入するムスリム多数諸国が増えつつあるとはいえ，その影響範囲はより限定的である。

　家族法は，イスラームと立憲主義を論じるための判断材料としても有益である。それはイスラーム法と世俗的規範の間で最も齟齬や緊張や衝突がみられるのがこの領域だからである。イスラーム家族法における男女の不平等な扱いは多くの憲法に明記されている平等権はもとより，人権に関する国際規範ともろに衝突する。「女子に対するあらゆる差別撤廃に関する国際条約」に加入したイスラーム諸国による留保事項からも，こうした衝突が予想できる。

　南アジア，サハラ以南のアフリカおよび東南アジアにおける植民地支配の終焉は，植民地法制を継承した完全独立国を生んだ。本稿は，パキスタンとインドという2つの事例研究としてイスラーム家族法の成立，役割および影響を考察する。このイスラーム化プロセスの法的メカニズムは，裁判所による立法の合憲性審査権の拡大を基礎としている。そのため，パキスタンのイスラーム化の主たる舞台は立法機関ではなく裁判所である。

　植民地独立以降の文脈におけるイスラーム法の台頭に関する本考察にインドが含まれるのは意外に思われるかもしれない。何よりインドは世俗国家であって，イスラーム刑法を適用していないからである。だが，インドはある国の家族法制度の一部分というイスラーム法の見過ごされがちな発現の一例をなす——インドのムスリムは，家族法のほとんどの分野でイスラーム法に服している。

　本稿は，パキスタンとインドを判断材料としつつ，平等権とイスラーム家族法の文脈でイスラームと立憲主義というテーマを考察する。すなわち両国は共通の法制史をもち，それぞれのムスリム国民にイスラーム家族法を適用し，各憲法の基本的人権に関する章で法の前での平等権を保障している。し

かしながら、インドが憲法前文において世俗国家を自認するのに対し、パキスタンは「イスラーム共和国」たることを明示している。

本稿は、第一部でインドおよびパキスタン両国におけるイスラーム家族法の適用を可能ならしめる法的門戸、第二部で憲法上保障される平等権との関係におけるイスラーム法の地位について論じ、最後に法改革が法規範の抵触の調和・調整によってどの程度成功するかを分析する。

1. インドとパキスタンにおけるイスラーム家族法適用のための法的門戸

建国時のインドとパキスタンは、それぞれの法制度に関する限り一卵性双生児であった。すなわち両国は、1947年7月18日に英国議会を通過した1947年インド独立法の諸規定に従い、1947年8月15日に誕生した。1947年インド独立法第18条第3項は「英領インドの法」の継続適用を定めているが、新たに創設された2つの自治領の各立法府に対し、あらゆる法を制定できる絶対的な権利をも付与している。「各新自治領の立法府は、当該自治領につき域外的効力を有する法律を含むいかなる法をも制定する完全な権限を有するものとする」（第6条第1項）。かくして1947年8月15日、インドとパキスタンは旧宗主国たる共通の祖先から同一のムスリム家族法体系を継承した。この法体系は、枢密院を含む植民地期の裁判所の判例および家族法の領域でイスラーム法の適用を定めた制定法からなる。

これらの中で最も重要なのが「1937年ムスリム・パーソナル・ロー（シャリーア）適用法」[1]である。すなわち同法第2条は、以下のように定めている。「無遺言相続、契約、贈与またはその他のパーソナル・ローの規定に基づいて相続または取得された女性の特別財産、婚姻、離婚宣言（タラーク ṭalāq）[2]、イーラー離婚、背中離婚（ズィハール ẓihār）、呪詛の審判（リアーン

---

1 「パーロナル・ロー」という語の詳細については、次の伊藤論文参照。
(1) ただし、インドとパキスタンでまだ適用されている「1939年ムスリム婚姻解消法」も参照されたい。
2 イーラー離婚と背中離婚については用語解説のほか、インド法における定義について

li'ān），身請け離婚（フルウ khul‘），相互免除（ムバーラアート mubara'āt）を含む婚姻の解消，扶養，婚資，婚姻後見，贈与，信託，信託財産およびワクフ（慈善事業，慈善施設，慈善ワクフを除く）に関するあらゆる問題（農地に関する問題を除く）においては，慣習および慣行のいかんにかかわらず，双方の当事者がムスリムである場合には，ムスリム・パーソナル・ロー（シャリーア）に従って判断する」。1937年法は農地に関する権利についての全ての問題を管轄外とし，また遺言による相続については，ムスリム当事者が遺贈の権限についてもイスラーム法に服する旨の意思表示を行った場合にのみ適用されるものとされた。

　1947年インド独立法の規定によってインド・パキスタン両国に継承されたこの1937年法こそ，実定的なイスラーム家族法体系を導入するための主たる法的門戸である。しかしながら，1937年法およびイスラーム家族法は，新自治領で異なった運命を辿ることになる——生まれは同じ両国のイスラーム家族法体系には共通の要素もあるが，実は驚くほど異なる様相を示している。世俗国家インドでは，1937年法は本質的な改変なく適用され続け，イスラーム家族法は，宗教を問わず女性の権利を保護する目的を中心とする国家の選択的な介入に伴われつつ，第一次的には司法解釈の繰り返しを通じて発展してきた。パキスタン・イスラーム共和国においては，1937年法は1962年に廃され，婚姻と離婚に関する法も「1961年ムスリム家族法令」により抜本的に改正された。

　インドとパキスタンにおけるイスラーム家族法改革の展開を辿ることは，イスラームと立憲主義というテーマの分析にとって有用な手段となる。というのも，イスラーム国家のほうが自国のイスラーム家族法制下の女性の法的地位を改善すべくはるかに重大な改革をもたらすことができた反面，世俗国家インドはイスラーム法を植民地期の遺産として重大な改変を施すことなく維持しているからである。同国が世俗的たる旨を表明し，全ての市民に対す

　は次の伊藤論文注43も参照されたい。
3　1937年法に代わる後述の「1962年ムスリム・パーソナル・ロー（シャリーア）適用法」のこと。

る法の前での平等権の享受の保障を憲法上請け負っているにもかかわらず，である。

2. 世俗国家インドにおけるイスラーム家族法

　1947年インド独立法第18条は，イスラーム法体系を英領インドから新自治領インドへと移植した。同国の最初にしてこれまで唯一の憲法は，1950年1月に施行された。その前文は，インドを「主権を有する民主的な共和国」と表現していたが，これは1976年に「主権を有する社会主義の世俗的民主共和国」に改められた[4]。もっとも，インドが世俗国家たる旨はすでに国是として認められており，「世俗的」という表現の追加はこれを明文化したものといえる[2]。

　新憲法の下，性差別的な家族法の遺産の行く末については，インド制憲議会は平等ないし信教の自由の権利の文脈にではなく，「国家政策指導原則」（Directive Principles of Social Policy）をめぐる議論の一環と位置づけた。後者は，立法ならびに「国家の統治に不可欠」となるべきだが，基本的権利と異なり，「いかなる裁判所においても強制できない」[3]多数の政策規定を含むイ

---

[4] ここにいう世俗主義とは，日本や欧米における理解とは異なり，本書序論における孝忠の定義（p.16）によれば，「単なる宗教的寛容（religious tolerance）のみならず，すべての宗教に対する平等な尊重と配慮を求めるという積極的な概念」としての「政教分離主義」とされる。孝忠延夫・浅野宜之『インドの憲法 21世紀「国民国家」の将来像』（関西大学出版部，2006）第三章のインド憲法訳でも，前文のこの箇所には「政教分離主義的」という訳語が採用されている。だが，我が国にいう政教分離主義は，一連の「政教分離訴訟」にみられるように「分離」に力点を置き，世俗主義とほとんど同義であることから，本書においては両者を使いわけることはせず，注意を喚起するにとどめた。以下に引用されるインド憲法の訳については，上記の書に従う。

(2) *Kesavananda Bharati v. State of Kerala* (1973) 4 SCC 225 holding inter alia that secularism was one of the basic structures of the Constitution of India 参照。

(3) 1950年インド憲法第37条は次のように規定する。「この編に定める規定は，裁判所による強制が保障されるものではないが，ここで示された原則は国の統治にとって基本的なものであり，立法にあたってこれらの原則を適用することは国の義務である」。これに対し，基本権は対国家では強制力をもつ。第32条（1）は，それ自体基本権であるが，「この編の規定する権利を実現していくため，適正な手続きにより最高裁判所に提訴する権利が保障される」と定める。1950年インド憲法第226条によれば，最高裁判所は基本権を実現する権限をもつ。

ンド憲法の革新的な特色をなす。すなわち,「国家政策指導原則」はインドが憲法上希求する社会的変化を表したもので,労働者の権利(第42条),社会福祉(第39条),村落のパンチャーヤット〔伝統的な長老会議〕式の地方自治組織(第40条),「雌牛,仔牛およびその他の酪農・使役用家畜」の殺害禁止(第48条)といった広範な目的にわたる。共同体に特化したインドのパソナル・ローのあり方の今後は,基本的権利ではなく「国家政策指導原則」の文脈に位置づけられた。制憲議会には,過去と完全に訣別し,宗教にかかわらず一切の国民を律する統一的な民法典の制定を国家に義務づける規定を求める声もあったが,最終的には「国は,公民のために,インド領内を通じての統一民法典を保障するよう努めなければならない」(第44条)旨の指導原則の挿入が支持されたにとどまった。国家の義務としての統一的な民法典の導入に対して提起された反対の論拠は2つである。すなわちこの結果,第1に,憲法第25条に定める信教の自由に対する基本権が侵害され[4],第2に,とりわけムスリム共同体という「マイノリティ抑圧 (tyranny to the minority)[5]」を招来する恐れである。

　このように,インド憲法はパーソナル・ローを基礎とする共同体が引き続き存続することを間接的に認めることとなった。つまり将来的な統一的民法典の施行を国家に要請することで,現段階におけるパーソナル・ローの存続を承認したのである。

　これに対し,基本権を定めた憲法第3編は,パーソナル・ローには明確に留意していない。法の前での平等の権利(第14条)も,信教の自由の権利(第25条)もパーソナル・ローには言及していない。1951年には,ムスリム家族法ではなくヒンドゥー法に関してであるが,パーソナル・ローはインド最高裁判所でその憲法上の有効性を争われることになった。「1946年ボンベイ・ヒンドゥー重婚禁止令 (the Bombay Prevention of Hindu Bigamous Marriage

---

(4)　1950年インド憲法第25条 (1) は次のように規定する。「公の秩序,道徳,衛生およびこの編のその他の規定の制限内で,何人も同じく良心の自由を保障され,自由に信仰を告白し,祭祀を行いおよび布教する権利を保障される」。

(5)　M. P. Singh, *V.N. Shuklas' Constitution of India*, Lucknow: Eastern Book Company, 1990 (8th edition), 1990, p. 241 参照。

Act, 1946)」に基づく重婚罪の被疑者が上訴に及んだ「ボンベイ州対ナラス・アッパ・マリ（Narasu Appa Mali）」[5][(6)]事件である。同法は，ヒンドゥー教徒たる夫に対し，当該婚姻の継続中における第2の妻との婚姻を禁じたものである。上訴人は，1946年法はとりわけ法の前での平等と信教の自由に対する自分たちの憲法上保障された権利を侵害するものであって違憲であると主張した。法の前での平等については，ムスリムが引き続き複婚を許されているのに対して，ヒンドゥー教徒は差別されており，信教の自由については，ヒンドゥー教徒たる夫が複数の妻をもつことはヒンドゥー・パーソナル・ローでは認められているという趣旨である。最高裁判所は，「かりに複婚がヒンドゥー教徒の宗教的な慣行に従い，ヒンドゥー・パーソナル・ローにおいては合法であるとしても，婚姻に関係する事項についての州の立法権は争い得ない」（第7項）として，同法が信教の自由の侵害にあたる旨の主張を斥けた。だが，「複婚は，ボンベイ州に居住するムスリムの間では広く行われ，合法であって，ムスリムが複数の妻をもつことに問題はないのに対し，ヒンドゥー教徒は同じ行為によって厳罰を科される」（第9項）とすれば，ヒンドゥー教徒差別はいかに正当化できるだろうか。上訴人は次のように主張した。「我が憲法は，世俗国家を創設し，第44条によって国家に対し，国民への統一民法典の保障を指導している。同法制定まで，ボンベイ州は宗教のみを理由としてヒンドゥー教徒とムスリムを差別し，ヒンドゥー教徒に対してはムスリムに適用されるそれとは異なる別個の社会改革綱領を定めていた」（第9項）。ボンベイ高等裁判所は，憲法は異なるパーソナル・ロー体系の存続を承認しているが，国家は「段階的な社会改革の実施を適切に決定し得るのであり，またその段階は地域また共同体単位でもあり得る」と判断した。しかし，上訴人はさらに，統一的民法典の段階的な制定プロセスの援用によっては斥けられない主張をなした。それによれば，ムスリム・パーソナル・ローで認められているような複婚制度それ自体が違憲であり，よって無効であるとされる。ムスリムたる夫が複数の妻を持てるのに対し，ムスリム

5　1960年，新設のマハラーシュトラ州（州都ムンバイ）に吸収合併された。
(6)　AIR 1952 Bom 84.

たる妻は1人の夫しか持てないからである。この不平等な扱いは，法の前での平等の権利の侵害にあたり，ゆえに憲法第13条（1）の「この憲法施行までインド領内で効力を有していたすべての法律は，この編の規定に抵触するかぎり，その限度において無効とする」旨の規定に基づき無効であるという。ボンベイ高等裁判所は，パーソナル・ローは「効力を有していた法律」に含まれないため，いかなる基本権を根拠としてもこれを争うことはできないと判断し，かりに複婚制度が平等権の侵害として争われ得るとしても，擁護できるとした。なぜなら，「複婚が正当化されるとしても，それは社会的，経済的および宗教的理由によるのであって，決して性を理由とするものではない。現代世界では，複婚は時代錯誤であり，もはや通用しない古い考えに基づくものとも思われよう。しかし，複婚がいずれかのパーソナル・ローで承認されているのであれば，自らのパーソナル・ローの神聖性を信じ続けている人々にとって重要かつ切実である。ゆえに，複婚制度が一方の性に属する者に対するその性を理由とする差別にあたるとは主張し難い」（第14項）。

「ナラス・アッパ・マリ事件」は，イスラーム家族法を含むパーソナル・ロー体系が性差別を理由としては争うことを得ないとする先例となった。この判決は時の試練に耐えてきた。パーソナル・ローに対する違憲訴訟の成功例はこれまでないからである[7]。その結果，インドのイスラーム家族法体系はほぼ不変のままとなった。ヒンドゥー教徒のパーソナル・ロー改革としては，1950年代に「1955年ヒンドゥー婚姻離婚法」が制定されたのに対し，イスラーム家族法の領域では，改革はインドの手続法の一般規定のムスリムに対する適用範囲を拡大する試みに限定されている。これらの規定のうち最も重要なのは，離婚された妻に離婚後の扶養費の付与の請求権を認めた1973年刑事訴訟法典（CCRP）第125条修正条項である。CCRP 第125条の趣旨は女性の貧困からの保護であり，離婚された妻が離婚後の扶養費として請求できる

---

[7] 性差別的なパーソナル・ローの合憲性を争って不首尾に終わったケースについては，*Ahmedabad Women Action Group (AWAG) v. Union of India* AIR 1997 SC 3614 にまとめがある。

最高額は月額200ルピーに定められた。

3. インド──司法積極主義とイスラーム家族法改革

　1985年の「シャー・バーノ事件」(Mohammed Ahmed Khan v. Shah Bano Begum)[6]では，妻を離婚したムスリムたる夫が，離婚した妻への離婚後の扶養費支払い命令の根拠となった刑事訴訟法第125条修正条項の合憲性を争った。最高裁判所は，第125条が宗教を問わずインドの全国民に適用される「真に世俗的な性質」（第7項）のもので，ムスリム・パーソナル・ローと第125条の間に齟齬が生じる場合には，後者が優先するとした。しかし，最高裁判所はこうも述べている。イスラーム家族法自身がムスリムたる夫に対し，イッダすなわち離婚直後から妻が再婚を妨げられる3か月の待婚期間の経過後における妻への離婚後の扶養費支払いを命じているのであるから，実際にはこうした齟齬は生じないと解釈するのが妥当である。最高裁判所はさらに以下のような所論により，国家が憲法第44条によって命じられた統一民法典の制定を完全に怠ってきたという事実を指摘している。「宗教・信条を異にする人々を共通に律することに困難が伴うのは理解できる。だが，憲法におよそ意味があるのであれば，開始しなければならない。かくも明白な不正義はもはや感覚的な許容範囲を超える以上，裁判所が改革者の役割を担うのは必然である。しかし，裁判所によるパーソナル・ローの欠缺の漸次的な補完の試みは，共通民法典に代わり得るものではない。万人を管轄する裁判こそ，個別の事例解決型裁判よりはるかに妥当な裁判の形である」（第35項）。

　同判決が引き金となり，ニューデリーではこれを自分たちの宗教への攻撃と見なしたムスリムの大規模なデモが起こり，1986年には，論争を呼んだこのシャー・バーノ判決を覆すべく，インド議会は「ムスリム女性（離婚の権利保護）法」を制定した。インドの裁判所は，「漸次的な」改革の試みを続けるなかで，ムスリムたる夫に元妻への待婚期間経過後の離婚後扶養費の支払を義務づけたシャー・バーノ事件判決に従って1986年法を解釈し，また

6　詳しくは次の伊藤論文 pp. 115, 128参照。

1973年刑事訴訟法第125条は引き続きムスリムに適用されるとした(9)。

　特定の宗教への帰属を基にインド国民に適用されるパーソナル・ロー制度は法の前の平等権という基準によっては評価し得ないという裁判所の見解は不変だが，個々の高等裁判所はイスラーム家族法の漸次的改革を続けてきた。これを主導したのは，ケーララ高等裁判所とジャンムー・カシミール高等裁判所の2つである。

　2010年，ケーララ高等裁判所は，「クニモハンメド対アイシャクッティ事件」(Kunimohammed v. Ayishakutty)(10) のなかで，離婚されたムスリム女性は，死亡ないし再婚するまで，または1986年法の規定に基づく扶養費を受領した旨の立証がなされるまで，離婚後の扶養費請求権を保持すると判断した。同高等裁判所はまた，ムスリムたる夫が一方的な離婚宣言，すなわちタラークによって妻を離婚する際に踏むべき手順について，夫によるタラークが法的に有効なのは，それに先立って仲裁人2名により和解が試みられた場合のみであると定めた。同高等裁判所は次のように述べている。「インドにおいてはこれまで，ムスリムたる夫はタラークの意思表示によって，裁判所の介入なくして一方的に婚姻を終了させることができると信じられてきた。かかる恣意的かつ一方的な離婚の規定は憲法制定後の時代にあっても有効であり，そう信じられてきた。この規定は現代的なジェンダー公正の概念に抵触する恐れがあるにもかかわらず，インドにおいてはムスリム法の下で夫による離婚権の有効な行使に必要とされる唯一の要件は，夫がその時点で成年に達し，心神健常であることのみであると信じられた」(第41項)。同高等裁判所の指摘によれば，最高裁判所は「フズルンビ対K.ハデル・ヴァリ事件」(Fuzlunbi v. K. Khader Vali) のなかでこうした解釈の妥当性を問題にしたもの(11)の，「30年を経てもなお，この問題はそれ以上，最高裁判所によって審議されていないようである」(第41項)。ケーララ高等裁判所は，夫が一方的なタラークの意思表示により妻を離婚する権利の法的な位置づけを次のように要

---

(9) See Danial Latifi v. Union of India (2001) 7 SCC 740.
(10) 2010 (2) KLT [Kerala Law Times] 71.
(11) AIR 1980 SC 1730.

約している。

> 「ムスリム・パーソナル・ローのこうした公然明白に不公正で時代錯誤的な理解は，イスラーム法の基本的概念や我が憲法の基本的価値観に照らして検証されることがなかった。憲法第14条の平等権および第21条の生命に対する基本権の影響ならびに第13条の作用については，インドの市民社会，インド議会またインドの裁判所によっても斟酌されることがなかった。ムスリム法の複婚を許容する規定とタラークの恣意的な意思表示を可能とする規定は共に，ムスリム法の諸規定の根底にあるダイナミズム，リベラリズムおよびヒューマニズムとは無縁の無節操な一部の人々によって著しく濫用されてきたが，これまで議会による改正や憲法第13条の司法審査に服することがなかった。最大の不幸は，憲法第44条の命令にもかかわらず，中央ならびに州の立法府がこの問題に取り組まなかったことである。あるいは裁判所が敢然と問題に立ち向かい，「1937年ムスリム・パーソナル・ロー（シャリーア）適用法」におけるこれらの規定の合憲性を検証することがなかったのは，より不幸といえよう。複婚を許容し，夫のタラークの意思表示による恣意的かつ一方的な婚姻の終了を認めるムスリム・パーソナル・ローの規定が，ムスリム人口の半数を占める女性の憲法第14条，同第21条に基づく平等権および生命権を侵害するか否かは，憲法裁判所による審議を必要とすることが確かである」（第41項）。

ケーララ高等裁判所の裁判官はいう。彼らの意見によれば「ナラス・アッパ・マリ事件」に対するボンベイ高等裁判所判決は，憲法の基本権編に定める司法審査からパーソナル・ローを除外した点で誤りであった。のみならず，これらの問題は本件に服するのではなく，大法廷に付託されるべきであるとする。「この問題は，本世俗的社会主義国が（願わくば）早急に対処すべきであることに疑いはない。立法府や憲法裁判所は，これ以上この件を棚上げないし隠蔽することはできない」（第42項）。

ケーララ高等裁判所は，1981年「ルキア・ハトゥン対アブドゥル・ハリク・ラスカー事件」（Rukia Khatun v. Andul Khalique Lasker）に対するガウハティ高等裁判所のムスリム裁判官による先例および2002年最高裁判所判決を基[13]

に，タラーク離婚の実質的な理由の合理性は裁判所による判断になじまないとしつつ，手続的な合理性については，「2名の仲裁者を任命し，離婚に先立ち彼らが和解を試みねばならないことが有効な離婚の絶対的に必要不可欠な要件である」（第54項）と述べている。

ケーララ高等裁判所判決は，「1937年ムスリム・パーソナル・ロー（シャリーア）適用法」の継続適用の反憲法性を強調し，断定的にではないが，このことが憲法上保障される複数の基本権の侵害に至っていると述べている。

2年後の2012年春，ジャンムー・カシミール州の高等裁判所裁判官がタラーク離婚の法的有効性という同じ問題を扱った判決を下した。ジャンムー・カシミール州は，インド連邦の一部ではあるが独自の憲法を有する点で，連邦内で特殊な位置を占める。こうした地位により，ジャンムー・カシミール州のムスリム住民は「1937年ムスリム・パーソナル・ロー（シャリーア）適用法」の適用を受けなかったが，2007年，州立法議会は，「2007年ジャンムー・カシミール州ムスリム・パーソナル・ロー（シャリーア）適用法」(The Jammu & Kashimir Muslim Personal Law (Shariat) Application Act, 2007) を成立させた。同法は1937年法の先例に従ったため，全てのムスリムはとりわけ離婚に関して「ムスリム・パーソナル・ロー（シャリーア）」に服することとなった。

ハスナイン・マスーディ（Hasnain Masoodi）裁判官は，ムスリムの婚姻が夫によるタラーク離婚の意思表示で有効に解消されるか否かを判断することとなった。マスーディは，クルアーンの章句の解釈を基に次のように論じて

---

(13) *Shamim Ara v. State of Uttar Pradesh* 2002 (3) KLT 337 (SC).
(14) *Mohammed Naseem Bhat v. Bilquees Akhter*, High Court of Jammu and Kashmir at Srinagar, No. 158/2009, decided on 30 April 2012.
(15) 1957年ジャンムー・カシミール州憲法については，A.S. Anand, *The Constitution of Jammu & Kashmir. Its Development and Comments*. Delhi: Universal Book Traders, 1998 (third edition) 参照。
(16) 1937年法と2007年ジャンムー・カシミール州法の最も重要な相違点は，農地に関するものである。1937年法は農地の相続には適用されず，この問題についてはそもそも女性にいかなる相続権も認めないことがある地域慣習法に基づき，インドの裁判所が判断すべきとする。これに対し，2007年ジャンムー・カシミール州法は同法の規定から農地を除外していない。

いる。タラーク離婚が有効であるためには，夫がタラークの意思表示をしたことを示すにとどまらず，「義務として以下のことを立証しなければならない。(i) 夫および妻の代理人が介入し，紛争の解決と両当事者の和解の試みがなされ，かつかかる努力が夫の責に帰するべき理由によらず不調に終わったこと。(ii) 夫が妻への離婚の意思表示につき有効かつ真摯な理由を有したこと。(iii) タラークの意思表示が有徳な証人2名の立会いの下でなされたこと[7]。(iv) タラークの意思表示がトゥフル（月経の休止期間）の間に，当該トゥフルにおける被離婚者との性交なくして行われたこと[8]」（第27項）。マスーディ裁判官は，本件については夫は有効な離婚の要件を満たし得なかったと判断し，原裁判所に対し，妻に支払うべき扶養費の算定を命じた。

ジャンムー・カシミール高等裁判所判決は，ムスリム・パーソナル・ローを平等権違反ゆえに無効と断じるのでなく，女性にとってより有利なイスラーム家族法の解釈を推し進めることで，ムスリムたる妻の法的地位を改善できることを立証した。これに対し，インドの他の高等裁判所また最高裁判所は，仲裁者2名を要件としつつも，離婚の意思表示の理由の当否が司法判断に服するとは認めない点で，改革の門戸を狭めているといえる。

離婚の有効要件および離婚されたムスリム妻の離婚後扶養費請求権をめぐるインドの諸事例は，統一民法典の制定はならず，性差別的なパーソナル・ローの廃止も阻まれるなかで，裁判所の漸次的介入がムスリム家族法改革に

---

7 アラビア語でアドル（'adl）。イスラーム法学における証人の最も重要な資格要件で，悪い評判がないことを指す。裁判官が聞き取り調査に基づいて証人の有徳性を確認する手続きをタズキヤ（tazkiya）という。

8 イスラーム法学にいう「スンナの離婚」，すなわち妻にとって苦痛が少ない模範的な離婚を指す。「スンナの離婚」の定義は法学派によって異なるが，離婚が月経の休止期間に行われることと，それに先立ちこの期間内に妻との性交がなかったことが基本要件とされる。なぜなら，クルアーンによれば離婚女性の待婚期間は3回の「充血」（qur'）をもって満了し（2章228節），イスラーム法学上，「充血」はこれを月経と解する説と上述のトゥフル（ṭuhr）すなわち休止期と解する説とに分かれるが，いずれにせよ月経中に離婚が発生すれば，休止期を経た次の月経が第1回目とされる点で待婚期間が長引いてしまい，また離婚前に夫婦関係を持てば，その後妻が再婚して出産した場合に父性の混乱が生じる恐れがあるためである。「スンナの離婚」の対義語である「ビドアの離婚」については次の伊藤論文 pp. 124-25参照。

功を奏したことを示している。だが、これらの小さな成功例をもってしても、女性に実質的な利益となるイスラーム家族法の唯一の展開は離婚後扶養費のみという紛れもない事実がある。世俗国家インドのなかで、ムスリム女性は国家の統一民法典制定という遠い夢も空しく、宗教の名の下に公然と差別されている。それでも、これに代わる唯一の改革、つまりジャンムー・カシミール高等裁判所が支持した離婚請求理由の司法判断は、ムスリム裁判官によるイスラーム法に基づくイスラーム家族法の再解釈を通じた改革の余地を示唆している点で重要である。

4. パキスタン──イスラーム家族法と憲法上の平等権

インド憲法の起草者は、容易ならぬ妥協の結果、宗教に基づく家族法を憲法が保障する基本的人権の射程から暗黙裡に除外した。国民に対する統一民法典の約束は果たされないままである。むしろ奇妙なことに、世俗国家たるインドはほとんど改正を経ず、イスラーム共和国と称する隣国パキスタンよりも多くの点でムスリム女性に不利益なイスラーム法体系を適用している。

パキスタンは独立と共に、隣国インドと共通する英領インド植民地法体系を継承したが、州による差異が見られた。イスラーム法について最も重要なのは、北部辺境州におけるイスラーム家族法の位置づけである。同州政府は、英領インド中央政府の「1937年ムスリム・パーソナル・ロー（シャリーア）適用法」が施行される2年前、「1935年ムスリム・パーソナル・ロー（シャリーア）適用法」を制定していた。この北部辺境州シャリーア法は、農地と遺言による相続をイスラーム相続法の適用範囲に含める点で1937年法より進んでいる。その結果、1937年法は北部辺境州には及ばなかった。

パキスタンは英領インドのムスリム住民の祖国とされた。ムスリムがマジョリティを占める全ての州がパキスタンに組み込まれ、相当数のムスリムが住む2つの州、すなわちパンジャーブとベンガルは、インドとパキスタン

---

(17) 北部辺境州政府は、非ムスリムによるクルアーンの売買を犯罪とする州刑法も制定している。「1939年聖クルアーン売買規制法」参照。同法は、現カイバル・パクトゥンクワ州である同州でいまだ適用されている。

の間で宗教的線引きにより分割された。パキスタンの憲法制定会議の委員の間では，同国のイスラーム国家たる地位およびイスラーム法が法制度の基礎となる範囲が論争を呼んだ。1949年3月12日，憲法制定会議がその非ムスリム委員の意に反して採択した「大綱決議」(Objective Resolution) は，憲法起草のガイドラインを目していた。決議は次のように宣言している。「万有の主権は全能なる神のみに属し，彼がパキスタン国に対し，その国民を通じまた彼が定めた制限の範囲内で行使されるべく委譲した権限は，真正なる責務である」。さらにこう規定する。「ムスリムは，クルアーンおよびスンナに定めるイスラームの教義と要件に従って個人的ならびに集団的領域における生活を律しなければならない」。

　1953年11月7日，憲法制定会議はパキスタンがイスラーム共和国であることを宣言し，それから幾多の政治的駆け引きを経て，1956年3月23日，パキスタン最初の憲法が施行された。「大綱決議」はその前文となり，イスラーム共和国というパキスタンの名称を維持した。1956年憲法は，その後継諸法と同様，「既存のいかなる法律または法律的効力を有するいかなる慣行ないし慣習も，本編の諸規定に違反する限りは，その違反の程度で無効とする」（第4条(1)）と定め，また憲法上保障される基本的人権の1つとして，「全ての国民は法の前で平等であり，等しく法の保護を受ける権利をもつ」（第5条(1)）と保障している。また，1956年パキスタン憲法は，インドと同じく「国家政策指導原則」に関する章を含んでいるが，インドと異なり統一的民法典への言及はない。それに代わり，「パキスタンのムスリムをして個人的かつ集団的に聖クルアーンとスンナに従って生活を律することを可能ならしめる段階的措置が講じられねばならない」（第25条(1)）旨の規定と，第27条における「国家は少数者の連邦・州政府における適正な代表を含む正当な権利および利益を保護しなければならない」旨の非ムスリムへの言及がみられる。1956年憲法はさらに，「総則」の標題の下に「イスラーム関連規定」(Islamic Provisions) に関する章を置き，その中の第198条(1)は次のように宣言する。「以下 "イスラーム大命" (the Injunctions of Islam) と呼ぶところの聖クルアーンとスンナに定めるイスラームの命令に反する法は一切制定する

第2章　ムスリム家族法の変容——南アジア　　97

ことを得ず，また既存の法はかかる命令禁止に適合させることを要する」。

　もっとも，裁判所が既存の法を「イスラーム大命」違反であると宣言することを認める憲法上の規定はなく，また第198条（3）は，「本条のいかなる規定も非ムスリム国民のパーソナル・ローないし国民たる地位，または憲法の規定を損なうものではない」と定めている。

　1958年のクーデターに引き続き，1962年に新憲法が制定された。同法はイスラーム関連規定に関する限り，1956年憲法の先例に従っている。1972年，東パキスタンであったバングラデシュが独立した結果，1973年憲法が採択され，多数の改正を経つつも現行法となっている。1973年憲法は改正前から，パキスタンをイスラーム共和国と宣言し，全ての法律がイスラームの命令禁止と適合すべき旨を定め，他方で法の前の平等と信教の自由を含む基本権を保障する点でこれまでの憲法の先例に従っている。1977年のジアーウル・ハク将軍による再度のクーデターは，1973年憲法のイスラーム的規定の強化とイスラーム刑法の制定をもたらした。最も重要な憲法改正は，「イスラーム大命」に反すると認められる法律の無効性に関する審査権を備えた連邦シャリーア裁判所という特別なイスラーム裁判所の設置である。

　パキスタン憲法史をこのように概観すると，同国およびその3つの憲法のイスラーム的な性質が目立ち，ムスリム女性に適用されるイスラーム家族法体系も，すでに1950年憲法で全国民のための統一民法典を導入する責務を負った世俗国家インドのそれと比べて勝ることはないというイメージが浮かぶ。だが，事実はその逆である。1961年，アユーブ・ハーン大統領は「1961年ムスリム家族法令」（the Muslim Famiy Law Ordinance, 1961）〔MFLO〕を制定し，1962年には「1962年ムスリム・パーソナル・ロー（シャリーア）適用法」（the Muslim Personal Law (Shariat) Application Act, 1962）が成立した。後者は1937年法に置き換わり，その適用範囲を農地およびムスリムの遺贈・無遺言相続にも及ぼした。そのため，ムスリム女性は農地の相続権を得，またムスリムが遺言の作成によってイスラーム相続法の諸規定を免れることはできなくなった。(18) 女性の権利に関しては，MFLO がいくつかの改正を導入しており，うち最も重要なのは，ムスリムたる夫が法的に有効なタラーク離婚の成

立のために従うべき手続である。MFLO 第 7 項（1）によれば，「およそ妻を離婚しようとする男性は，何らかの形式によるタラークの意思表示後，その旨を可及的速やかに書面により〔町村議会〕首長（the Chairman）に通知し，またその謄本を妻に付与しなければならない」。同法第 7 項（3）によれば，「・・・明示的か否かを問わず，タラークは撤回がない限り，本項（1）にいう通知が〔町村議会〕首長に到達した日から 9 日の経過をもってはじめて効果を生じる」。

MFLO は，1962年および1973年憲法の基本権の章を根拠として司法審査から護られた。さらに，連邦シャリーア裁判所の管轄権が「ムスリム・パーソナル・ロー」から除外された（1973年パキスタン憲法第203条 B (c)）。だが，イスラームに基づく司法審査から MFLO を隔てる努力は常に成功したわけではない。連邦シャリーア裁判所は，「アッラー・ラハ対パキスタン連邦政府事件」（Allah Rakha v. Federation of Pakistan PLD 2001 FSC1）のなかで，MFLO 第 7 項がイスラームに反すると宣言した。同判決に対する上訴審はパキスタン最高裁判所シャリーア上訴部で現在まで継続中であり，結果的に同判決は未発効のまま，MFLO 第 7 項はパキスタンで引き続き適用されている。
(19)10

英領インドから継承されたイスラーム家族法体系の改革は制定法によるものだけでなく，パキスタンの裁判所もこれに積極的である。パキスタンの裁判所は，インドのそれと異なり，イスラーム裁判所を自認でき，管轄的にもイスラーム法の新たな解釈を適用する権限をもつ。パキスタン最高裁判所

---

(18)　古典イスラーム法の下では，ムスリムが遺贈をなす権利は遺産の1/3の限度に留まる。

9　タラークの意思表示は，その派生語を用いた明示的文言（「お前をタラーク離婚する」等）と，それ以外の暗示的文言に大別され，前者の場合には原則として意思表示のみによって効果を生じるのに対し，後者の場合には真意が伴わねばならない。

(19)　*Fazelaat Jan v. Sikander* PLD 2003 SC 475 and *Farah Naz v. Judge Family Court* PLD 2006 SC 457 参照。共に MFLO 第 7 項の通知要件が義務的であることを確認している。

10　例えば孤児にスンナ派のイスラーム法学では認められていなかった祖父母の代襲相続権を付与した MFLO 第 4 項も第 7 項と同様の状況にある。Carroll, Lucy, "The Pakistan Federal Shariat Court, Section 4 of the Muslim Family Laws Ordinance, and the orphaned grandchild," *Islamic Law and Society*, 9/1 (2001), 70-82.

は，導入直後の MFLO に関する最初の判決のなかで，夫によるタラーク離婚は町村議会（the Union Council）と妻に対するその旨の通知があってのみ有効であると述べた。「ファーミダ・ビビ対ムフタル・アフマド事件」(Fahmida Bibi v. Mukhtar Ahmad PLD 1972 Lahore 696）では，ラホール高等裁判所が MFLO 第7項の効果を以下のようにまとめている。

> 「離婚は，その旨の通知が町村委員会ないし議会の首長に送達され，首長によるその受領の日から9日間が経過してはじめて効力を生ずる〔・・・〕我々の任務は法の解釈と執行に限定され，立法の妥当性や適切性の判断が求められているわけではない。それでもなお，我々は上記規定が公益に含まれることを確信している。これらによって過去に経験された多くの複雑な問題が未然に防がれるからである。第7項の諸規定の趣旨は，夫の一方的なタラークの意思表示による婚姻の拙速な解消の防止である。また，配偶者間で婚姻上の権利義務に関する紛争が生じた際に，妥協しない夫ないし妻による離婚の主張が認められるには，同法令第7項が求める通知を送達した旨の立証によって主張を裏づけねばならない。夫の生前に離婚された女性の夫死亡後の地位はもはや争い得ない。死亡した男性の子が離婚後に出生したゆえに非嫡出子である旨の相続人の訴えも，夫による第7項の遵守の立証なくして提起することはできない。同法令が婚姻関係に関する確実性を担保してきたことは疑いない」（第6項）。

「フルシド・ビビ対バブー・ムハンマド・アミ事件」(Khurshid Bibi v. Baboo Muhammad Ami PLD 1967 SC 97）では，パキスタン最高裁判所はムスリムたる妻が裁判で婚姻の解消を求める権利を認めた。2009年には，ペシャワール高等裁判所がムスリムたる妻の裁判による婚姻解消の請求権は，これを認める判決の付与に先立つ夫への「婚資」返還を要件としないと判断した。妻が婚姻時に受領した婚資を返還する義務は絶対的ではなく，裁判官は「夫による妻の虐待が立証された場合には〔・・・〕夫への婚資返還を拒否する権限をもつ」。

---

(20) *Ali Nawaz v Mohammed Yusuf* PLD 1963 SC 51.
(21) *Dr Fakhr-Ud-Din v. Kausar Takre*em PLD 2009 Peshawar 92.

MFLO 第7項の存続にとって大きな脅威となったのが,「1979年姦通罪（ハッド刑施行）法令」(The Zina〔Enforcement of Hadd〕Ordinance, 1979) の制定であった。「1979年姦通法令」は，法的に有効な婚姻外の全ての性交を犯罪とする。するとムスリムたる妻を拙速な離婚から保護するという，女性の利益を意図したはずの MFLO の規定が落とし穴となる。すなわち，夫がMFLO 第7項の諸規定と遵守せずに妻を離婚したが，妻は自分が離婚されたと信じて別の夫と再婚した場合，妻は有効に離婚されていなかったとの前提で姦通罪による刑事訴追を受けかねない。2006年,「姦通罪法令」自体が「2006年女性保護（刑法改正）法令」(The Protection of Women〔Criminal Laws Amendment〕Act, 2006) により改正された。改正「姦通法令」の下では，夫婦が有効に婚姻していることは婚姻関係にあると認められるために必要ではなくなった。[22]

結論

インドとパキスタンにおけるイスラーム家族法の発展の軌跡を比べると驚くべき結果となる。第1に，インドについてみたように，ある国による「世俗主義」の標榜や憲法における法の前での平等権の付与からは必ずしも世俗的，統一的かつ男女平等的な家族法体系が導かれるわけではない。全国民的な統一民法典の制定という同国の義務は，「国家政策指導原則」に含まれることにより実効的な実施を免れ，正反対の結果を招いた。すなわちインドの裁判所は，イスラーム家族法を含む性差別的な家族法体系について，憲法への第44条の挿入はこれらの法が依然有効であり，基本権を根拠とする司法審査を免れる趣旨であるとの主張によって，これらの効力の継続を確認できることになった。

インドにおいては，イスラーム家族法改革の緩やかな歩みが基本的には法の改正より，司法積極主義を通じて保たれてきた。インド政府による家族法関連事項の全面的な改革の唯一の試みである，1937年刑事訴訟法典第125条

---

[22] Martin Lau, "Twenty-Five Years of Hudood Ordinances -A Review", *Washington and Lee Law Review*, 2007, 64: 4, pp. 1291-1314, at page 1310 参照。

の下での離婚女性の扶養請求権拡大は、「シャー・バーノ事件」における離婚女性へのその最初の適用に際し、ムスリム諸団体が組織する大規模なデモンストレーションを招いた。ムスリムたる離婚妻の離婚後扶養費請求権は、国家がまさにこれを阻むべく「1986年ムスリム女性（離婚の権利保護）法」を可決したのに対し、司法積極主義により命脈を保たれた。

それでもインドの裁判所がパキスタンのそれに比べて、イスラーム家族法の新たな改革主義的解釈を進めることには消極的であるのは、世俗国家で機能するがゆえであろう。離婚後扶養費の問題を除くと、インドの裁判所によるムスリム女性の権利拡大はスローペースであった。その中で目を引くケースが2つある。〔1つは、〕タラーク離婚が法的に有効なのは夫が和解の試みの不調、つまり仲裁人2名が任命されたが、両配偶者に婚姻関係を維持させることができなかった旨を立証できた場合のみとする2010年ケーララ高等裁判所判決である。しかし同判決は、同趣旨の先例としてガウハティ高等裁判所判決があったことからすれば一見したほど急進的ではない。さらに、ケーララ高等裁判所は、夫による離婚宣言の理由を司法判断に委ねることを拒否している。より重要で、正に急進的といえるのは、ムスリムたる夫が妻を離婚できるのは合理的な理由あってのみであり、合理性の有無は司法判断に服するとした、2012年初めのジャンムー・カシミール高等裁判所判決である。ジャンムー・カシミール高等裁判所は、その少し前に制定された「2007年ムスリム・パーソナル・ロー（シャリーア）適用法」を判決の根拠としつつ、イスラーム離婚法に堂々と慎重かつ革新的な見直しを加えた。同判決に対しては、インド最高裁判所によるシャー・バーノ判決とは異なり、反対デモは起きていない。インド連邦の中で唯一ムスリムが多数を占める州の高等裁判所のムスリム判事のほうが、「ムスリム・パーソナル・ロー評議会」(the Muslim Personal Law) のようなムスリム組織の否定的な反応からは安全なのかもしれない。

パキスタン・イスラーム共和国に目を転じれば同程度に驚かされるが、その理由は異なる。同国はインドと異なり世俗的と評されたことはかつてなく、むしろその憲政史の初期段階でイスラーム共和国を標榜している。だ

が，かく称することで，政府また裁判所が世俗国家インドで達成されたよりはるかに広範囲なムスリム家族法改革の推進を妨げられることはなかった。世俗国家インドと比べると，離婚後扶養費および近年のジャンムー・カシミール高等裁判所判決は別として，パキスタンの方が明らかにより大規模なムスリム・パーソナル・ロー改革を実現している。MFLO はムスリムたる夫がタラーク離婚の意思表示を行う権利に手続的要件を課し，パキスタンの裁判所は MFLO の効力の維持に積極的であった。加えて，パキスタンの裁判所は公然と<u>イジュティハード</u>を行い，それによりムスリムたる妻が裁判離婚を請求する権利を拡大している。

　インドとパキスタンにおけるムスリム家族法の展開の軌跡を比較すれば，法制度を「イスラーム／ムスリム諸国」というレッテルで特徴づけることの危険性も明らかとなる。1億人を超えるインド・ムスリムは，多くの点で英領インドという植民地時代に遡るイスラーム家族法の下で暮らしている。彼らはその人口にもかかわらず，イスラーム家族法の進展に関する研究ではほとんど問題とされることはなく，いわゆるムスリム諸国の法体制に関する研究の対象とされることもないのである。

国際私法における南アジアのムスリム家族法適用上の問題

伊藤　弘子

序説

　本稿の目的は，南アジアにおけるムスリム家族法の概観をすると共に日本で南アジア諸国の国民たるムスリムが関わる渉外的な家族関係が生じる場合の円滑な解決のための材料の1つを提供することにある。イスラーム法に関する研究は内外で蓄積されつつあるが，イスラームがおきてから21世紀の現在までに社会情勢は著しく変化しており，古典イスラーム法の知識を踏まえて各地の現代イスラーム法の現状を把握する必要性は増している。イスラームの教義はムスリムの生活全般および，いわゆる「イスラーム法（シャリーア）」は，聖典クルアーン（コーラン）やスンナ（預言者ムハンマドの言行）を中心とするさまざまな原典に由来し，刑法や国際法に該当する規範も含む。しかし，植民地支配を受けていた時代の宗主国法制度移植や，国際条約批准により古典イスラーム法の適用範囲が限定され，成文法化され，時にはイスラーム法に置換されて一般法が制定された結果，現代社会において「イスラーム法」の適用が問題になるのは，婚姻や離婚等の家族に関する問題と不動産（家産）問題が中心となっている。ここから，本稿では，現在各国でムスリムに適用されている法を「ムスリム法」と呼び，「イスラーム法（シャリーア）」は，いわゆる古典イスラーム法の意味で用いる。本稿の対象である南アジアでは，宗主国たるヨーロッパ諸国の法が一般法として移植された。しかし，一般法とムスリム法の棲み分けは，明文規定で明白に限界づけをしているわけではない。そして不文法主義であるイングランド法系の法移植は全てを網羅した法典の制定によるのではなく，判例法主義に基づき，事例ごとに裁判所の判断により発展している。それゆえ，成文法の総数と詳細な適用範囲は分かりにくく，通常成文法同士の「抵触」をする規範も明文

化されていないことが多い。

　本稿で南アジア，なかでも旧イギリス植民地であるインド，パキスタンおよびバングラデシュを対象とする理由は，この地域のムスリム人口の多さ，ムスリム法のあり方，そして日本との関わりの強さから，特に注目すべき地域と考えられるからである。南アジアのムスリム人口は，2010年にパキスタンが世界第2位（1億7,910万人），インドが第3位（1億7,830万人），バングラデシュが第4位（1億4,860万人）とされるが，これらの地域で人口総数自体が急増していることもあって2030年にはパキスタンが第1位（2億5,610万人），インドが第3位（2億3,880万人），バングラデシュが第4位（1億8,750万人）に達すると予想されている[1]。インドでは国民の大多数がヒンドゥー教徒で，全国民に対するムスリムの割合は14.2％に過ぎないが，2010年に第5位であるエジプトが8,000万人，ついでナイジェリア，イラン，トルコが7,500万人前後と比較的早期から布教が進んだ地域でもインドのムスリム人口に遠く及ばない。2010年の全世界におけるムスリム人口が16億人，2030年に22億人と予測されること[2]とあわせ鑑みると，イスラームが伝来の宗教であるにもかかわらず5億人以上のムスリムが居住する南アジア地域におけるムスリム法の実情と展望は，イスラーム法研究上，無視し得ないと考えられる。また独立以降の南アジア各国のムスリム法現代化の過程の比較検討は，イスラーム法が移植され西欧諸国の植民地支配を受けた諸国の法制度との比較考察の材料となろう。

　日本には2014年末にはインド人2万6,000人，パキスタン人1万2,000人，バングラデシュ人1万人が在留している[3]。言うまでもなく，経済開放以降急速に発展しているインドの国際社会における位置づけと日印関係の緊密さは重要であるが，近年，技術（IT技術者等），人文知識，投資・経営等の在留

1　アメリカのキュー研究所の調査報告によると，2010年に世界最多のムスリム人口を擁するインドネシアでは，2億480万人のムスリム人口が，2030年には2億3880万人に伸びるがパキスタンについで第2位となると予測されている。http://www.pewforum.org/files/2011/01/FutureGlobalMuslimPopulation-WebPDF-Feb.10.pdf（2016. 7. 17最終確認）。
2　前掲注（1），13頁。
3　在留外国人統計2014年12月 e-Stat「政府統計の総合窓口」http://www.e-stat.go.jp/SG1/

資格を有する南アジア人が増加しており，それにともない南アジア人との渉外関係も増加していくと考えられる。

　日本に在留する南アジア人同士，または南アジア人と日本人との間に婚姻や養子縁組等の家族関係が生じる場合，国際私法により最も密接な関連を有する場所を求め，その場所の法を適用することになるが，日本の国際私法では家族関係につき本国法が準拠法として指定されることが多いため，当該南アジア人の本国法の内容が問題になる。例えば日本人女性とパキスタン人ムスリムとが日本で婚姻する場合に，日本の国際私法である「法の適用に関する通則法（以下,「通則法」と略す）」の第24条１項が「婚姻の成立は，各当事者につき，その本国法による」と規定していることから日本人女性については日本民法で定める婚姻障害に該当しないか否かの判断をしなければならない。同時にパキスタン人当事者についてもパキスタン法の婚姻障害につき判断するが，パキスタンの当該ムスリムに適用されるべき法の内容が正確に特定されないと，この男女の婚姻を成立させ得ないのである。通則法では，家族関係について当事者の本国法を準拠法として指定するのは，婚姻の実質的成立要件，婚姻の効力，離婚，実親子関係の成立，養親子関係，親子間の法律関係，後見，相続，扶養等の分野で広範囲である。

　南アジアの諸国は，前述のように家族関係につき各当事者が所属する宗教・学派・部族などの集団に固有な法と移植法である一般法とが並存し，その各々の適用範囲は明確に分離されず，各当事者の属する集団に固有な法と一般法がが双方存在し，適用範囲が抵触する分野にいずれの法が適用される[4]かについては裁判所の解釈と判断に委ねられてきた。そのため外国からみて

---

estat/List.do?lid=00001133760，表14-12-01-1.xlsx（2016.7.17最終確認）。

4　私法の抵触（conflict）は，国際私法の基本となる概念である。例えば日本においてドイツ人の死亡に基づきその財産の相続が問題となる場合に，日本の相続法とドイツの相続法が，この被相続人について適用の可能性があるとして，法廷地の国際私法は相続につき最も密接な関係がある場所（国家）の法を準拠法として適用する。このときに日本の相続法とドイツの相続法が抵触していると表現し，国際私法を複数国家の私法の抵触を解決する規範として抵触法とも呼ぶ。南アジアの国内では第２章で述べるように実質法（国際私法の準拠法となりうるいずれかの国の私法）レベルとして国内に複数の私法秩序があり，一種の抵触状態を示しているとも言える。

成文法・不文法としてどのような法が存するのか，またその適用範囲や内容はいかなるものなのか見えにくい。しかしその内容も具体的に特定しないと当事者の請求に応じた訴訟手続を進め解決することができないのである。

以上の理由から，本稿は南アジアのムスリム家族法（本稿では日本民法の分類にしたがい，家族法に相続および遺言を含む）につき，特に現行法の差異に着目しながら紹介し，日本における南アジア諸国のムスリム家族法の適用上の問題について，若干の判例および事例をもとに考察する。

1. 南アジア家族法の背景

1.1 南アジアのムスリム法

「アジア」および「南アジア」の定義は確立しているとは言えないが，本稿では南アジアを旧インド帝国（1877-1947）のうちインド（インド共和国），パキスタン（パキスタン・イスラーム共和国）およびバングラデシュ（バングラデシュ人民共和国）に限定して考察する。インド帝国の領域は，現在のミャンマー，シンガポール，ソマリアおよびイエメンの一部を含むが，本稿では社会的背景に共通項が多くムスリム人口が多い3国を対象とする。1947年にインドとパキスタンが建国され，東西に分かれていたパキスタンは1971年に分離し，東パキスタンはバングラデシュとして現在に至っている。この地域では，いわゆるインド法（文化）圏である地域にイスラーム法の移植が，さらに西欧諸国の植民地支配を通じた近代化が行われた。イスラームは，共同体の指導者をめぐって<u>スンナ派</u>（多数派）と<u>シーア派</u>に分裂したが，それぞれさらに細かい法学派や分派に分かれる。南アジアに分布が多いのは，スンナ派ではその4つの法学派のうちの<u>ハナフィー派</u>と<u>シャーフィーイー派</u>，そしてシーア派では<u>イスマーイール派</u>の分派であるホジャ派である。

南アジアは，世界で最も早く文明が始まった場所の1つとして知られており，哲学，宗教学が盛んであった。バラモン教，仏教，ジャイナ教およびヒンドゥー教はインドの四大宗教と呼ばれるが，いずれもこの地で発生し発展した土着の宗教であり，聖典や輪廻思想を受け継いでいる。7-8世紀に貿易商人やムスリム軍の侵入により南アジアへイスラームが伝わり，スーフィズ

ム（イスラーム神秘主義思想）の広まりとイスラーム王朝の建国・支配を通じてイスラーム化が進んだ。特に北インドでは奴隷王朝（1206-90）を始めとするデリー・スルタン朝が栄え，1526年に樹立されたムガル帝国（1526-39, 1555-1858）は，現在のアフガニスタンからバングラデシュにまで至る広大な領土を支配した。この過程で，身分制度と職業分担の厳格さを嫌い仏教やイスラームに改宗する者（家族）もいたが，インドに留まり，他の土着の法と関わる以上，インドの慣習の影響は断てなかった。

また，多宗教の南アジアに建国されたイスラーム王朝では，イスラーム法に従って国内の非ムスリムを<u>ジンミー</u>（被保護民）として信仰の自由を認め，同一の集団に属する者は，その所属する宗教の法の適用を受けることを認めた。ムガル帝国では原則として村落のパンチャーヤット（panchayat, 長老会議）あるいは<u>カーディー</u>（kadi, イスラーム法裁判官）が紛争解決にあたり，民事事件には各当事者の属する宗教共同体の法が適用された。

南アジアの植民地化の最初の段階はイギリス東インド会社により進められたが，東インド会社は貿易と収益を目的としており，会社と社員の活動に関係のない分野の法に関心が薄かった。従前から南アジアで行われていたヒンドゥー教，仏教，ジャイナ教やパールシー教（ゾロアスター教の一派）などの宗教法や慣習法とイスラーム法は，東インド会社の裁判所でも引き続き効力を認められた。インド帝国としての統治も，宗主国がコモン・ロー体制国の伝統として包括的な法典を制定するのではなく，既存の土着「法」の効力を一定の範囲で認める政策（indirect rule）を採っていたことから，東インド会社と同様に植民地経営・統治上で支障がない限り土着の法の効力を引き続き認める政策をとった。その結果，刑法，行政法，契約法等の分野にはイングランド法系の一般法（general law）の移植を受け，一般法が全土に統一的に適用された。これに対して婚姻・離婚，親子，家産，扶養，相続等のいわゆる家族法分野および儀式や<u>ワクフ</u>等の宗教が関わる問題は，「1772年規則（The regulation of 1770）」による，イングランド法理の「正義，衡平および良心」に反するとみなされる部分につき改廃を受けながら[5]，固有法（indigenous law）やパーソナル・ロー（personal law）[6]と呼ばれる当事者が所属する集団の

法が一般法に並存することになった。

　まず1772年，東インド会社が徴税および民事・刑事裁判権を認められると，社員であるイギリス人が徴税と司法手続を担当し，管区内の現地住民全てに同社の裁判所でイングランド法を適用することになったが，民事事件についてはパーソナル・ロー，すなわち当事者の双方または被告がムスリムの場合にはイスラーム法，ヒンドゥー教徒の場合にはヒンドゥー法を適用した。キリスト教徒およびパールシー教徒（拝火教の一派）には管区内ではイングランド法が適用された。1877年のインド帝国成立以降は方針を転換し，パーソナル・ローの分野にも積極的に介入しはじめ，イングランド法理に基づく近代化を進めた。すなわち婚姻，離婚，親子，扶養，相続等の分野においてパーソナル・ローに欠缺がある，時代遅れである，あるいは「正義，衡平および良心（the doctrine of justice, equity and good conscience）」に合致せず非

5　家族関係の宗教法や慣習法もイングランド法理に沿って廃止，明文化された。例えば「パールシー教徒婚姻・離婚法（The Parsi Marriage and Divorce Act, 1936）」は対象をパールシー教徒としたが内容的にはイングランド法の婚姻事件法を移植し明文化したものであったし，寡婦再婚禁止や早婚など非近代的と考えられる慣習の廃止を目的とした特別法を制定し罰則規定を設ける場合もあった。「ヒンドゥー教徒寡婦再婚法」（The Hindu Widows' Remarriage Act, 1856）は，夫婦の縁は神により定められ，夫が先立っても妻は夫を供養し遺族に奉仕しながら死して輪廻転生した夫に再び巡り会うことを待つべきであり，再婚して次の夫をもつことは許されないとするヒンドゥー教の戒律から女性を解放するための成文法である。当時，ヒンドゥー教徒女性が幼少のうちに，はるかに年長の男性と婚姻する慣習があり，かつ寡婦は不浄の存在として婚家からも実家からも受け入れられなかった。このような状況下にあった女性を保護することは植民地政策下においても急務と考えられ，早婚禁止，女性の再婚容認，相続権付与等に関する成文法が制定された。現在までに，早婚に対する規制は，植民地時代に制定された「幼児婚抑制法」（The Child Marriage Restraint Act of 1929），そして同法を改正した現行法として「幼児婚禁止法」（The Prohibition of Child Marriage Act, 2006）が制定されている。2006年法の解説と抄訳には伊藤弘子訳　小川富之監修「インド家族法-抄訳（4）2006年幼児婚禁止法-抄訳（1）」『戸籍時報』660号27-33（平成22年），同「インド家族法-抄訳（5）2006年幼児婚禁止法-抄訳（2）」『戸籍時報』662号58-61頁（平成22年）参照。

6　パーソナル・ローとは，宗教・学派・職業集団等への帰属にもとづいて人的に適用される法である。属人法と表記されることも多いが，国際私法において自然人の地位や身分に関する準拠法とされる属人法の概念との混同を避けるため，本稿ではパーソナル・ローと呼ぶ。詳しくは次節参照。

7　ベンガル総督ウォーレン・ヘイスティングス（Warren Hastings）の「1772年第2規則（The Regulation II of 1772）」，「ヘイスティングスの原則」とも呼ばれる。

近代的,非合理的とされる部分は,裁判官はコモン・ローの原理にたちかえり適切な解釈を見出すというイングランド法理にしたがって,判例によりパーソナル・ローが再解釈された。その結果,イングランド法による修正をうけることになり,イングランド法型の一般法(Anglo-Indian Codes)[8]が制定された。

このように東インド会社時代とインド帝国時代に一貫して,訴訟手続につき民事・刑事に分かれた裁判所が設置され,一般法と固有法の双方が適用されたが,家族と宗教に関する分野は単にヒンドゥー教とイスラームという2つの宗教に分かれるだけではなく,その内部で複数の学派・分派に分かれるうえ,他の宗教法や,各地域または集団に固有の慣習法も並存するため,各当事者に適用されるべき法の内容は第三者にはわかりにくかったし,当事者はその所属する集団の法を主張することにより法律関係に適用されるべき法につき一種の法選択をすることが可能となった。

各地の旧支配層や豪族は,徴税官として任命されるとともに,特に下位裁判所における司法手続への影響力も有した。宗教法の専門家の助言を採り入れながら固有法を適用し紛争解決することは,南アジアのように宗教法や慣習法の影響が強く対象地域が広大である場合には,おそらく最も現実的な統治政策であったであろう。南アジアでも大陸法系に属する国の植民地支配を通じて法移植を受けた地域があるが[9],宗主国法型の包括的な法典を移植し各当事者の所属集団に関わらず統一的に適用し,既存の土着法を完全に廃止するまでには至らなかった。したがって南アジア全般につき土着の法とイスラーム法が欧州諸国の法とともに効力を認められ,複数の法秩序が抵触ないし並存し,分野によっては重層的に複雑な適用範囲をもつことになった。英米法型の統治が柔軟であったから既存の法制度と共存し得たというより[10],い

---

[8] 例えば「民事訴訟法(The Code of Civil Procedure, 1858)」,「刑法(The Penal Code, 1860)」,「刑事訴訟法(The Code of Criminal Procedure, 1861)」があげられる。
[9] ポンディシェリ(旧フランス領),コーチ(旧ポルトガル,オランダ領),ゴア(旧ポルトガル領内)等はそれぞれ宗主国法の移植を一定の範囲で受けたが,域内の法秩序をすべて宗主国からの移植法に置換するには至らなかった。
[10] Matias Siems, *Comparative Law*, Cambridge University Press, UK, 2014, p.205.

ずれかの法制度で統一することができなかったからこそ，少なくとも家族や宗教的儀礼に関する分野はモザイク状の状況を残さざるをえなかったと言えよう。家族や宗教に関する規範は各当事者のアイデンティティを形成する文化の諸要素が相互に関連しながら発展してきた分野であり，当事者が望むと望まないに関わらずその家族との関係は法的に，あるいは心情的に完全に断絶させることが困難であるからである。

1.2. 南アジアにおける法の多元性とパーソナル・ロー

　伝統的な比較法学においては，各地域の固有文化に由来しその地で行われ続けてきた法は土着法ないし固有法（indigenous law）と呼ばれ，他の文化から強制的あるいは任意に取り込まれた法は移植法ないし継受法と呼ばれてきた。このうち土着法や継受法等の呼称は，欧米の法制度を基準とした植民地主義に立脚し，旧植民地の法制度を格下あるいは未熟と把握する視点を思わせるため，昨今はあまり用いられない。[11] 南アジアではイスラーム法は外来の法で，一種の移植法であるが植民地支配開始以前からこの地で行われていた法でもある。Indigenous law の語をその地で発生し，独自の発展をした先住民の法と把握するのであれば，南アジアでは厳密にはヒンドゥー教徒法や仏教徒法等のイスラーム化以前に成立し行われていた法に限定される。ただし，本稿は，イスラーム法も一種の移植法と意識しつつ，イギリスをはじめとするヨーロッパの宗主国法体制を入れることにより，南アジアでより根本的な体制の転換を行い現在に至るかを念頭に置いて，イスラーム法を本稿における「固有法」に含めることにする。

　固有法，土着法の語に加えて「属人法」の語が用いられることがある。国際私法では，法律関係毎に最も密接な関連を有する場所を特定し，その法を準拠法として適用するが，自然人につき最も密接な関連を有し，その身分，地位，権利能力や行為能力の有無を支配する法を属人法と呼ぶ。国際私法上

11　近年は，特に英語文献で「移植」の語が用いられることが多い。「移調」，「伝播」，「普及」等の表現も用いられるが，本稿では「移植」と統一する。

の属人法は,「一つの地域に行われる法が国籍または住所によってその地域に属する者に追随して他の地域で適用される」[12]もの,あるいは「或る人にとって最も関係の深い,いわばその身についた固有の法」[13]であり,自然人には本国法主義,法人には従属法主義が採られ,自然人の本国は国籍あるいは住所（英米法上のドミサイル）に基づいて決定される。この概念は,欧州のいわゆる種族法や,多元性がある社会において当事者に適用されるべき集団の法という意味でのpersonal lawとは性質を異にするとされている。本稿では,法社会学・法人類学等の分野での用法を意識しつつ,国際私法で一般的に認められてきた定義に従った「属人法」の語を用いず,宗教,宗教集団内に複数存する学派・小派,特定の宗教を信仰するがその宗教法に優先して特定の地域・職業集団・社会階層等に固有な慣習法が適用される集団等,人的・場所的な要素に基づいて分類される集団に固有な法を「パーソナル・ロー」と呼ぶ。南アジアではパーソナル・ローの適用範囲が,ほぼ「家族法」の分野と重なるので,「家族法」の意味で「パーソナル・ロー」の用語を用いることも多い。パーソナル・ローに対して一般法（general law）は,各当事者の所属集団に関わらず,当該国家の全領域あるいは一部の領域に適用される成文法で,南アジアではイングランド法系の移植法を中心とする法体系である。

　ここで注記したいのは,通常は,改宗,他の慣習法に服する集団の構成員との婚姻,他の慣習法が行われる地域への転居等により所属する集団が変更されるが,このような帰属集団の変更があっても,引き続き全面的あるいは部分的に従前の帰属集団の法の適用を受けることがあるという点である。したがって,一般的には所属宗教の集団により指定される宗教法（学派法）等を各当事者のパーソナル・ローと定めるが,当事者が特定の慣習法の適用を主張し,その慣習法の存在と内容が確認され適用が妥当と認められる場合には,その法をパーソナル・ローとすべきである。当事者によるパーソナル・

12　江川英文『国際私法（改訂版）』有斐閣,1972年,74頁。
13　折茂豊『属人法論』有斐閣,1982年,5頁。

ローの主張は，明白に特定の集団の法の適用を主張する他，改宗や婚姻等の身分行為を行う際に依拠する等の方法で現れる場合もある。

　ムスリム男性が「啓典の民」たるキリスト教またはユダヤ教の女性と婚姻し，妻が婚姻後も改宗しない場合，あるいは夫婦が共にムスリムであるが所属する学派が異なる場合には，通常，婚姻，夫婦間の権利義務，夫婦間に出生した子の親子関係等については，婚姻挙行法および婚姻後の生活の要となるであろう夫のパーソナル・ローが適用される。その理由は，南アジアでは一般的に婚姻後，夫の近親と同居し，その集団の法に服して生活をすることになるからである。ただしその場合も，妻が改宗をしないのであれば，そのパーソナル・ローは変更されず，夫以外の親族との関係等については，妻のパーソナル・ローが適用される。

　本稿では，「パーソナル・ロー」を単に当事者が所属する集団（コミュニティ）の法，人的な所属により帰属が確定される法とするが，実際にその適用をとりあげる際には成文法たる一般法，判例法，宗教法，慣習法等をすべて含んだ実質法秩序内で，集団への所属や当事者の選択によって指定される法を探求することになる。古典的な国際私法は，何れかの国家により制定・承認され，場所的な適用範囲を有する私法を準拠法とすることを前提としているが，本稿の対象である南アジアに典型的にみられる人的不統一法国の私法は，これらの法の効力を認める国家が建国されるより以前から，その地で行われてきた。これらの法は，各国で成文化や修正を受けても一種の同胞意識をもって共有されている。何をもって「法」とするか，その定義にもよるが，本稿で対象にしているのは，少なくとも当該国が効力を認め裁判所で適用する規範であるから，不文の慣習法であっても「法」と呼ぶことに支障はないと考えられる。本稿では，以上の理由よりイスラーム法や各当事者の所属学派の法には敢えて「属人法」の語を用いず，「パーソナル・ロー」と表し，対象国の私法秩序の一部として解する。

　宗教法に相対する概念として，世俗法（secular law）の概念が用いられることがある。後述のように，インドでは独立後に制定された憲法においてインドが世俗国家（secular state）であり，すべての宗教が平等で信仰が保証さ

第2章　ムスリム家族法の変容　　113

れると規定する。各当事者の信仰する宗教に関わらず適用される世俗法は，多くの場合，成文法たる一般法であり，当該国の領域内で広く一般的に適用される。植民地時代にイングランド法系の婚姻・離婚・扶養等の成文法が移植され，独立後は，幼児婚禁止やドメスティック・バイオレンスの禁止を定める成文法が制定されているが，これらの一般法の規定に優先したパーソナル・ローの適用がしばしば訴訟における争点となる。換言すれば，南アジアでは，裁判所の解釈により各々の法の適用範囲が定められてきたと言える。

　公式法（official law）と非公式法（unofficial law）の語は，多元論で頻繁に用いられてきた概念であるが，植民地時代に宗主国が移植し独立後も引き継がれた一般法に対して，植民地支配以前から存していた固有法は二次的法源としつつ公に効力を承認され，植民地政府の裁判所での適用を認められた。国家法を当該国の立法機関が制定した法に限定するのであれば，「ムスリム婚姻解消法（The Dissolution of Muslim Marriage Act, 1939）」のような特定の宗教法を基礎として明文化された法律は国家法であり，明文で制定されていない大部分のイスラーム法は非国家法と分類されうる。しかし，立法府で制定されたか，自然発生的に規範として形成され効力を認められるようになったかの差はあっても，いずれも当該国家の国内で規範性を有していることに違いなく，その国家の裁判所で成文一般法と同様に適用されている法であるならば，公式に効力が承認された「公式法（official law）」である。

14　孝忠「序論」16頁参照。
15　「ドメスティック・バイオレンスから女性を保護するための法律（The Protection of Women from Domestic Violence Act, 2005）」は本稿の直接の対象ではないが，同法の解説および抄訳は，訳・伊藤弘子，監修・小川富之「インド家族法-抄訳（6）2005年ドメスティック・バイオレンスから女性を保護するための法律-抄訳（1）」『戸籍時報』663号，平成22年12月36-43頁および同（2）『戸籍時報』664号，平成23年1月43-50頁参照。幼児婚については，前掲注（5）参照。
16　近年は，特定の国家における西欧法と固有法の多元性にとどまらず多元性を世界規模で捉える global pluralism, new pluralism が多元理論の主流になっている。法の多元性に関する最近の潮流として，民族や宗教の多様性を認容しつつ，国境を越えた法の統一に向けて，地域的あるいは世界的規模での可能性が説く研究が盛んである。しかしその多くは取引・商業的な自由化を目的としたものであり，本稿の対象である家族関係については多元性の解消は国内的にも世界規模でも困難であると思われる。
17　千葉正士『アジア法の多元的構造』アジア法叢書23，成文堂，1998年，76頁によると，

なお，パキスタンのようにイスラーム国家として建国した場合には，ムスリム法が公式法として第一次的な法源と認められ，裁判所の法解釈により発展すると説明されることもある。[18]

1947年に南アジアはインドと東西パキスタンに分離独立し，植民地時代の法は原則として両国に引き継がれたが，インドはインド憲法（The Constitution of India, 1949）で世俗主義の民主共和国と宣言し，信仰の自由と各宗教共同体の平等を定めた。[19] 憲法第44条で統一私法の制定の努力を定めたが，未だ実現していない。1980年代以降，現代的な統一私法の制定によるのではなく，一般法と各々のパーソナル・ローを並存させたまま，各々を近代化する政策に転換している。[20] これに対して，パキスタンは，独立直後はイギリス国王を元首とする自治領であったが，印パ戦争を経て1956年に共和制に移行した。パキスタンは，憲法でイスラームを国教と定めているが，建国当初から極端なイスラーム化を避け近代化を進めようとする勢力の政治的な影響力が強かった。

インドでは，1990年代以降，グローバリゼーションの動きのなかでムスリムとしてのアイデンティティを強調する勢力の影響力が強くなり，ヒンドゥー至上主義を掲げる人民党が支持を集め政権をとるとムスリム団体との

宗教法や部族法ないし民族法は，本来は非公式法であるが，その一部が変型された上で公式法に採用されると説明される。本稿でもこの定義に倣い，宗教法や慣習法の内，裁判所で適用が認められるものは公式法としての地位を認められたものととらえ，国際私法の準拠法決定プロセスにおいて日本の裁判所も当該国の実質法の一部として採用し適用することができると考える。

18 いわゆる judicial activism については，本稿124-25頁の離婚宣言および127-28頁の「シャー・バーノ事件」で紹介される婚姻解消後の元配偶者に対する扶養請求に関わる訴訟で顕著に認められる。

19 憲法前文で世俗国家であることと信仰の自由の保障を宣言する。第15条で宗教その他に基づく差別禁止，第25-28条で宗教の自由について定める。

20 独立以来，インドの政治を牽引してきた国民会議派は，かつてのような一党独裁的な強い与党を構成することができず，しばしばヒンドゥー至上主義のヒンドゥー教保守政党であるインド人民党（BJP）に政権を奪われている。連立政権のパートナーの支持を得られず強力に統一私法を導入することができず，一般法と各パーソナル・ローをそれぞれ現代化する方針をとらざるをえない。Narendra Subramanian, *Nation and Family Personal Law, Cultural Pluralism, and Gendered Citizenship in India*, Stanford University Press, 2014, p.285.

第 2 章　ムスリム家族法の変容　　115

対立が激化し，政治的に不安定な状況にある。その典型とされるのが後述の「シャー・バーノ事件」[21]と「ムスリム女性（離婚の権利保護）法」である。インドの最高裁判所で，ムスリム女性の離婚後扶養請求権につき，ムスリム法より女性に有利な一般法の適用を請求し，最高裁判所が認容した。しかしムスリム・コミュニティの批判にあい，ムスリム女性の離婚後扶養にムスリム法を適用すると明記する「ムスリム女性（離婚による権利保護）法」が制定された。このためムスリムの離婚後扶養にはムスリム法が適用され，一般法上の離婚後扶養の保障が及ばないことになった。[22]

インドのムスリム女性の権利保護が「シャー・バーノ事件」により後退したと言われるが，それに対して，パキスタンではムスリムのパーソナル・ローは複婚制限や離婚制度整備等について成文法が制定され，他の宗教団体の法が独立後も成文法化が進展しないことに比較すると，特に裁判所による解釈を通じたムスリム法の近代化は，インドより進展しているとも言えよう。[23]

本稿の対象である南アジアでは，「シャー・バーノ事件」を巡る動向に見られるように，イングランド法系ないし「国際的標準」の一般法制定による統一に対する一種の抵抗・反発がムスリムのコミュニティ内に認められる。折々の社会情勢に基づいて宗教的アイデンティティへの意識が高まると，パーソナル・ローの保守的および厳格な解釈をするムスリム法の立法化がなされる場合もある。一般法とパーソナル・ローは，各々の法の性質によって強行的に適用されたり当事者の法選択により任意に適用される場合もあるが，政治的背景から立法，法改正または廃止がなされて適用範囲が変更され

---

[21] ヒンドゥー・コミュナリズム，あるいはコミュナリズムは，グローバリゼーション以降の社会的格差，急激な社会変化に対する保守層や貧困層の不安感から，「外来」分子またはヒンドゥー・コミュニティからの離反者（改宗）であるムスリムへの憎悪が煽られる。ムスリム他のマイノリティも同様に焦り，恐れ，「過干渉」に反発する。このような感情が政治的に利用され衝突をさらに高じさせている。

[22] Vrinda Narain, *Reclaiming the Nation Muslim Women and the Law in India*, University of Toronto Press, Canada,, p.15.

[23] インドおよびパキスタンのムスリム女性保護に関する判例法の動向については，本書ラウ論文を参照されたい。

ることもある。[24] したがって，少なくとも南アジアでは，一般法とパーソナル・ローのいずれも他方に対して優先的に適用されるとは言えず，個々の成文法，分野，法律問題について適用範囲を探求せざるを得ないし，これらの適用範囲を定め各当事者につき適用されるべき法を指示する規則は裁判所による解釈，新法制定によって変化・成長しているとも言える。

　一般法とパーソナル・ローの二重の法秩序（dual legal system）は，実際には二重と呼ぶ以上に複雑な重層性を呈しているが，地域差も大きく，一概に多元・多様な状況を説明することは困難である。各地の状況を把握するために，これらの用語や概念を用いて分類することには一定の意義があるが，本稿で扱う内容はあくまで南アジアでの状況であり，多元性について一般的に考察を試みているのではない。

1.3. ムスリム家族法の法源

　イスラーム法の正式な法源は，スンナ派によれば重要度の高いものから順に (1) クルアーン（al-Qur'ān，聖典コーラン），(2) スンナ（sunna，預言者ムハンマドの言行），(3) イジュマー（ijmā',ウラマーの合意）[25] および (4) キヤース（qiyās，法学者による類推）である。イスラーム法を成文化する国は多いが，南アジアではインド帝国時代から成文法化が進められ，独立後も引き継がれている。

　インドでは，ムスリムに適用される主たる成文法として，以下をあげることができる。分離独立以前のインド法は，ほぼパキスタンおよびバングラデシュに継受されている。継受された法は，特に大きな改正のない限り重ねて表記していない。

　　(1)　「証拠法」（The Evidence Act, 1972）（一般法）
　　(2)　「インド成年法」（The Indian Majority Act, 1875）（一般法）

24　パキスタンにおけるイスラーム刑法の姦通罪に関わる動向についても，ラウ論文を参照のこと。
25　イジュマーはこれを法源と認めない少数説もある。シーア派では (2) の中に歴代の指導者（イマーム）の言行が含まれる。以上には含まれないが，慣習は実質的な法源といえ，またファトワー（fatwā,法学意見）も法源に準じる役割を果たした。

(3) 「後見法」(The Guardians and Wards Act, 1890)（一般法）
(4) 「民事訴訟法」(The Code of Civil Procedure, 1908)（一般法）
(5) 「インド相続法」(The Indian Succession Act, 1925)（一般法）
(6) 「ムスリム・パーソナル・ロー（シャリーア）適用法」(The Muslim Personal Law (Shariat) Application Act, 1937)
(7) 「ムスリム婚姻解消法」(The Dissolution of Muslim Marriage Act, 1939)
(8) 「刑事訴訟法」(The Code of Criminal Procedure, 1973)（一般法）
(9) 「ムスリム女性（離婚の権利保護）法」(The Muslim Women (Protection of Rights on Divorce) Act, 1986)
(10) 「ワクフ法」(The Wakfs Act, 1995)
(11) 「幼児婚禁止法」(The Prohibition of Child Marriages Act, 2006)（一般法）

パキスタンにおいてムスリムの家族関係に適用が及ぶ主たる成文法は以下である。
(1) 「幼児婚抑制法（The Child Marriage Restraint Act, 1929)（一般法）
(2) 「ムスリム家族法令」(The Muslim Family Laws Ordinance, 1961)（MFLO. 詳しくはラウ論文参照）
(3) 「ムスリム家族法規則」(The Muslim Family Laws Rules, 1961)
(4) 「家庭裁判所法」(The Family Court Act, 1964)（一般法）
(5) 「持参金および婚姻贈与（制限）法」(The Dowry and Bridal Gifts (Restriction) Act, 1976)（一般法）
(6) 「ワクフ財産令」(The Waqf Properties Ordinances, 1979)
(7) 「シャリーア法施行法」(The Shariat laws Enforcement Act 1991)
(8) 「女性保護（刑法修正）法」(The Women Protection (Criminal Laws Amendment) Act, 2006)（一般法）

バングラデシュとパキスタンは多くの成文法を共有しているが，バングラデシュ固有のものとして以下がある。
(1) 「幼児婚抑制（改正）法」(The Child Marriage Restraint (Amendment) Act, 1984)（一般法）
(2) 「ムスリム婚姻離婚登録法」(The Muslim Marriage and Divorce Registration Act, 1974)
(3) 「ワクフ財産令」(The Waqf Properties Ordinances, 1979)

(4)「ムスリム婚姻解消(改正)法」(The Dissolution of Muslim Marriage (Amendment) Act, 1986)

(5)「ムスリム家族法(改正)令」(The Muslim Family Laws (Amendment) Ordinance, 1985)

1.4. アングロ・ムスリム法

「1772年規則」が採用する「正義,衡平および良心」原則は,裁判官が妥当と判断する場合に衡平の見地に基づくイスラーム法の解釈を認めるハナフィー学派のイスティフサーン(istihsān)に近い概念であることから,ムスリム・コミュニティにも受け入れられた。法が欠缺すると考えられる場合,あるいは「正義,衡平および良心」から適用されるべきでないと判断する場合には,裁判所は南アジアの状況に合わせてイングランド法を移植した。その結果,南アジアのイスラーム法はイングランド法による修正を受けたが,女性の行為能力の制限,後見,離婚,ワクフ(イスラーム法上の寄進)などの分野はかならずしもイングランド法による一方的な近代化の押し付けではなく,インド社会の底部から起きた改革によるものであったとされる[26]。同時に先例拘束性の原則によってイスラーム法はイングランド法の影響を受けたアングロ・ムスリム法と呼ばれるものに変質していった[27]。すなわちムスリム

---

[26] 身体的成熟期(思春期)に達した女性が伝統的な衣装を身につけヴェールもしくはショールで頭部と顔を覆い家族以外の男性に素顔をさらさないパルダー(pardah, purdah)の慣習は,性的衝動に弱い男性から女性を守るために必要とされてきた。伝統的な家庭で育ったムスリム女性(pardanashin lady)は,通常学校教育を受けず,父および男性親族の庇護を受け,適齢に達すると婚姻し,夫の庇護を受ける。また,女性は親族と共に家屋内で生活し,外出の必要がある場合には男性親族が付き添い守るべきとされる。このような養育を受けた女性は一般に識字率が低く,精神的にも金銭的にも自立していないから,契約締結する必要がある場合には,父または夫等の男性親族が代理するものとされてきた。そのため,イスラーム法では婚姻に際して当事者双方の同意を成立要件としているが,男性親族が婚姻後見人として妻となろうとする者の婚姻に同意することが認められている。これに対してバングラデシュでは,女性の財産の管理をめぐり,代理行為の効力や財産所有者である女性が死亡した場合に財産上の権利を引き継ぐのは誰か等について,イスラーム法の枠組を超えて,より女性保護的にリベラルな解釈をする傾向が近年みられるとの指摘がなされる。Serajuddin, p.249.

[27] Paras Diwan, *Muslim Law in Modern India*, Allahabad Law Agency (Allahabad, India), 1977, p.36.

法がコモン・ローの教育を受けたイギリス人の視点を通して解釈されることによって，イングランド法理が混入されたのである[28]。

パキスタンおよびバングラデシュは，インド帝国からの独立後に「ムスリム家族法令」を制定し，婚姻登録，複婚およびタラークに対する規制を導入した。同法は，ムスリム男性の婚姻にあたって，既に別の女性と婚姻している場合には，その妻の同意を得た上で仲裁評議会（Arbitration Council）[29]に複婚許可を申請しなければならないと規定する（第6条）。仲裁評議会の承認を得ない場合には，婚姻は登録されない。同法は，夫による離婚宣言（タラーク）がなされた場合に夫婦の和合の試み（第7条），および婚姻中の妻の扶養につき当事者間に争いがある場合の解決（第9条）を仲裁評議会ではかることを規定する。

2. 南アジアのムスリム家族法

以下では，インドおよびパキスタンの家族法を概観する。インド帝国の法制度をインド，パキスタンおよびバングラデシュの三国で継受しているので，ここでは各項目につき，まずインド法の現状を説明し，次いでパキスタン，バングラデシュについて大きな差異がある部分につき言及する。

2.1. 婚姻
(1) 婚姻の成立および有効な婚姻の成立要件

イスラーム法上，婚姻の効力は有効（ṣaḥīḥ），不成立（bāṭil）および無効（fāsid）に分かれる。本質的要素を欠く婚姻は不成立となり，本質的要素は備えていても，法定の無効事由に該当する婚姻は無効とされる

A．行為能力ある当事者の有効な合意

---

[28] 例えば，「ムスリム・パーソナル・ロー（シャリーア）適用法」は，慣習法の適用を一定の分野について受けていたムスリムについて，慣習法を排しムスリム法を適用するため制定された。1929年に制定された「幼児婚抑制法」はムスリムの成年である身体的成熟期に関する法を修正し，婚姻最低年齢を男子満18歳，女子満15才とした。

[29] 地方行政区画に設置される行政機関の1つである。当該地方の有識者等から任命された評議員により構成される。

古典イスラーム法では，婚姻は両当事者間の申込（ījāb）と承諾（qubūl）の合意により成立する諾成契約とされる[30]。男性は，正常な精神状態にあり成年に達した者は婚姻挙行が認められる。未成年者や疾病等により判断能力が不十分である者について単独では行為能力を認められず，婚姻後見人による婚姻の締結が必要とされる。ただし，イスラーム法の多数説によれば，女性は未成年者・成人を問わず婚姻契約の当事者ではなく，親，兄または婚姻後見人による婚姻の同意をもって婚姻挙行される（ハナフィー派のみ，成年女性に婚姻の締結を認める）。婚姻後見人は，ハナフィー派法では①父，②父方の祖父，曽祖父等父方の直系尊属男性，③兄および母とされ，シーア派法は①父および②父方の直系尊属男性のみが認められる。詐欺・強迫により真意を欠く婚姻の意思表示がなされた場合は，婚姻は不成立である。

B．証人の立会

　スンナ派の多数説によれば，さらに証人の立会なく締結された婚姻は無効である。証人はムスリムでなければならず，成人男性2名または成人男性1名と成人女性2名のいずれかとされる。シーア派は証人要件を課さない。書面作成，宗教的儀式挙行および婚姻登録はインドでは要件とされていないが，南アジアには婚資（mahr）額等の条件を定めた証書（kabin namah, nikah namah）の作成が行われることが多い。

C．婚姻適格

（ア）ムスリムであること

　原則として婚姻当事者は男女共にムスリムとされる。ハナフィー派ムスリム男性は啓典の民（ユダヤ教徒およびキリスト教徒）の女性との婚姻は許容されるが，シーア派は男女共ムスリムであることを求める。

（イ）婚姻適齢

　元来，イスラーム法には定めがない。この点，インドでは同国にドミサイル（英米法上の住所概念）を有する者につき満18歳をもって成年とし（「インド成年法」），さらに男性満21歳，女性満18歳に満たない者の婚姻は，「幼児

30　Abdul Kadir v. Salma ILA (1886) 8 All 149.
31　前掲注9参照。

婚禁止法」(The Prohibition of Child Marriage Act 2006)[31]により禁止される。インド帝国時代に制定された「幼児婚抑制法」(前掲注5参照)は婚姻挙行に関わった夫や親族を処罰したが，幼児婚の成立と効力は認められていたため実効性が十分でなかったことから全面的に改正された。新法では，裁判所に幼児婚の無効命令を認め，妻とされた女性以外の関係者および夫に，より広範かつ厳格な刑事罰を科しうる。しかし従来，同法のような一般法は婚姻，婚資(dower)，離婚および養子縁組には適用されず，各当事者のパーソナル・ローが適用されるものとされてきた。ムスリムについてはイスラーム法上の成年である身体的成熟期(puberty)，すなわち生殖能力を得る時期は通常15歳とされる。したがってパーソナル・ロー上の成年たる15歳から一般法上の成年年齢である満18歳までのムスリムは婚姻，婚資，離婚および養子縁組については成年とされるため，パーソナル・ローによる婚姻は有効に成立し得た。近年，ムスリムについて「幼児婚禁止法」で定める婚姻最低年齢が適用されるべきかが議論になっており，2015年4月にはマドラス高等法院で「幼児婚禁止法」の婚姻最低年齢がイスラーム法により婚姻挙行するムスリムにも適用されるとの判断が示されたと報道されている[32]。ただし，本決定につき未だ詳細は不明であり，婚姻年齢につきパーソナル・ローに優先して一般法が適用されるとの判例法が確立したとは現時点では言い切れない。

　パキスタンでは，婚姻適齢は男性18歳，女性16歳と「幼児婚抑制法」により定められている。この最低年齢に満たない男女が婚姻する場合には1ヶ月以下の禁錮，1,000パキスタン・ルピー以下の罰金またはその併科（第3条および6条）とされるが，女性当事者には禁錮刑が課されない。幼児婚の慣習は南アジア全体にみられ，いずれの国もインド帝国時代および独立後も幼児婚を挙行し，子どもの婚姻を強制した親，後見人および親族を処罰する規定を設けるが，婚姻適齢については一般法で定める処罰の実効性が十分ではなく，パーソナル・ローで婚姻挙行し，一般法の名目的な罰金を支払って婚姻

32　http://www.dnaindia.com/india/report-madras-hc-says-anti-child-marriage-act-prevails-over-muslim-personal-law-2073796（2016.7.17確認）

自体は効力を引き続き認められる。[33]

D. 婚姻障害がないこと

永久的障害として，①血族関係，②姻族関係，③乳親族関係など，および一時的障害として，④女性が待婚期間（後述）にあること，⑤同時に婚姻した複数の女性の禁婚親関係，⑥妻の人数による障害等がある。永久的障害に該当する者との婚姻は不成立であり，一時的障害に該当する者との婚姻は無効とされる。[34]

⑥は複婚と関わる問題である。イスラーム法が一種の一夫多妻を許容することは知られているが，ムスリム男性は4人までの女性と同時に婚姻することができる。そこで5人目の女性との婚姻は無効となるが，既存の妻たちのうち1人以上の死亡ないし離婚によって障害は除去されるため，その女性との婚姻が可能となる。

イスラーム法上，必ずしも複婚は推奨されてはいないが，インドでは4人まで妻をもつことに特に制限はない。これに対して，パキスタンとバングラデシュでは「ムスリム家族法令」で婚姻登録，複婚および離婚制限に関する規制を導入した。ムスリム男性は婚姻にあたってすでに別の女性との婚姻が有効に継続している場合には，前婚の妻から複婚への同意を得た上で，仲裁評議会に複婚許可の申請をしなければならない（第6条）。仲裁評議会の承認を得ない場合には，登録されない。

バングラデシュでは，「ムスリム婚姻離婚（登録）法」で，仲裁評議会の承認を得ていない複婚の登録を禁止する。そして，すでにいる妻との夫婦関係が困難で別の妻を迎えねばならない切実な事情があることを具体的に示し

---

33 Muhammad Shahid Malik, *Family and Succession Law in Pakistan*, Wolters Kluwer Law and Business, (Netherlands, 2012), p.74.
34 婚姻が禁止される血族は，スンナ派，シーア派共にムスリム男性からみて女性直系尊属（母），女性直系卑属（娘），姉妹，女性傍系卑属（姪），女性傍系尊属（おば），婚姻が禁止される姻族は，同様に妻の女性尊属（母），男性尊属（父）の妻，妻の女性卑属（娘），男性卑属（息子）の妻である。授乳により乳母の血族・姻族の内，一定の範囲の者との婚姻が禁止される乳親族の範囲はスンナ派とシーア派で異なり，スンナ派は限定的に解するがシーア派は，実母であった場合と同様の範囲で婚姻を禁止する。

て仲裁評議会の複婚許可を仰がねばならない。バングラデシュの判例法や世論は，パキスタンに比較すると複婚の制限に積極的であるが，イスラーム法の複婚許容規定が否定されているとまでは言い切れない。[35]

E. 婚姻登録（婚姻の形式的要件）

パキスタンでは，「ムスリム家族法令」によりイスラーム法に基づき挙行された婚姻の登録が義務付けられる。婚姻は，婚姻登録官（Nikah Registrars）により挙行され，記録が保存される（第5条第 (1) 項および (2) 項）。婚姻登録官以外の者により挙行された場合にも，ただちに登録をしなければならない（同 (3) 項）。ただし，イスラーム法上の婚姻は申込と承諾が証人の面前でなされることをもって成立するため，婚姻登録の懈怠は婚姻の効力に影響しない。

なお，婚姻登録令では，当事者の名，住所，生年月日，婚資の金額や内容等とともに，夫になる者が既に婚姻している場合には，仲裁評議会の複婚の同意も婚姻登録申請時に提出する婚姻証書（nikahnama）交付申請の要件とされている。

バングラデシュは，パキスタンからの独立後に制定した「ムスリム婚姻離婚（登録）法」第3条で婚姻登録を義務付けた。イスラーム法の婚姻は，当事者双方の合意により成立し，婚姻登録懈怠の事実のみによって婚姻の効力が否定されることはないが，同居せず実質的な婚姻生活を共にしていない場合には，裁判所が婚姻の同意の不存在を推認し得る。[36]

(2) 婚姻の効果

婚姻の成立により，主として次の効果が発生する。①夫と妻の身分を得，性的関係が合法化され，婚姻関係中に妻が懐胎したと推定される子は嫡出の子とされ，②夫婦相互に相続権が発生し，③妻は夫に対する服従義務を負い，④夫はその見返りとして妻の扶養義務を負う，⑤妻が夫の指定する居所

35　Alamgir Muhammad Serajuddin, *Muslim Family Law, Secular Courts and Muslim Women of South Asia A Study in Judicial Activism*, Oxford University Press, 2011, pp.196-197.
36　Dr A.L.M.Abdulla v. Rokeya Khatoon, 21 DFL (1969) 213.

に従わない場合および妻の不服従に対して懲戒権等を行使することができる，⑥姻族関係に基づく婚姻障害が生じる。

2.2. 婚姻解消
(1) 婚姻の解消原因
　婚姻は，①一方の配偶者の死亡，②離婚宣言（タラーク），③改宗，④成年選択，⑤（妻の請求に基づく）裁判離婚，⑥その他イスラーム法で定める婚姻解消手段により解消する。

A. 一方の配偶者の死亡については説明を要しない。

B. 離婚宣言

　夫による一方的な離婚の宣言には複数の方式があり，妻との性交渉のない月経休止期間に離婚宣言を行い，待婚期間の満了を待つ方式が女性により保護的とされ推奨されてきたが，近年までインドのハナフィー派では同一の月経休止期間に 3 回の離婚宣言をすることにより，即時一方的に婚姻を解消する「ビドアの離婚（*talak-ul-bidda*, triple talaq）」が認められてきた。イスラーム法では離婚宣言以外にも裁判離婚を認めてきたが，インド帝国時代にムスリムの宗教裁判所（カーディー裁判所）が廃止され，イングランド法型の司法制度による統一をはかったため，南アジアに多く分布するハナフィー派法では妻が裁判離婚により離婚請求をすることが困難となり，婚姻の解消はもっぱら夫による一方的な離婚宣言によって行われてきた。[37]

　インドでは現在も離婚宣言を規制する成文法はないが，近年，ビドアの離婚の慣行はイスラーム法の原理に反すると判示された。現在までにインドにおける離婚宣言は次のような判例法として確立したと言われる。すなわち月経休止期間毎に 1 回の離婚宣言しか許されず，3 回目の休止期における離婚宣言までは夫は離婚を撤回できる。3 回目の休止期間中の離婚宣言後は，待婚

---

[37] ハナフィー派で妻からの裁判離婚請求が認められない場合にはハナフィー派以外の法で離婚請求が可能であるとのファトワーがあるが，インドの裁判所では所属学派以外の法の適用に消極的であり，結果として妻が欲しても婚姻解消をすることは困難であった。Asaf A.A.Fyzee, *Outlines of Muhammadan Law*, 5th ed., 1993. pp.169-170.

期間中においては同居し和合の可能性をさぐり，それでも関係修復が不可能である場合には，再度離婚宣言を行い，再び熟慮期間を置いて「破綻」を確認した後に最終的な離婚宣言をすることが適法であるというものである。[38]これに対してパキスタンおよびバングラデシュでは，「ムスリム家族法令」が第7条で夫の一方的な離婚宣言規制も規定する。ただし離婚宣言後，夫はすみやかに書面で離婚宣言の事実を書面で，正本を仲裁評議会の議長に，副本を妻に届けなければならない。離婚制限の通知から30日以内に，仲裁評議員の議長は仲裁評議会を構成し，この夫婦の和合をはかるが（第(4)項），和合が整わない場合には，離婚宣言の通知から90日間経過後に離婚の効力が生じる（第(3)項）。妻が懐胎中である場合には，分娩まで婚姻解消の効果が生じない（第(5)項）。

C．改宗

イスラーム法では，ムスリムたる配偶者の改宗（背教罪）は婚姻解消原因とされるが，「ムスリム婚姻解消法」によれば改宗当事者の性別によって異なる。すなわち夫の改宗[39]は，改宗の事実によって当然に婚姻を解消するが，妻の改宗は婚姻を解消させず，妻が改宗後にさらに「ムスリム婚姻解消法」に基づきムスリムである夫との離婚を請求することが認められる（ムスリム婚姻解消法第4条および第4条但書）。ムスリムのみに適用されるはずのパーソナル・ローが，すでにムスリムではない改宗者がムスリムとの離婚をするための典拠となり得るのは奇妙にも思われるが，このような規定が設けられた理由は，南アジアに支持者が多いハナフィー派法では妻による裁判離婚請求がほとんど認められなかったため，妻が離婚を望む場合には便宜的に改宗し，婚姻を解消させた後に再びイスラームに入信しなおす慣行があったためである。本条は，この慣行を明文法化し，妻の請求による婚姻解消の可能性

---

38 Masroor Ahmad v State 2008 (103) DRJ 137.「ビドアの離婚」が許容されてきたのは，イスラームの真の教えを理解せず，夫の離婚権の濫用の結果であるとする。なお，この他，離婚宣言を巡る争点と判例の動向についてはラウ論文を参照のこと。
39 イスラーム刑法上，改宗は背教罪とされるが，インド帝国時代にイスラーム刑法は廃止されイングランド法が移植された。夫の改宗に基づく婚姻解消は，判例法により確認されている。Sarwar Yar Khan v. Jawahar Devi, 1964 (1) Andh WR 60.

を拡大した。ムスリム女性の離婚手段の1つとして導入したため，もともと異教徒であった女性が，ムスリム男性との婚姻のためイスラームに入信したが，イスラームの信仰を棄てて従前の宗教に戻る場合には，同法に基づく婚姻解消を認めない（第4条第2但書）。

D. 成年選択（Option of Puberty）

前述のように，ムスリム法上の婚姻適齢は一般法上の基準より低く，かつ婚姻適齢に満たない者についても，婚姻後見人の同意により婚姻を挙行することが可能であるため，婚姻を強制された当事者が，成年に達した後に当該婚姻の取消請求が認められてきた。「ムスリム婚姻解消法」第2条（viii）項は，父またはその他の後見人により16歳未満で婚姻強制された女性の婚姻取消請求を定める[40]。しかし同法に基づいて裁判所に取消請求をすることができるのは，床入りがなされ婚姻が完成する以前に限定され，相手方と自由な意思に基づき同居を継続していた場合には，婚姻への同意をしていたものとみなされる[41]。

E. 裁判離婚

上述のように，ハナフィー派法では妻による離婚請求はほとんど認められなかったのに対し，植民地時代の立法である「ムスリム婚姻解消法」は，上記D以外にも，夫が有責である場合に妻に離婚請求権を認める。第2条が掲げるその他の妻による裁判離婚請求原因とは，①夫の4年以上の行方不明，②夫による2年以上の妻の扶養遅滞，③夫の7年以上の禁固刑，④夫による合理的理由を欠く性的関係の拒絶，⑤夫の性的不能，ハンセン病または性病，⑥夫の精神病，⑦夫の虐待，⑧その他イスラーム法で認める離婚請求原因に該当する場合を挙げている。

「ムスリム婚姻解消法」は有責主義を採用するが，判例法で破綻主義が採用されている。すなわち，例えば夫が妻の扶養義務を懈怠し，妻が和合不可能として離婚請求し，裁判所が婚姻関係の破綻を認める場合には，神の命令

---

40 詳細は拙稿「インド」柳橋博之編『現代ムスリム家族法』（日本加除出版社，平成17年）330-331頁。
41 Malik, p.75.

があったとして離婚の決定をすることができる。[42]
F．その他イスラーム法で認められる婚姻解消

　イスラーム法では離婚宣言以外にも夫による複数の離婚またはこれに準ずる手続[43]，妻が財産上の権利を放棄する対価として離婚を申込み，夫の同意により成立する<u>身請け離婚</u>（フルウ）の制度および<u>相互免除</u>（ムバーラアート）もある。だが，インドでは従来離婚宣言の規制がなかったので，夫の一方的な離婚宣言の中でも推奨されない型とされる<u>上述の「ビドアの離婚」</u>による婚姻解消が行われることが多いとの指摘がある。[44]

(2) 婚姻解消の効果

　婚姻解消により，①待婚期間（'idda）が開始し，場合によりその間の夫の妻扶養義務が発生する。①の満了後は，②元配偶者間の性的関係は<u>姦通罪</u>となり，③女性は再婚が可能になり，また，④未払いの婚資がある場合には即時に支払義務が夫に生じ，⑤死別の場合には生存配偶者が相続権を得る

　ハナフィー派法によると，待婚期間は，離婚の場合には3回の月経期間ないし閉経女性については3ヶ月間とされる[45]。ただし，女性が懐胎しており，待婚期間満了前に分娩する場合には分娩により待婚期間が終了する。待婚期間中，夫は元妻の扶養義務を負い，住居の提供をすることが望ましいとされる。これに対して一般法である「刑事訴訟法（The Code of Criminal Procedure, 1973）」の第125条（a）号[46]は，妻および元妻に対する扶養義務を定め，資力

42　Noorbibi v. Pirbuse AIR 1950 Sind 8.
43　イーラー（īlā'）は，夫が妻との性交渉を一定期間断つことにより婚姻を解消する制度で，背中離婚（zihār）は夫が近親と妻を比較して不満を述べたことに対して妻が夫の謝罪を受け入れるまで同居拒否し，あくまで謝罪しない場合には妻は裁判所に離婚請求することが認められる制度である。このほかに，妻が行う離婚手続と分類されるものとして夫が妻に離婚決定権を委任する制度もあるが，夫に委任是非の決定権があり，いずれも夫がイニシアティブをとる制度とも言えよう。
44　Mulla, *Mulla Principles of Mahomedan Law,* 19th ed., Lexis Nexis Butterworths Wadhwa Nagpur (India, 2010) p.298.
45　マーリク派およびシャーフィイー派は解釈が異なり，月経休止期間3回を待婚期間とする。
46　「刑事訴訟法」第125条は，妻，子および親からの扶養請求を定め，第（1）項（a）号

に欠ける女性は元夫に対して,本人の再婚かいずれか一方の死亡までの期間につき扶養請求をすることができる。一般法の保護が,イスラーム法より高いため,イスラーム法により婚姻挙行したムスリム夫婦に適用されるかが1985年に最高裁判所で争われ,非常に高い社会的関心を集め,「シャー・バーノ事件」[47]として著名である。

「シャー・バーノ事件」では,ムスリムで弁護士である夫が長年連れ添った妻を離婚宣言により一方的に離婚したが,妻は「刑事訴訟法」上の離婚後扶養を請求した。夫はこの婚姻がイスラーム法により挙行されたことから,パーソナル・ローの適用を受けるべきであり,離婚後扶養の基準はイスラーム法で定めるべきと主張した。最高裁判所は,より女性保護的な一般法を適用することを認めたが,インド憲法の保障する信教の自由とパーソナル・ローへの不当な干渉であるとのムスリム・コミュニティの保守層の抗議と批判が高まった。与党であった国民会議派は,その政治基盤が盤石でなかったことからムスリムおよび保守層と妥協し,その結果として待婚期間中の元夫の扶養義務（第3条第(1)項）,婚資の不払い分の支払義務および裁判所の支払命令（第3条(2),(3)および(4)項）および待婚期間経過後の離婚女性親族の扶養義務（第4条）を定める「ムスリム女性（離婚の権利保護）法」(The Muslim Women (Protection of Rights on Divorce) Act, 1986) が国会で成立した。このため,シャー・バーノ事件における最高裁判決は実質的に形骸化した。夫に代わり一時的に離婚した女性本人の血族が扶養義務を負い,二次的にワクフ委員会に救済を求めることが認められたが[48],結果として女性の離婚後扶養の基準は,他のインド人に比較してムスリム女性について劣る結果となった。[49]

は,夫に資力があるにもかかわらず妻をネグレクトまたは扶養を拒否する場合の扶養請求を妻に認める。(d) 号は扶養額を毎月500ルピーを上限として裁判所が適切な金額を定めるものとする。なお,本項の解釈上,「妻」には離婚した妻で再婚していない者を言うと注釈(b)に記されている。

47　Mohd Ahmad Kahn v. Shar Bano AIR 1985 SC 945.
48　Hyder Khan v. Mehar Unnisa, (1993) Cr LJ 236 (Ker). シャー・バーノ事件をきっかけとして,ムスリム以外のパーソナル・ローはでマイノリティの権利保護意識が高まっているとの指摘がある。Narain, p.15.

2.3. 親子関係
(1) 実親子関係

　婚姻中または婚姻解消後，280日以内に出生した子は「インド証拠法（The Indian Evidence Act, 1872）」第112条により嫡出の子の身分をみとめられ，親は子を扶養する義務を負う。婚姻関係にない女性から出生した子は，母子関係のみ認められる。イスラーム法には日本民法のような認知の制度はないが，生後に嫡出の親子関係の存在を父が認める実子承認（acknowledgement）の制度がある。実子承認は，懐胎の可能性がある時期に父母間に有効な婚姻が成立していたことが明白に証明されず，知られていなかったが，子の出生後に，父母間の婚姻の存在と，妻による婚姻中の懐胎を父たる男性の一方的行為により認める制度である。子に嫡出の子としての身分を与え保護することがこの制度の目的であるが，父子関係の成立を容易にするため，実子承認には形式的要件の定めはなく，父が公然と子として扱うことにより父子関係が認めうる。ただし，当該父子関係を否定する明白な証拠の存在が判明した場合や，実子承認以前に第三者たる男性の子として知られていたなどの場合は，実子承認することができない。

(2) 養親子関係

　イスラーム古典法では，養子制度の定めはないが，南アジアでは慣習法上により，養子縁組が行われてきた。インド帝国時代の判例で，ムスリム間の養子縁組につき，親の年齢要件（子より12年半以上年長であること）および姦通により出生した子でないことなどの要件を確認した事件がある。その後に制定された「ムスリム・パーソナル・ロー（シャリーア）適用法」(The Muslim Personal Law (Shariat) Application Act, 1937) により，無遺言相続，相続・贈

49　イスラーム法では，婚姻の当事者が交渉して様々な約定を定めることを前提としている。婚資はその典型であり，婚姻中に一定の財産を夫が妻に給付することを約定し，その交渉に際しては妻となろうとする女性の婚姻後見人はじめとする親族がかけあい，より有利な条件で合意すべく交渉する。またこのような婚姻に際して行われる交渉の一環として，離婚後の扶養につき定めることは可能である。

50　Habibur Rahman v. Altaf Ali (1921) 48 IA 114.

与その他のパーソナル・ローに基づき取得する女性の特有財産，婚姻，離婚，扶養，婚資，後見，贈与，信託，信託財産およびワクフに関しては，ムスリムにはイスラーム法を適用し，慣習法を適用しないと規定した（第2条）。養子縁組につきイスラーム法上に規定がなく，南アジアでは明白な禁止もしてこなかった。ムスリムがイスラーム法以外の慣習法で締結した養子縁組の効力が明確に判例法上否定されたことはない[51]。将来的にムスリムも対象とする一般法たる養子法が制定されれば，ムスリムに養子縁組が認められる余地はある。

　これに対して，パキスタンには，相続や離婚後の子の監護権に関連して「養子」の扱いが問題となった判例がある[52]。養子縁組がイスラーム法以外の何らかの規範で行われていることを前提とするが，いずれにおいても養子縁組がどの法により成立したのかに言及せず，イスラーム法では実子と同等の権利や保護を保証しないと判示する[53]。イスラーム法が養子縁組を法的に認めなかった理由は，姦通罪や実子承認の制度と併せて理解すべきである。イスラーム法では，婚姻中に懐胎されたと推定される子のみが法律上の父子関係，および嫡出の子としての身分を得る。これに対して，夫婦でない男女間に出生する子は，母子関係は認められるが法律上の父は存せず，このような子をその生物学的な「父」が生前・生後に「認知」することは，イスラーム法上の姦通罪を犯したと表明することになるため起こり得ない。これに対して実子承認は，当初は婚姻の成立が明らかでなかったかもしれないが，婚姻中に懐胎した子であることを公に認める制度であるから，イスラーム法上の罪にはあたらない。以上から，ムスリムの死亡に基づき，その相続が問題となる場合には，被相続人の慣習法上の養親と養子の間の同居と扶養の権利義務は，慣習法上の問題であるとされ，養親子間のみを拘束する。これに対して，養父たるムスリムの死亡に基づく相続は，被相続人の血族および姻族に

51　K.B.Agrawal, *Family Law in India*, Walters Kluwer Law and Business,（Netherland, 2010）p.185.
52　相続について SHC-2003 PLD 270，離婚後の子の監護権について，2002 PLD 283.
53　1978 SCMR 214.

関わる問題で，イスラーム法上の親族ではない「養子」は，法定相続人となり得ない。

(3) 後見および監護

イスラーム法では，人，財産および婚姻に対する3種の後見人がある。人に対する後見人とは年少者の養育，身上監護にあたる者を指し，原則として子の母とされる。父母が別居している場合には，子が若年の間は母が父に優先して養育にあたることが認められるが，ハナフィー派では男子が満7歳に達するまで，女子は成年に達するまで母が養育することができる。父母が離婚する場合，母は再婚まで同様に子を養育することができるが，再婚する場合には子の父が養育する[54]。シーア派によれば男子は満2歳に達するまで，女子は満7歳に達するまで母が養育することができる。母が死亡した場合には父，父母共に死亡した場合には父の父が養育する。

パキスタンおよび近年のバングラデシュの判例法では，子どもの後見および監護はクルアーンやハディースに直接由来しない規定に限り，社会情勢の変化によってムスリム法の見直しをすべきとの立場をとり，結果としてムスリム法では母に監護権を認められぬ年齢に至った子についても，引き続き母による監護を認めた[55]。

「後見法」は，「インド成年法」で未成年とされる満18歳に満たない者の人的および財産上の後見人に関する一般法であり，従来はムスリムには一般法ではなくイスラーム法の適用がなされてきた。しかし近年，後見法における後見人の指定が，子の福祉の観点から柔軟になされるようになったのを受けて，ムスリムについても，子の最大の利益確保を念頭におきパーソナル・ローを排して，子により保護的な一般法に基づいて身上監護権者決定をすべきと判断されている[56]。

---

54 Mst.Haidari v. Jawaed Ali AIR 1936 All. 399, Ulfat Bibi v. Bafati AIR 1927 All.581.
55 パキスタンで著名な判例として Mst.Zohra Begum v. Sh. Latif Ahmed Munawwar. バングラデシュで近年注目された事件として Romena Afrin v. Fakir Ashrafuddin Ahmed, 16 BLD (1996), p.234.
56 Poolakkal Ayisakutty v. Parat Abdul Samad AIR 2005 Kerala 69.

「後見法」は，国際養子縁組の手段としてインドおよびパキスタンで用いられてきた。南アジアには一般的な養子法がないので，養子縁組を欲する外国人は，まず「後見法」により裁判所に監護権者として認められた後に，出国許可を得て本国に連れ帰り，養親となった者の本国においてその本国法による養子縁組手続をするのである。

2.4. 相続
(1) 無遺言相続

イスラーム以前のアラブ社会の慣習法においては，被相続人の男系男性血族（アサバ）のみが相続権を有し，女性や配偶者に相続権は認められなかった。聖典クルアーンでは，慣習法上の相続制度を基礎としつつ，女性を含めた一定の範囲の近親を法定相続人とし，相続割合を定める規則を加えたため，被相続人の配偶者や近親には保護的な内容となったが，各々の規則に重複する相続人クルアーン上の相続人とアサバが重複する場合の相続割合の調整が必要となることから複雑な法体系となり，かつ解釈も多岐に分かれる。一般に南アジアに多く分布するハナフィー派は，慣習法を尊重し，シーア派は相続法を再構築した結果，宗派間の差異が際立っている。[57]

相続財産は動産および不動産の双方を含み，葬儀費用や未払いの婚資を含む債務の清算および遺贈の執行を行ったのち，相続人と相続割合を確定する。ハナフィー派では，①クルアーンで相続割合が定められる配偶者，娘，父母等の割当相続人，②慣習法上の相続人たるアサバ（残余相続人）および③その他の血族という3種類の相続人を区別し，アサバに有利な配分となっている。シーア派では配偶者および被相続人の血族の2種類を相続人とするが，原則として被相続人の血族のうち親等の小さい者が優先的かつ排他的に配分を受ける。

相続は実質的には被相続人の所属する学派あるいは慣習法が適用されるが，南インドでは，ムスリムの相続に関する一般的な成文相続法はない。慣

57　Paras Diwan, 1999, p.181.

習法による相続を行うコミュニティを除いて，原則として各当事者が所属する学派の相続法に従う。「ムスリム・パーソナル・ロー（シャリーア）適用法」第3条は，ムスリム宣言の手続きを定め，この宣言を行った本人およびその未成年者たる卑属には，第2条で定める無遺言相続，婚姻，扶養等の分野につき，慣習法を適用せずイスラーム法を適用すると定める。[58] 相続および遺言につき固有の慣習法を適用するコミュニティとして，ハナフィー派のクチ・メーモン（Cutch Memon），シーア派のホジャ派（Khoja）およびボホラ派（Bohora）が知られている。これらのコミュニティは，もともとヒンドゥー教徒であったが集団改宗をしてムスリムになった後も，コミュニティ全体の慣習法として一部の分野にヒンドゥー法を引き続き適用してきた。例えばホジャ派は，シーア派少数派イスマーイール派の分派であるが，相続にはヒンドゥー法を適用していた。「ムスリム・パーソナル・ロー（シャリーア）適用法」の制定により無遺言相続はイスラーム法を適用するが，遺言相続および遺贈は固有の慣習法を引き続き適用する。遺言撤回，信託およびワクフはヒンドゥー法ではなく，イスラーム法による。[59] ただし，手続はインドでは統一的にインド帝国時代に制定された一般法である「インド相続法」による。管財人，執行人はインド相続法により指定され，被相続人の財産および権利の代理人として遺産分割を行う。相続執行人は，被相続人の債権回収等の代理行為をする場合には，管財人として裁判所の指定を受けなければならない。

(2) 遺言

遺言対象となりうる財産は，遺言者の財産から葬儀費用や債務を差し引いた残額の1/3を上限とする。遺言能力や方式等は，原則として一般法ではなく，遺言者のパーソナル・ローが適用される。したがって遺言能力の有無を決定する成年年齢は，パーソナル・ロー上の成年とされる。

---

[58] 2条では，無遺言相続，女性が相続，契約，贈与等にもとづいて取得した財産，婚姻，婚姻解消，扶養，婚資，監護，贈与，信託，信託財産およびワクフについては，ムスリムにはイスラーム法を適用すると規定する。

[59] Fyzee, 1993, 71-72.

3. 国際私法による南アジア・ムスリム法の適用

3.1. 不統一法国法の指定と適用上の問題

　日本に在住するムスリムであるパキスタン人夫婦が離婚しようとする場合，日本の国際私法が，離婚という法律関係につき最も密接な関係がある場所（国）を特定し，その場所で行われている離婚法により日本で離婚の可否を決めることになる。日本の国際私法である「法の適用に関する通則法（通則法）」第27条によれば，離婚につき夫婦に同一の本国法があれば，同一本国法を適用して離婚可否，方式，効力が決定されることになる。換言すれば，日本国内における外国人夫婦の離婚につき日本法で処理するのではなく，外国法，この場合であればパキスタン法が適用される。そしてパキスタンの離婚に関わる法律の内容を確認して当該夫婦の離婚の可否を判断し，離婚が可能なのであれば，その手続を日本で行うことになる。とはいえ，準拠法として当事者の「本国」法が指定されても，本稿の対象である南アジア諸国には一般法とパーソナル・ローがあり，本国法として国家単位の指定のみでは離婚の可否や方法を決定することができないのである。

　伝統的な国際私法では，関係するすべての国の私法が平等・対等であるという認識のもとで，問題となる渉外的私法関係に最も密接な関係を有する場所を特定し，その場所の法律を適用することが最も望ましい解決をもたらすとされてきた。国際私法によって準拠法として選ばれ適用される法は，原則としていずれかの国家の法である。伝統的な国際私法では各国家の法は統一され，当該国家の領域内で属地的に適用されることを前提としてきた。準拠法選択の方法は，あらかじめ私法関係を婚姻，養子縁組，相続等のような法律単位に分類し，その各々に最も密接な関係を有する場所を設定しておき，各事例についてはいずれの法律関係に属するかを判断した後は，国際私法の規定にしたがって客観的に準拠法を導くというもので，日本では通則法を中心に明文規定が置かれている。

　ところが，世界中の国家の中には，日本の民法のような成文法が当該国全体に統一的に施行されている国ばかりでなく，例えばアメリカ合衆国やオー

ストラリアのように領域内に複数の法域がある場所的（地域的）不統一法国や，本稿の対象である南アジア諸国のように宗教，民族，部族または学派のような要素にもとづいて異なるコミュニティの法が適用される人的不統一法国がある。通則法では，当事者の本国法として不統一法国法が指定される場合には，「その国の規則」，すなわち不統一法国内部の抵触解決規則にしたがって指定される法を，当事者の本国法として適用すると定めている。場所的不統一法国では「その国の規則」を準国際私法と呼び，人的不統一法国では人際法（人際私法）と呼んできた（第38条3項および第40条）。

　多くの国際私法テキストにおいて，インドは人的不統一法国の典型例として挙げられてきた。実際には，すでに本稿で述べてきたように，南アジア法の不統一状態には人的不統一と地域的不統一の双方が見られ，人的・地域的双方の要素で適用範囲が決まる場合もある。本稿の主たる考察対象である南アジアのムスリム家族法は，国際私法では準拠法所属国の実質法秩序の内の一部の法制度とされる。換言すれば，国際私法の指定の対象は，伝統的立場に立てば法域が単位とされてきたため，本章冒頭の例でいえば「パキスタン法」が準拠法である。しかしパキスタン法を準拠法として指定したのみでは，この離婚の可否，方法，効力が定められないので，事件を解決するには至らない。

　通則法第40条では，人的不統一法国に属する者の本国法の決定は，次のようなものである。まず本国内に法の抵触を解決する「規則」があるときは，その規則により指定される法を本国法とする。このような「規則」がないときは，当事者に最も密接な関係を有する法を本国法として直接適用する。第

60　この点において，広義の南アジアの一国であるスリランカでは，「旧キャンディー王国領域に家族の出自を有するシンハラ族で，かつ一般法でなくキャンディー法の適用を選択する」といった場所的および人的適用範囲が重畳的に定められる場合がある。スリランカの多元性については拙稿「スリランカにおける親権・監護権に関する法令および関連条文の概要」外務省平成26年度委託調査報告書参照。http://www.mofa.go.jp/mofaj/files/000077789.pdf (2016.7.17. 確認)。このほか，スリランカの多元性についての先行研究としては千葉正士著『スリランカの多元的法体制西欧法の移植と固有法の対応』アジア法叢書9, 成文堂，1989年，同『アジア法の多元的構造』アジア法叢書23, 成文堂，1998年等が知られている。

38条3項で規定する場所的不統一法国は,「規則」たる準国際私法がない場合においても,理論的には,法域の選択を法廷地国際私法の立場で行うことが可能である。これに対して,第40条は,第38条3項とほぼ同様の方法を採るが,少なくともこれまで本稿で検討してきた南アジアでの状況においては,統一的な明文の人際法規則が認められず,多様複雑な状況にある。属人的適用がなされるパーソナル・ローは,単なる民族,部族,宗教等の集団により決定されるのではなく,特定の宗教が指定されても,さらに学派等に分化されることがある。またこのように帰属する集団によって一定の法が指示される場合でも,この集団の法が家族法全般につき適用されるとは限らず,一部につき慣習法等の他の集団の法が適用される場合もある。これに対して,属人的な適用がなされる「パーソナル・ロー」と別の法体系に属する一般法が,強行的あるいは任意的に,かつ一定の分野に全般的または部分的に適用される場合もある。個々の当事者につき,いずれの法が「パーソナル・ロー」として適用されるかは,原則としてその当事者の帰属意思に基づくべきであるが,雑婚,慣習法と所属集団の法の併存,慣習法の成文化,一般法の制定等により,当事者の帰属のみでは適用されるべき法の内容が特定できない場合が生じる。成文法の条項や表面化した個々の事例において裁判所が適用範囲を明らかにし,場合によっては一定の人際法規則が示される場合もあるが,その対象や範囲は限定的なものに留まる。また,「シャー・バーノ事件」について述べたように,規則が再形成される場合もある。人際法的規則は,原則として不文で,南アジアは言うまでもなく英米法系,判例法主義であるが,判例法が示されている分野ですら,その範囲は個々の事例に即して限定的であり,一般法や成文法たるパーソナル・ローが制定され適用範囲が定められるたびに新たに形成され,成長するのである。そのため複数の判例を検討し人際法的規則の俯瞰を試みざるを得ない。パキスタンやバングラデシュ,インドの非ムスリムには,一般法の固有法に対する優先を前提として「婚姻挙行法」や「夫(父)の属する集団」法の適用という一種の規則性も認め得ないことはないが,近年の南アジアでの判例法の動向を見るとムスリム以外についてはマイノリティ保護,人権保護の理論で従来の父系主義を

見直す傾向が判例法上認め得る。またインドのムスリムについては揺れがある。政治的な動静に呼応して判例法主義であるがゆえに当面は明確で統一的な規則を形成したり固定化する見込みは薄いと思われる。したがって，本稿では，「婚姻挙行法」や「夫の属する集団の法」を南アジアの人際法的規則として確立しているとの断定は避けたい。

外国である法廷地の国際私法の立場で，人的不統一法国の人際法的規則の内容が判断できない場合が想定し得る。不文法の部分が多く，かつ成長しつづけている規則の内容を把握することは非常に困難ではあるが，法廷地国際私法の立場で決定することは妥当ではない。ただし調査を尽くしても，規則が不明である結果，外国法の内容不明の場合として処理をせざるを得ず，結果的に法廷地国際私法の立場で指定する帰結になることは考え得る。

3.2. 日本の判例上の南アジア・ムスリム家族法の扱い

本項では，日本で公表されている南アジア・ムスリム家族法関係の判例を紹介する。なお，(1)，(2)は平成元年改正前の法例（明治31年法）が適用された事例である。

61　David Pearl, *Interpersonal Conflict of Laws in India, Pakistan, and Bangladesh*, (N.M.Tripathi 1981), *Archana Parashar, Women and Family Law Reform in India*, (Sage Publications, 1992) 等は，「夫の所属するパーソナル・ロー」等により一定の抵触規則を認めようとする。実質法上の抵触状況に，複数のレベルがあるとの指摘や抵触規則には今でも妥当する示唆が多いが，これらの書籍が出版された後，特に1990年代後半から現在までの判例法の変更があることには留意しなければならない。
62　山田鐐一『国際私法（第3版）』有斐閣，2004年，89頁。
63　ムスリムに限定しないのであれば，他に東京家裁昭和50年3月13日審判（離婚につき一般法である特別婚姻法と離婚法の適用），仙台家裁古川支部昭和51年2月26日調停（同），大阪地裁昭和53年11月27日判決（認知につきインド民法とする。本文参照），名古屋家裁昭和57年9月29日審判（日本人とインド人の離婚につき反致により日本法適用。本文参照），東京家裁平成13年9月17日審判（パールシー教徒の遺言につき一般法たる相続法適用，本文参照），神戸家裁平成6年7月27日審判（相続につき一般法の特別婚姻法および相続法，反致）がある。

(1) 名古屋地裁岡崎支部昭和62年12月23日判決（判例時報1282号143頁）[64]

　日本人妻がパキスタン人夫を被告として離婚請求した。この夫婦はパキスタンで婚姻し，2人の女児（3歳および4歳）をもうけ日本で生活していた。夫が働かず妻の資力に依存し，奇行や不貞に悩まされた妻が離婚調停を経て裁判離婚を請求した。裁判所は夫がパキスタン人ムスリムであり，夫婦がパキスタンでイスラーム法により婚姻挙行した事を認めた上で，当時の国際私法である法例第16条（夫の本国法主義）により離婚準拠法と指定されるパキスタン法につき検討した。住所（ドミサイル）がパキスタンにあり離婚の裁判管轄権はパキスタンに認められるから，日本法への反致は認められないと認定したうえで，パキスタン法による離婚は，「ムスリム婚姻解消法」が適用され，同法の妻による裁判離婚請求原因である夫の扶養懈怠が認められるから離婚認容し得るとした。また2人の女児の親権者指定については，法例第20条により父の本国法が適用され，パキスタン法が指定される。日本法への反致は認められず，パキスタンの後見法により裁判所が後見人として妻を指定することを相当とした。

　〈解説〉日本への反致の成否を検討した点は注目できる。離婚についてはパキスタン法の「ムスリム婚姻解消法」の適用と参照条文は妥当と思われるが，離婚基準としての本国法を決定するうえで，人的不統一法国たるパキスタンにつき法例第旧27条3項の類推適用をするか否かの言及はなされなかった。またパキスタンの人際法が指定しムスリム法たる「ムスリム婚姻解消法」の適用がなされるとしても，同法の適用の前提として一般法である「特別婚姻法」の適用がないことの説明も必要であると思われる。さらに，親権者指定についてはイスラーム法では一般に母に監護養育にあたる身上監護権は認められるが，日本法でいう親権者と同義ではなく，親権者として日本人女性を指定し得るかは疑問が残る。結論としては対象となる子どもがいずれも年少の女子であることから，所属学派法たるパーソナル・ローが定める期

---

[64] 本判決の判例評釈として大村芳昭「日本人・パキスタン人間の離婚および親権者指定の準拠法」『ジュリスト』1048号。

間，母に監護権を認め得ると考えられる。

(2) 浦和地方裁判所昭和58年12月21日判決（家裁月報37巻2号156頁，判例時報1112号112頁）

　原告たる日本人女性はキリスト教徒であり，夫であるパキスタン人ムスリムとアメリカでキリスト教式の婚姻挙行をした後，パキスタンで同居していたが，妻が体調不良を原因に単身で帰国した。夫は妻に対してパキスタンへの帰国を促したが妻が拒否したので，パキスタンでパキスタン人女性と婚姻している。妻は夫に婚姻継続の意思がないとしてパキスタン法に基づく離婚を請求した。裁判所は国際的裁判管轄権につき検討し，被告住所がパキスタンにあるが，同国で別の女性と婚姻し離婚につき事実上の承諾をしていることから原告住所地である日本に国際的裁判管轄権を認めた。アメリカでの婚姻の成立を認めたうえで離婚の準拠法は法例第16条により夫の本国法たるパキスタン法と認め，キリスト教徒とムスリムの夫婦に適用されるのは「離婚法」であると認定したうえで，「離婚法」の「夫が他の女性と婚姻の外形を有した」ことから離婚請求原因を認め，離婚を容認した。

　〈解説〉詳細な事件背景が不明であるが，この夫婦はアメリカでアメリカ法により婚姻をしたが，本件訴訟提起の時点では日本人の妻のみが日本に在住し，パキスタンに在住するパキスタン人夫とは事実上の離婚合意をしていると思われる。裁判離婚請求の被告たる夫が日本に住所を有しないため，日本に本件離婚裁判に関する国際的裁判管轄権の有無があるかを考察し，認められる場合に離婚の成立および効力の準拠法を決定することになる。本件では，「被告が原告を遺棄した場合または被告が行方不明である場合その他国際私法生活における正義公平上これに準ずると認める場合」にあたる場合には日本の裁判所が国際的裁判管轄権を有するという判例（最高裁昭和39年3月25日判決民集第18巻3号486頁）に基づき，日本に離婚の国際的裁判管轄権を認めたとみられる。離婚の準拠法は，まず当事者双方の宗教を特定した上で，法例第16条の離婚の原因たる事実の発生したる時の夫の本国法としてパキスタン法と指定した。そして裁判所は，特に根拠を示すことなく当事者の

本国における人際法に従い，パキスタンでムスリムとキリスト教徒が婚姻する場合に適用される「離婚法」の「夫が他の女と婚姻の外形を有した」ことをもって離婚請求原因を認めた。

夫の本国法としてパキスタン法が準拠法とされるが，パキスタンの人際法的規則は，一般に夫（父）のパーソナル・ローとされる。そしてムスリム男性は啓典の民であるキリスト教徒女性と，イスラーム法による婚姻が認められている。パキスタンの「離婚法」は，当事者双方がキリスト教徒あるいは宗教を棄教した者に適用される一般法であり，たとえ他方当事者がキリスト教徒である場合でもムスリムの離婚には適用され得ない。したがって，本件については，「ムスリム婚姻解消法」第2条の扶養義務懈怠に基づく裁判離婚を請求するべきであった。

(3) 東京家裁平成15年3月25日審判（LEX/DB 28082167）[65]

日本に在住する日本人の申立人は，パキスタン人夫の弟の子（パキスタン国籍）と養子縁組の許可を求めた。申立人の夫の本国法たるパキスタンには養子縁組法が存在せず，イスラーム法で養子縁組が許されないため，パキスタンで養子縁組類似の全権を申立人夫婦に付与する合意を証書として作成し，日本において養子縁組許可を求めた。裁判所は日本に国際裁判管轄権を認めた上で，養子縁組の準拠法として申立人の本国法である日本法（法例第20条1項）を指定し，パキスタンで作成した証書から法定代理人の代諾（民法第797条）があるとして，民法795条の夫婦共同縁組を許可した。

〈解説〉パキスタンには，養子縁組に関する一般法も成文パーソナル・ローも存しないが，国際養子縁組の手段として，「後見法」により後見人として外国人の養親となろうとする者を裁判所が指定し，当該外国人の本国において養子縁組の手続をとることを容認してきた。ムスリム・コミュニティ全般，特にバングラデシュ国内の議論では，異教徒にムスリムの子を委ね，非イスラーム的な環境で養育させることは望ましくないこと，また国際養子

---

[65] 本件の判例評釈は大村芳昭「婚姻中の日本人とパキスタン人未成年者との養子縁組」『ジュリスト』1267号211頁。

縁組がしばしば人身売買と強制労働に直結することから，国際養子縁組に否定的な意見も強い。個々の事例において裁判所が，その養親に外国で養育されることこそが，この子の最善の福祉にあたると認める場合に限り，外国人後見人に監護を委ねるという形で子どもの保護をはかっている。本件においては，養親となろうとする者の本国法として日本法が準拠法となる。パキスタンでは養子法がないため，本件においては私署証書に基づきパキスタン法上も許容されるとしたが，パキスタンで「後見法」に基づく裁判所の決定を得たうえで，同様の手続をとるほうが本国でのコミュニティの受入を考慮し望ましかった。

次に，判例として公表されたものではなく，筆者が受けた法律相談を基に南アジア・イスラーム法の適用につき考察する。

(4) パキスタン人ムスリムの死亡にともなう相続人の範囲および相続割合[66]

日本に在住するパキスタン人が交通事故により死亡し，被告たる保険会社は保険金（2,000万円）の支払いに同意したが，その受領にあたって法定相続人の確定と相続分が問題となった。通則法第36条により被相続人の本国法として準拠法はパキスタン法が指定される。相続は反致（通則法第41条）の対象になるため，パキスタン国際私法を検討し，被相続人の住所（英米法上のドミサイル）が日本にある場合には法廷地法たる日本法への反致が成立する可能性がある。反致が成立しなければ，パキスタンの人際法を確認し，当事者がムスリムの場合はその所属学派を特定し相続人と相続分を決定することになろう。

---

[66] 詳細は，伊藤弘子執筆，小川富之監修「日本で交通事故により死亡したパキスタン人の相続人および相続分決定について」外国法制事例研究（1）『戸籍時報』692号55-63頁参照。

(5) バングラデシュ人夫婦の離婚および子の親権者指定[67]

　バングラデシュ人ムスリム男性が，日本人女性と婚姻し男子をもうけたが死別し，バングラデシュ人ムスリム女性と再婚した。夫婦間に2人の女子が出生し，前婚の子と共に日本で生活している。妻が家計を支えてきたが，夫の暴力に耐えかねて家庭裁判所に離婚および離婚後の子の親権者指定の調停を申し立てた。

　まず離婚について考えると，バングラデシュ人ムスリム夫婦間の離婚であるから通則法第27条（第25条を準用）により同一本国法たるバングラデシュ法が準拠法として指定される。当事者はムスリムでありイスラーム法により婚姻挙行しているので，離婚につきバングラデシュ人際法により夫の属するパーソナル・ローが選択されていたのであればバングラデシュのムスリム婚姻解消法および当事者の所属する学派法が適用される。したがって妻は「ムスリム婚姻解消法」第2条の扶養懈怠および常習的虐待の裁判離婚請求原因に基づき離婚を請求することが認められ得る。

　親権者指定は，通則法第32条に基づき，子の本国法が父母のいずれか一方の本国法と一致する場合には子の本国法により，その他の場合には子の常居所地法により指定される。前婚の子は常居所地法たる日本法により親権者が指定されることになるが，本件につき請求している「母」は，日本人である子の法律上の母ではないため，原則としてバングラデシュ人父に親権が認められる。後婚の女子については，バングラデシュのムスリム家族法上，本件当事者には「親権」ではなく女子が成年に達するまであるいは婚姻するまで母である原告が後見人として身上監護権を認められ得る。親子関係については日本の国際私法上の反致の対象にならないため，日本人男子をバングラデシュ人「母」が養育するためには，「親権者」指定以外の手段を用いる必要がある。

67　詳細は，執筆伊藤弘子，監修小川富之「バングラデシュ人夫婦の離婚および子の親権者指定について」外国法制事例研究（2）『戸籍時報』707号26-31頁参照。

第2章　ムスリム家族法の変容　143

　以上のように，日本で南アジアのムスリムの渉外的家族関係が問題となった事件が公表されている件数は多くない。事件数自体が少ないのではなく，あえて公表をしていない判例が相当数あると思われるが，上記の判例およびその解説にみられるように，反致等も含んだ詳細な検討をしているとみられる事件でも，人際法への言及や南アジアのムスリム法の把握が未だ不十分と思われる。南アジアの家族法の内容が知られていないため，人際法的規則により指定されるべき法の検討もできず，苦肉の策として内外でインドの成文法として紹介されたことのある一般法を適用したものと思われる事例がある。準拠法として指定される外国法を適用するうえで，全体を把握した後に参照されるべき法規範を特定する作業は煩雑で時間がかかるものであり，得られた「結果」がはたして妥当なものなのか確信を持ちにくい。また対象国の法律事情は刻一刻と変化していくから，継続的に状況を追っていないと個々の事例に適切な規範を探求することができない。

おわりに

　本稿の対象である南アジア諸国のように多元性を呈する国家において行われている「法」には，当該国の立法府によって制定された法律のみならず，宗教法や慣習法も含まれる。西欧においてもかつて多元性はあったが，国家（国王）が制定する法とその裁判所における手続に収斂され，当該国の領域全般に統一的に「近代法」が施行され，宗教法（教会法）の適用範囲はごく限定的になっていったことや，昨今はグローバリゼーションにともなう国境を越えた法統一が進展している点に着目して，南アジアのように国内に複数の法秩序が並存したり，宗教法の適用範囲が広い状況は，日本や欧米諸国に比較して発展途上の状態にあると考える者もある。しかし，宗教法や慣習法には立法府が制定した法律と同等の位置付けや効力を認めるべきでないという考えは，先進国たる欧米諸国の辿った近代化・現代化に他の地域の諸国も続くべきであり，文化的な発展のゴールは共通であるという欧米中心主義に囚われたものであると言えよう。「法」の定義につき詳細に論じることは紙幅の制限からできないが，中世の欧州でも，ポスト植民地時代のアジアやア

フリカの多元性を呈する諸国においても，各当事者が所属する集団の法は当該国家権力により公式あるいは非公式に効力を認められてきた。南アジアではイスラーム法は国家の裁判所で解釈・適用されて，南アジアのムスリム法を確立してきた。宗教法や慣習法は，国家によって効力を承認され取り込まれて公式法となる。たとえ南アジアに存するムスリムが所属していない小派の法であっても，イスラーム法としての効力を認められるならば，その適用を南アジアのムスリム法に取り込み南アジアで効力を認めることは可能であり，その意味では国境のみによってムスリム法の限界づけがなされるわけではない。

　各当事者がその所属する集団への帰属にもとづき定められる法の適用を受け，かような集団ないし法秩序が並存する人的不統一法国と，国内の一定の地域に適用が認められる法秩序が並存する場所的不統一法国とでは，不統一の状況が大きく異なり，人的不統一法国における各法秩序の適用範囲は第三者に予見しにくい。場所的不統一法国の場合は，国際私法において各国の領域毎に法域が異なると考えるのと同様に，その渉外的私法関係に最も密接な場所が示され，いずれの法域（国）の法なのかほぼ特定できる。これに対して人的不統一法国の場合は対象となる人が所属先も場所的にも容易に移動するうえ，パーソナル・ローの存在形式や適用範囲が法廷地の実質法のシステムと異なるため，第三者あるいは外国には各当事者の状況や帰属意思が分かりにくいからである。

　1980年代以降のインドではヒンドゥー・ナショナリズムが高まり，ヒンドゥー教徒と非ヒンドゥー教徒（特にムスリム・コミュニティ）との対立が激化した結果，コミュナル暴動が頻繁に生じたが，パーソナル・ローの改廃への抵抗が非常に激しいため，パーソナル・ローを廃止し一般法で家族法を統一する政策を維持しえなくなった。近年，国民会議派政権下で，一般法であ[68]

---

[68] 独立後，インドの政治の中心であった国民会議派は，憲法第44条に掲げる統一私法施行を目指したが，抵抗が強く1955年代に一連のヒンドゥー教徒家族法を制定した。キリスト教徒およびパールシー教徒の婚姻・離婚法と共に破綻主義採用等，一般法である特別婚姻法および離婚法とほぼ同内容に改正されている。近年，積極的破綻主義（3年間の別居）を採用する離婚法の草案の審議が進められ，改正はほぼ確実とみられていたが

第2章　ムスリム家族法の変容　　145

る「離婚法」およびイスラーム以外のパーソナル・ローについて，積極的破綻主義を採用する離婚制度改革が進められたが，2014年総選挙で与党となった人民党を中心とする連立政権下で保守性が高まり，草案が否決される可能性があると報道されている。[69]「シャー・バーノ事件」からも窺えるように，パーソナル・ローの改正は単なる法改正ではなく，法が立脚する社会の広い分野を含めて転換させなければならない。ムガル帝国のような統一国家でも外圧によっても私法統一をなしえなかったし，マイノリティの権利保護や自由を前提とする現代の社会では，一般法とパーソナル・ローの並存を認めながら，それぞれの改正を進めるほかないであろう。

　不統一法国における実質法のありかたは，国により様々である。本稿は南アジアのうち主としてインドとパキスタンのムスリム家族法につき概観したが，「ヒンドゥー教徒法系」とされてきた南アジアの「マイノリティ」であるムスリムの法律でさえ，成文法や判例法の差異があることが示された。イスラーム法以外の一般法，パーソナル・ローも対象に考察すれば，3国の差異はより複雑と示されよう。また南アジアはインド帝国という地理的・歴史的な共通項があるが，南アジア以外でヒンドゥー教徒法の影響があるミャンマー，スリランカ，シンガポール，マレーシア，フィジー等の地域では，さらに各々の地域の慣習法や宗主国法の影響を受け，異なる様相を呈している。

　国際私法の準拠法決定プロセスで準拠法所属国の実質法の内容が不明である場合に，「近似法」として隣国や同じ法系に属する国の法から準拠法の内容を仮定ないし類推することは適切でないし，本来の準拠法と大きく異なる結果を生じさせる危険がある。しかし，外国の実質法の内容の調査は容易な

2014年総選挙で状況に変化があった。すなわち国民会議派が政治的求心力を失わない総選挙で大敗し，代わりにヒンドゥー至上主義を掲げる政党である人民党（BJP）が政権をとったが，2014年選挙の対象ではなかった上院の議員数が乏しく，連立政権を組みムスリム等の他党との融和政策をとらざるを得なくなった。そのため統一私法施行を進める政策を取りえなくなっている。Subramanian, p.285.

69　離婚率の上昇や同棲の増加など風紀が乱れる可能性が高いとして http://www.thehindu.com/news/national/bill-to-make-divorce-easier-may-be-dropped/article6910089.ece （2016.7.17確認）

ことではなく，実務に携わる者が次々に受ける膨大な他の案件の処理をしながら，特定の事件につき関係国の実質法の内，準拠法として適用される法の内容を特定することは負担が大きすぎる。[70] 本稿で今までに日本で公開されている南アジアの家族関係の判例を紹介したが，人際法的規則についてはパキスタン，バングラデシュは出生時の父のパーソナル・ローあるいは婚姻の際の合意した法とはイスラーム法のいずれかの学派法を示す。当該国の実質法の内容の把握に苦慮している様子がうかがえる。インドはより一般法の適用範囲が広いことと政治的なかけひきから流動的であるため「不明」として法廷地裁判所が直接推定する可能性が高い。当事者にとっては，なんらかの形で裁判所の判決が出て，過程はさておき結果が当事者にとって望ましいものであれば，一応の解決といえよう。あるいは，判断がなされぬまま時間が経過し待ちきれなくなった，あるいは日本の裁判所の判断が意に沿わないものであったら，外国に移って望む解決を得ようとするかもしれない。しかし国際私法が，最も密接な関連を有する場所である準拠法所属国で実際に行われている状況を法廷地で再現しようとするルールであると考えるのであれば，可能な限り準拠法所属国の実質法秩序の把握に努めるべきであり，そのための材料も可能な限り多くの国について充実させる必要があると考える。

---

[70] 筆者は，これまでに何度も法律条文の該当箇所のコピーと，可能であればテキストの該当項目のコピーが欲しいという外国法資料提供の依頼を受けた。日本の六法を念頭に置くと条文を突き止めるのは容易なことで，条文とテキストの該当部分をコピーすれば（少なくとも実務上は）足りると考えるのであろうが，調査には非常に時間と経験の蓄積を要する。筆者が外国に調査に赴き複数の在外日本公館の担当者と話した折に，法務省から外務省本省を通じて法律情報提供を求められるが，どのように調査し回答すれば良いのか分からないし，現地の実務家に問い合わせても法務省が満足するような回答が得られないため対応に苦慮していると聞いた。在外公館の日常の業務を考えるに，領事関係業務と関連があるとは言え家族法専門家が潤沢に配置されているとは考えにくいし，法務省の必要とする情報を収集することは負担に過ぎよう。日本の実務家も案件ごとに外国の実務家に照会をするが，これらの国の実務家にとっては日本の国際私法上，何が必要とされているのか分からず，かつ彼らにとっては非常に当たり前の前提が日本人とは共有できないため，双方共が解決に真に必要な情報を伝えきれていないと思われる。

第2部　シャリーアの現代的実践

第3章
ムスリム・アイデンティティとハラール産業

《解 説》

　本章は，成長著しいハラール産業のマレーシアにおける展開に焦点をあてる。

　福島康博「イスラームに基づく食の安全・安心：マレーシアのハラール認証制度の事例」によれば，ハラールはいわば古くて新しい問題である。すなわちハラール産業にいうハラールは，シャリーアの一部をなすイスラームの食物規定の単なる復活ではなく，ムスリム社会でとりわけ1970年代から顕著となる宗教的アイデンティティの高まりを背景に，伝統的な法規定を合理的根拠と科学的証明手段によって刷新し，拡張したものといえる。古典的には食物（特に食肉）を中心とするハラールの概念は，今や衣料品，医薬品から住宅まで，ありとあらゆるものに広がりつつある。

　マレーシアはいち早くこうした流れに着目し，国を挙げてその国際的拠点となることを目指してきた。2004年8月16日に開かれた第1回マレーシア国際ハラール見本市（MIHAS. 本稿3.5参照）において，バダウィ首相（当時）は，「グローバル・ハラール・ネットワークの窓口」と題する演説を行い，マレーシアを国際的なハラール・ハブへと成長させることが国の政策的な優先事項の1つであると述べている。また，彼はここで，ハラール食品がムスリムのみならず非ムスリムによっても清潔で安全な食品として国際的に認知されつつあるとも主張している。[1] 福島が指摘しているように，食の安全・安心は，ハラール産業を支える重要な現代的価値観の1つである。

　その意味で認証制度はハラール産業の要といえるが，本稿で述べられているように，マレーシアのように中央政府の機関が認証を行っている国は珍し

---

[1] この演説の原文（英語対訳付き）は http://www.pmo.gov.my/ucapan/?m=p&p=paklah&id=2880 参照（最終アクセス2016年3月21日）。

い。認証制度は70年代末に遡り，1980年代初めには連邦政府によるハラール食品の生産，取引，流通の体系的な管理が始まった。それはマレー系ムスリムがマジョリティとはいえ，多民族国家たるマレーシアにおけるハラール産業の発展のためには国家の梃入れが必要というだけでなく，政府が台頭する政治的イスラーム主義の先手を打ってイスラームを国家制度化するという意図があったともいわれる[2]。

　本稿はこうした政治的背景はひとまず措き，シャリーアの現代的実践の1つの形としてマレーシアにおけるハラール認証制度を分析している。同国の認証基準は国際的に定評があるものの，ハラールか否かの線引きは一義的ではなく，認証にあたる個人によっても，文化や慣習によっても異なるイスラーム解釈を反映している。このことは，次章で扱うイスラーム金融にもあてはまる問題である。

堀井　聡江

---

[2] Fischer, Johan, The Halal Frontier. Muslim Consumers in a Globalized Market (New York: Palgrave Macmillan, 2011), 32-36.

「イスラームに基づく食の安全・安心：マレーシアのハラール認証制度の事例」

福島　康博

はじめに

　近年，ハラール食品への関心が日本で高まっている。長引く国内不況や少子高齢化，中国や韓国との政治経済関係の冷え込みなどで不調な食品業界にとって，新たに開拓すべき市場として東南アジアや中東が位置付けられ，これらマーケットにおける特徴的な商品であるハラール食品，ハラールであるか検査・保証するハラール認証制度，さらにはその背景にあるイスラームへの注目が集まっている。

　他方ムスリムにとっては，何を口にすべきかという食の選択はイスラーム法によって規定されている事柄であり，イスラームへの信仰そのものとなる行為である。これは同時に，食費にかけられる所得の問題，イスラームに適している食材かどうかを判定する食品化学の問題，そして世界各地で製造された食品がどこでも簡単に手に入れられるグローバリゼーションなどの問題も密接に絡んでいる。すなわち，ムスリムによる食への関心と信仰の関係性は古くからの問題であるとともに，そのことを確証するハラール認証制度は現代的な問題であるといえる。

　現代的な側面にさらに着目すると，トムソン・ロイター（2012）の調査によれば，ムスリムによる2012年の食料品と飲料の消費額は，1兆0,880億米ドルにのぼり，世界全体の16.6％に匹敵している。さらに2018年には，17.4％に相当する1兆6,260億米ドルまで拡大すると予想されている。中でも，消費額が大きい上位3ヵ国は，東南アジアのインドネシア（1,970億米ドル），西アジアのトルコ（1,000億米ドル），および南アジアのパキスタン（930億米ドル）と，人口規模や所得水準が高い国が上位に位置づけられている。他方，イスラーム諸国への肉類の輸出額上位5ヶ国は，アメリカ，ブラジ

ル，オランダ，ドイツ，オーストラリアで，南北米・欧州諸国が中心となっている。ここから，ムスリムのためのハラール食品市場の一部は非イスラーム諸国によって支えられている構造をみてとれる。

　本稿は，現代におけるイスラーム法の実践の一例としてハラール食品とハラール認証制度を取り上げる。中でも，日本の食品メーカーからの注目が高く，またハラール認証制度やハラール食品市場の重要性と充実度がイスラーム諸国の中でも高い水準にあるマレーシアの事例を取り上げる。具体的には，まず1. において，ムスリム消費者にとっての食の安全・安心という視点から，イスラーム法の実践の中にハラール食品を位置付ける。次に2. では，マレーシアのハラール認証制度に注目し，認証基準である MS1500：2009，認証機関である JAKIM，認証制度を補完するファトワー，および認証の仕組み・流れについて見ていく。こうしたハラール認証制度の下にあるマレーシアのハラール食品市場について，次の3. では，いくつかの実例を取り上げる。具体的には，食品メーカー，レストランとケータリング，物流と小売店，および政府開催の見本市について，具体例を検討する。そして4. では，マレーシア以外の中東・東南アジアの事例を取り上げ，マレーシアと比較検討を行う。これにより，マレーシアでのイスラーム法の実践に基づくハラール認証制度や認証機関が，他のイスラーム諸国と異なることを明らかになる。そして，これらの相違が非イスラーム諸国，特に日本の国内市場や日本企業が直面する際発生するであろう問題点も，あわせて検討する。

1. 食の安全・安心とイスラーム

　安全で安心できる食事をしたいという願いは，おそらく世界の万人に共通するものであろう。ただし，何をもって安全で安心できる食事とみなすかは，客観的な指標と主観的な判断とが関係している。そこで本節は，まず食の安全・安心という概念を確認する。これを踏まえた上で，次にムスリムにとっての食の安全・安心のあり方を検討する。そして最後に，これを保証する制度としてハラール認証制度を位置づけたい。

1.1. 食の安全・安心

　昨今の日本では，食（品）の安全・安心という言葉を様々な場面で目にする機会が多い。行政・官公庁，食品メーカー，レストラン業界，消費者団体，マスメディアなど，およそ食に対して関与している組織・団体が，積極的にこの言葉を使用している。頻出のきっかけは，おそらく2001年に発生したいわゆるBSE騒動，これを受けた2003年の食品安全基本法施行，および同法を根拠とする食品安全委員会の設置など，食をめぐる意識と状況，制度が2000年代以降大きく変化したことにあると推察される。

　食の安全・安心という概念はいささか抽象的であるため，より具体的に考えてみたい。まず，安全と安心がそれぞれ何を指すかだが，一般的にはそれぞれ客観的判断と主観的判断に基づくものと考えられる。例えば山形県環境エネルギー部食品安全衛生課のホームページでは，これらは次のように説明されている[3]。すなわち，食品の安全とは「食品に危害の要因が存在することで生じる人の健康への悪影響が起きる確率と影響の程度（リスク）」が低い状態のことで，その高低は「科学的，客観的に分析，評価」される。これに対して食の安心とは，食に関して「心に不安が少ないかない状態」を指すとしている。不安を抱くか否かの判断基準は主観的であり，ある状態の食品を安心と感じるか否かは，人によって異なることもありうる。そのため，消費者が各食品に対して安心感を抱く理由として，科学的・医学的知見に基づく安全性が確保されていることを挙げることはあっても，科学的に安全性が保証されているからといって，それがそのまま安心して口にできる食品だと全ての人から認識されるとは限らない。

　この例として，コチニール色素（cochineal extract）の事例をみてみたい。コチニール色素とは，中南米原産のコチニールカイガラムシ（別名臙脂虫（エンジムシ））の体液から抽出されるカルミン酸（carminic acid）を中心とする赤色の着色料である。食品においては，「コチニール色素」「カルミン酸色素」「着色料（コチニール）」「着色料（カルミン酸）」といった名称でジュース

---

[3] 山形県環境エネルギー部食品安全衛生課　https://www.pref.yamagata.jp/ou/kankyoenergy/020071/40/40-01.html（2016年5月1日閲覧）

や菓子類，ハム，かまぼこなどに添加されることがある。医薬品や医薬部外品・化粧品の場合は，「コチニール」「カルミン」「カルミン・コンジョウ被覆雲母チタン」「カルミン被覆雲母チタン」といった名称で口紅やアイシャドーで使用されている。コチニール色素は，アナフィラキシー（急性アレルギー反応）を稀に引き起こすアレルギー源であるとして，消費者庁より2012年5月に注意喚起が示されてはいるものの，使用そのものについては安全性が高いとして禁止されてはおらず，これを含む食品・医薬品が国内で販売されている。

　安全性が示されているコチニール色素を含む食品・医薬品に対し，消費者の間には肯定的にとらえる意見と否定的にとらえる意見とが存在する。肯定的な意見としては，「同じ赤色の着色料であるタール色素よりも，コチニール色素の方が安全性が高い」，「昆虫から抽出される天然由来の成分であり，化学合成された添加物よりも害は少なそう」といった主張がなされている。他方，コチニール色素入りの食品を口にしたくない人々の代表的な意見としては，「虫の体液を口にするのは気持ち悪い」，「菜食主義なので，動物を食べるのには抵抗がある」，「赤い色が昆虫由来とは知らず，騙された気分だ」といった声が挙がっている。いずれの立場にせよ，科学的な安全性という客観的判断は共有されているものの，それを口にしたいか否かという主観的判断，すなわち安心感が得られるかどうかは人によって異なっている。

　このような考え方の違いは，安全と安心，あるいは客観的判断と主観的判断との関係性を示している。コチニール色素入り食品を飲食する者にとっては，コチニール色素は人体には有害ではないという科学的知見に裏打ちされた安全性をもって，口にしてみようという安心感に繋がっている。他方，飲食否定派の人たちからみれば，そのような科学的知見があっても安心感が醸成されず，むしろコチニール色素が含まれていない他の食品への安心感を抱くことに繋がる。

4　消費者庁「ニュースリリース　コチニール色素に関する注意喚起」 http://www.caa.go.jp/safety/pdf/120511kouhyou_9.pdf（2016年5月1日閲覧）

1.2. ムスリムにとっての食の安全・安心

　食の安全・安心への関心は，日本人のみならずイスラーム諸国の消費者の間でも高まっている。すなわち，客観的安全性が高くまた主観的判断からも口にするのが好ましいとみなされる食品を，そうでない食品と比べてより積極的に選択するムスリムが増えている。イスラーム諸国における食の安全・安心への関心の高まりには，いくつかの理由が考えられる。まず，所得水準，とりわけ可処分所得の向上により，食料品や食事に対してこれまで以上に支出することが可能となった点が挙げられる。次に，食品の製造に関する技術の向上により，より良い多様な食品が安価で供給されるようになった点が挙げられる。そして，グローバリゼーションの進展により，これまでは口にすることがなかった外国産の食品を簡単に購入できるようになったことを指摘できる。以上の3点は，ムスリム消費者にとっては，いわば食材や食品などの選択の余地が増加していることを意味する。

　食に関する選択肢が増えれば増えるほど，ムスリム消費者にとっては何を基準として選択を行うかが重要となってくる。食の安全・安心の観点から見れば，安全性が高いという客観的判断および安心できるという主観的判断に基づいた食品を選択することになる。その際，ムスリムにとって重要な判断基準となるのがイスラーム法である。イスラーム法には，食に関する様々な規定が存在する。中でも，食材や調理方法の規定に基づいているのがハラール食品である。すなわち，ムスリムにとって安全・安心な食品がハラール食品ということになる。

　イスラームでは，何を飲食すべきかという原則的なルールとして，クルアーンの第2章168節で「人々よ，地上のもののうち，許されたよきものを食べよ。」と定めている。ここで重要となるポイントは2点ある。1つは「許された」で，アラビア語ではハラール（$ḥalāl$）という。これはイスラーム法に基づく法規則（$hukm$）であり，人間の行為の五分類の3番目である「合法」を指す。そのため，ハラールとみなされる食材・食品を飲食することは，イスラーム法上認められる行為であり何ら罰則は伴わない。そしてもう1つの要点は「よき（もの）」の部分である。これはトイイブ（$toyyib$. アラ

ビア語のタイイブ tayyib の東南アジアにおける転訛）と呼ばれる概念で，「健康で純粋な（もの，食品）」を指し，後述するナジュス（「汚れ」を意味するアラビア語の najs に由来）の対義語である。そのためイスラームにおいては，ムスリムが飲食するのに適切なものは，ハラールでありなおかつトイイブであるもの（halalan toyyiban），すなわち「安全であって有害ではない限り，シャリーアの観点から消費が許容・認められるもの」となる。後述するマレーシアのハラール認証制度は，ハラールでありトイイブであることを確証するための基準が設けられている。

　ハラール食品は，イスラームという宗教に基づく判断基準に則っているため，主観的判断すなわち安心の側面のみを満たしている食品と思われがちである。確かに，イスラーム法で示されている飲食が不可とされる食材の中には，イヌやブタのように他の宗教・文化圏において飲食可能とされているものも含まれている。これらは，毒キノコや有害物質のように科学的・医学的見地から飲食ができないというわけではなく，イスラームの教義・価値体系から外れるがゆえに飲食がタブーとなっている。いわばその宗教の教えに基づいた判断であり，信徒にとっては，禁じられた食材が排除された食品によって安心感を得ることができる。

　料理や食品に禁じられた食材が含まれていないことを厳密に証明するためには，科学的・客観的な証拠に基づく判定が必要となる。ハラール認証では，食材や食品・料理の製造・生産工程などに対するイスラーム法と食品科学の専門家の視察，食品からイヌやブタの遺伝子，アルコール成分が含まれているか否かを判定する化学分析などが実施されている。このような科学的巡検・検査を実施することによってはじめて，当該食品・料理がイスラーム法に基づいていることを客観的に示すことが可能となる。

　イスラームに基づくムスリムにとっての食の安全・安心は，一方においてはイスラーム法を判断基準としていることで，主観的判断，すなわちムスリム消費者に対して安心感を与えることを重視しているが，その安心感を与え

5　Halal Industry Development Corporation "Halalan Toyyiban" http://www.hdcglobal.com/publisher/cdh_halalan_toyyiban（2016年5月1日閲覧）

るためには，イスラーム法に反する要素が排除されていることを検査によって科学的に判断することで，その安全性を担保しようと努めている。これを制度化したハラール認証制度は，一方では宗教的・主観的でありながら，他方では科学的・客観的側面を併せ持った現代的な仕組みといえる。

1.3. ハラール認証制度の必要性

　ムスリムにとっての食の安全・安心への願いがハラール認証制度として結実したことは，科学的手法を用いることによって宗教実践の確実性を担保するという意味で現代的であると指摘したが，科学的手法を使用する必要性がある理由として，食品科学技術の向上とグローバル化という2点を指摘できる。

　まず前者の理由についてみてみたい。食品科学の向上は，甘味料，着色料，保存料，増粘剤，酸化防止剤，発色剤，膨張剤，香料などさまざまな種類の食品添加物（food additives）の生成を可能なものとした。これらは，食品の製造・加工を行いやすくしたり，食品の風味や外観を良くしたり，また保存性や栄養を向上させるといった目的のために用いられるものである。[6] 欧州では，コーデックス委員会[7]（Codex Alimentarius Commission）がこれら添加物に対して国際番号付与体系（International Numbering System）によって種類に応じてE番号（E number）と呼ばれる番号を付与し体系化ている。こうした食品添加物は科学的な検査が実施されており，客観的判断に基づく安全性が確保されている。

　食品添加物をイスラームの視点から見た際に問題となるのは，各添加物自体がイスラームに反する原材料から作られているか否かという点と，反するものから作られている添加物が食品や料理に含まれているか否かという点である。後述するマレーシアのハラール認証制度においては，E番号を付与されている添加物はいずれもハラールか否かの特定がなされている。そのた

---

[6] 東京都福祉保健局「食品衛生の窓」http://www.fukushihoken.metro.tokyo.jp/shokuhin/shokuten/shokuten5.html（2016年5月1日閲覧）

[7] Codex Alimentarius Commission http://www.codexalimentarius.org（2016年5月1日閲覧）

め，ノン・ハラールとみなされている添加物を使用している食品にはハラール認証は与えられない。

　他方，認証機関から認証を受けていない，すなわちノン・ハラールであると明確に示されていない食品や料理について，海外旅行などで初めて接した際には自分自身でハラールか否かを判断せざるを得ない場面がある。アルコールやブタ，イヌの肉であれば外見や臭いなどで，場合によっては判断可能かもしれないが，食品・料理の外見だけでは判別しがたい食品添加物の使用の有無やその種類は，個人による推定・判断には限界がある。このような食品科学の高度化が，ハラール認証制度の必要性を生んでいる。

　ハラール認証として科学的手法が必要なもう一つの理由は，グローバル化によってムスリムがハラールではない食品や料理に触れる機会が増加した点である。グローバル社会とは，ヒト・モノ・カネ・情報が以前に比べて国境や地域を超えて自由に往来することが可能となった社会を指す。この点をイスラームと食という観点からみると，ムスリムが暮らす国・地域に，非イスラーム諸国で製造された食品や料理がもたらされる状況が生まれている。先の添加物の事例と同様，その料理や食品にどのような原材料や添加物が使用されているか，これらの分野で一般的な知識しかないムスリムにとっては，イスラームに適ったものか判断はつきにくい。そのため，専門家による認証制度がある方がわかりやすい。逆に，ムスリムが移民や移住，出稼ぎ，留学などの目的で非イスラーム諸国に居住することによって，現地の料理や食品に触れることもある。この際も，一般的なムスリムにとっては，目の前の料理や食品がハラールであるか否かを判断できない状況にある。

　このように，食品化学の発展に伴う添加物の誕生や，グローバル化に伴う非イスラーム諸国・地域由来の食品・料理との接触により，ムスリムがイスラーム法に反する食品や料理に触れる可能性が高まった。そのため，イスラーム法を犯すリスクを避けるべく，イスラームや食品化学の専門家によって当該食品・料理がイスラームに適っていることを保証する必要が出てきた。それがハラール認証制度である。科学技術とグローバル化の進展によってハラール認証制度が推進されたことから，その意味でもハラール認証制度

の登場は現代的な現象といえる。

2. マレーシアのハラール認証

　現代において実践されているハラール認証の実例として，マレーシアの事例を取り上げて検討する。マレーシアのハラール認証制度は，科学技術革新省基準局（Department of Standards Malaysia）によって制定されたハラール認証基準に基づき，マレーシア首相府イスラーム開発局（*Jabatan Kemajuan Islam Malaysia*, JAKIM）が認証機関として，食品やレストラン，屠畜場などにハラール認証を与えている。また，規定にない事項について混乱や疑義が生じた場合は，イスラーム法学者によるファトワー（法学裁定）をもって対応している。そこで本節は，マレーシアのハラール認証制度を構成しているハラール認証基準とハラール認証機関，およびファトワーの概要を明らかにする。特に，ハラール食品に対する認証基準であるMS1500：2009の詳細を検討し，これに基づく認証の過程を確認する。

2.1. ハラール認証基準

　ハラール認証基準とは，ハラール認証機関が用いる，食品等に対してハラール認証を与える際の判断基準である。ハラール認証を与えるということは，当該食品がイスラーム法に合致していることを証明することであるため，その判断基準であるハラール認証基準は，イスラーム法に基づいて形成されることになる。当該食品にノン・ハラールである要因，例えばアルコールやブタ由来の成分が混入していないことを保証する証明であるため，食品化学に関する知見も含まれている必要もある。

　マレーシアでは，食品産業を含めた多様な産業の商品・サービスや業種ごとにハラール認証基準が制定されている。表1は，2016年現在のマレーシアで実施されている，科学技術革新省基準局によって制定されたハラール認証基準とそれぞれの対象となる産業・商品を示している。食料品に関しては，食料・飲料，レストラン，屠畜場等を対象とする「マレーシア基準MS1500：2009　ハラール食品　—製造，準備，取扱および貯蔵—　一般原則（第二次

表1　マレーシアのハラール認証基準とその対象業種[8]

認証基準	名称	対象となる物品・サービス
MS 1500：2009	Halal Food	食品・飲料，レストラン，屠畜場
MS 2200：2008	Cosmetic & Personal Care	化粧品，衛生品
MS 1900：2005	Quality Management Systems	品質マネジメント（コンプライアンス）
MS 2200-2：2012	Penggunaan Tulang, Kulit dan Bulu Haiwan	動物の骨，皮膚，毛皮の使用
MS 2300：2009	Value-Based Management System	価値創造マネジメント・システム
MS 2393：2010(P)	Definisi dan Penjelasan Istilah	用語の定義
MS 2400-1：2010	Logistic – Transportation	物流：　運輸
MS 2400-2：2010	Logistic – Warehousing	物流：　倉庫
MS 2400-3：2010	Logistic - Retailing	物流：　小売
MS 2424：2012	Halal Pharmaceuticals	医薬品
MS 2594：2015	Halal Chemicals for Use in Potable Water Treatment	水
MS 2610：2015	Muslim friendly Hospitality Services	観光

出典：HDC "Halal Standards" http://www.hdcglobal.com/publisher/bi_halal_standards

改定版）」（MS1500：2009）が中心となっているが，食料品の物流についてはMS2400シリーズがもちいられている。また，食料品以外の商品を対象とする基準として，MS2200：2008（化粧品，衛生品）やMS2424：2012（医薬品），MS 2200-2：2012（動物の骨，皮膚，毛皮の使用），MS2610：2015（観光）が存在する。そして，そのようなハラールである商品・サービスを製造する企業の経営やコンプライアンスを対象とする基準としてMS 1900：2005

8　イスラーム金融については，中央銀行であるバンク・ヌガラ・マレーシアや証券委員会がイスラーム法に基づく基準を設けている。

やMS 2300：2009が定められている。

　このようにハラール認証基準が細分化しているのは，1つは食料品，化粧品・衛生品，医薬品といった具合に，商品・サービスを特徴ごとに分類しそれぞれに合わせて基準を設けていることと，もう1つは食品メーカー，輸送・倉庫業者，小売業者，レストランのように製造から消費者の手に届くまでの一連の工程の各段階でかかわる業態ごとに基準を設けているからである。換言すれば，ハラール認証の多様化・細分化は，商品ごとに製造から消費の様々な段階において，ハラールではない要因と場面ごとに接触・混入が発生する可能性が存在し，そのようなリスクを排除すべくルールが産業・状況ごとあわせて基準化された結果といえる。

　マレーシアのハラール認証基準は，科学技術革新省基準局によって制定されるマレーシア基準（Malaysia Standards）の一種である。同局は連邦政府の部局であり，マレーシア国内の各種の工業・農業基準を制定する役割を担っている。また，国際標準化機構（International Organization for Standardization, ISO）に対するマレーシアからの参加機関でもある。MS1500：2009の場合，実際の基準策定にあたっては，同局が複数の作業部会を設置してルール作りを行わせた。各作業部会に参加したのは，(1) 首相府イスラーム開発局，農業関連産業省，国内取引協同組合消費者省，保健省，国際貿易産業省，財務省などの官公庁，(2) ハラール産業開発公社（Halal Industry Development Corporation HDC），連邦直轄領ムフティー事務所などの政府系機関，(3) マレーシア・ムスリム消費者協会などの消費者団体，(4) マレーシア製造業連盟などの生産者団体，(5) マラ工科大学，マレーシア国民大学，マレーシア・プトラ大学，国際イスラーム大学などの教育・研究機関などに分類できる。MS1500は2000年に初めて制定され，当初はMS1500：2000と呼ばれた。その後，2004年に第一次改訂（MS1500：2004）が，2009年に第二次改訂（MS1500：2009）がなされ，現在に至っている。

　MS1500：2009が食品を製造する企業，工場，店舗，屠畜場等を対象とするハラール認証基準であるのに対し，物流を対象とするMS2400シリーズは運用が遅れている。このシリーズは，いずれも2010年に制定されたものの，

運輸業者を対象とする MS2400-1：2010 と倉庫業者を対象とする MS2400-2：2010 が，2013年7月より企業の認証申請の受付を開始した。また，小売業者を対象とする MS2400-3：2010 は，いまだ運用が開始されておらず，今後導入されると思われる[9]。その意味では，マレーシアのハラール認証基準は，ハラール食品産業の諸側面に対応できるよう制度設計がなされているものの，運用面ではまだ不十分な状態にあるといえる。もっとも，物流をハラール認証の対象としている認証制度が存在する国自体極めて少ないため，マレーシアの現状は十分先進的であるといえよう。

2.2. ハラール認証機関

ハラール認証機関とは，食品や飲料，レストラン，屠畜場などに対し，定められたハラール認証基準に基づいて食品・料理が製造されているのかを確認し，適切なものに対してそのことを認定する団体をいう。認証作業は，ハラール認証基準に基づいて行われており，また認証機関であるためにはイスラーム法と食品化学それぞれの専門的な知識を有する専門家を擁している必要がある。マレーシアの場合は，連邦政府の省庁の部局である JAKIM がその役割を担っている。JAKIM は，国内のイスラームに関する事柄を管轄する官庁であり，この一環としてハラール認証を行っている。

世界規模で見た場合，認証機関の役割を政府が担っているのは珍しい事例であるといえる。東南アジア諸国を概観すると，インドネシアでは NPO であるインドネシア・ウラマー評議会内の食品・薬品・化粧品審査機関（*Lembaga Pengkajian Pangan, Obat-Obatan dan Kosmetika, Majelis Ulama Indonesia*, LP-POM-MUI）が，シンガポールでは政府系機関のシンガポール・イスラーム宗教評議会（*Majlis Ugama Islam Singapura*, MUIS）が，そしてタイでは同じく政府系機関のタイ・イスラーム中央委員会（Central Islamic Committee of Thailand, CICOT）が，ハラール認証機関としての役割をはたしている。これら機関は，マレーシアの JAKIM と同様に食品関係の団体ではなく，本来はイス

---

[9] DagangHalal.com "Special Report: Halal Logistics - Part1" http://www.daganghalal.com/halalinfo/HRHalalLogistics1.aspx（2016年5月1日閲覧）

ラームに関する案件を扱う国内の権威ある機関であるという点が共通している。

マレーシアのハラール認証機関は，現在は先述の通りJAKIMであるが，過去には何度か業務移管を経験している。認証制度が始まった1974年は，JAKIMの前身である首相府イスラーム問題局（*Bahagian Hal Ehwal Islam*, BAHEIS）の調査センターが，認証機関として機能した。1994年にBAHEISはJAKIMに改組，認証機関の役割を引き継いだ。その後1998年9月から2002年9月は民間企業のイルハム・ダヤ社（Ilham Daya Sdn. Bhd.）が，また2008年4月から2009年9月までは財務省所管の政府系公社であるハラール産業開発公社が認証業務を行った。このように再三認証機関が変更になったこと，とりわけ官庁と民間企業・公社との間で何度も移管が行われた理由としては，1つは認証取得を希望し申請するマレーシア国内外の企業が増加し，官庁では審査体制の強化や審査官の人員確保に限界があったことと，しかしながら他方では公社や民間企業よりも政府による認証の方が消費者からの信頼が高かった，という点が挙げられる。

JAKIMよりMS1500：2009に基づきハラール認証を取得した場合，食品・飲料は商品パッケージに，工場やレストランは施設内に，それぞれハラール認証取得を示すハラール・ロゴや認定証を掲示することができる。ロゴや認定証の掲示をめぐっては，JAKIMから認定を受けていないにも関わらず添付・掲示した場合は，刑事罰が科されると取引表示法（Trade Descriptions Act）が定めている。そのため，MS1500：2009自体は法律ではないものの，その認定を示すロゴやマークの扱いが法律に規定されることにより，結果的にMS1500：2009が法律と同じように機能しているとみなせる。

2.3. ファトワー

マレーシアにおいて国内のムスリムを対象とするファトワーを発行できるのは，国民ファトワー評議会（National Fatwa Council）のみである。[10] 同評議会

10　他方，州内のムスリムに適応されるファトワーを発行できる機関として，各州政府に

は，アゴン（*Yang di-Pertuan Agon*）すなわち同国の国王によって任命される政府機関で，同評議会の決定を実行する機関が JAKIM である。ファトワーは法律ではないためムスリムに対する拘束力はないものの，その内容や意見に対して反対を表明したり侮辱することは，各州のシャリーア刑法で禁じられている。

ファトワーは，国民ファトワー評議会に対して提出されるマレーシアのイスラーム法に関する質問に対応する形で，評議会での議論をへて発行される。このうち，ハラール食品やハラール認証に関する疑問・質問が寄せられることもあり，同評議会が発行したファトワーは MS1500：2009 を補う役割をはたしている。換言すれば，MS1500：2009 に記載されていない事柄は，国民ファトワー評議会が発行するファトワーで補完することによって，認証制度の運用が円滑に行われているといえる。

MS1500：2009 の規定にない事柄に対してファトワーが示された事例を，いくつかみてみたい。一つは，1995年3月に開催された第37回評議会で発行された前節で取り上げたコチニール色素に関するファトワー[11]である。先述のように，食品を赤く染める添加物であるコチニール色素は，昆虫の体液から作られる。これに対して MS1500：2009 では，動物の血液や不快な動物・昆虫を使用した食品はハラール認証を取得できないと定めている（MS1500：2009, 3-5-1-1-1-g.）。そこから，コチニール色素を使用している食品はハラール認証を取得することが可能か，という疑問が国民ファトワー評議会に持ち込まれた。この点に対して評議会での議論が行われ，次のようなファトワーが出された。すなわち，(1) コチニール色素は，一般的には食品の重量の 0.03-0.06% 程度しか含まれているにすぎない。(2) コチニール色素の生成においては有害成分の処理が行われており，人体には有害ではない。(3) イスラームの最大多数派であるスンナ派内の四大法学派のうち，マーリク派の始

　イスラーム宗教委員会（*Majlis Agama Islam*）が設けられている。これら以外の団体・個人がファトワーを発行することは，マレーシアでは禁じられている。

11　E-fatwa "Hukum Bahan Pewarna（Cochineal）Dalam Islam" http://www.e-fatwa.gov.my/fatwa-kebangsaan/hukum-bahan-pewarna-cochineal-dalam-islam（2014年9月1日閲覧）

祖マーリク（179/795年没）やハナフィー派の始祖アブー・ハニーファ（150/767年没）によれば，動物の血液を口にすることは禁じられるが，昆虫の場合は体液も含めて禁止されていない。以上の点からファトワーは，コチニール色素は人体に有害でない限り，食品の重量の0.03％ないしは0.06％までの範囲で使用を認めた。

これ以外にも，アルコールに関するファトワー，動物の糞便に関するファトワーとが発行されたことがあったが，詳細については4.1と4.2で論じることとする。

2.4. MS1500：2009の概要

MS1500：2009は，序文に続き六つの章，および二点の添付文書（Annex）によって構成される。各章の内容であるが，まず第1章「範囲」は，MS1500：2009が適用される範囲を示している。続く第2章「定義」は，MS1500：2009で使用されている用語の定義を示している。具体的には，シャリーア（Shariah law），ハラール（Halal），ハラール食品（Halal food），ナジュス（Najs），屠畜（Slaughtering），所轄官庁（Competent authority），および施設（Premise）の7語である。第3章「必要条件」は，申請者がハラール認証を取得するために遵守すべき基準を示している。第4章「法令遵守」はMS1500：2009への遵守は所轄官庁によって検査されることを，第5章「ハラール認証」は所轄官庁によってハラール認証が発行されることを，そして第6章「ハラール認証マーク」は認証を受けた商品はそのことを示すマークを掲示できることを，それぞれ定めている。また添付文書では，家禽の屠畜に際しての気絶（stunning）の方法（Annex A）と，ナジュスに接触した場合の洗浄の方法（Annex B）をそれぞれ定めている。

具体的な内容をみてみると，MS1500：2009ではまずイスラームにおける食の原則であるハラールとトイイブの内容を定義している。すなわち，第2章での「ハラール食品」と，トイイブの対義語である「ナジュス」の定義で，表2はその内容を抜粋したものである。これによると，ハラール食品は，シャリーアによって飲食が禁じられているノン・ハラールであるものや

表2：MS1500：2009におけるハラール食品とナジュスの定義

2-3. ハラール食品	2-4-1. ナジュス
ハラール食品とは，シャリーアにおいて許される食品や飲料，ないしはその原材料のことで，以下の条件を満たしているものを意味する。	シャリーアに基づくナジュスとは，以下のものである。
a. シャリーアによってノン・ハラールとされている生物の一部かその製品を含んでいない。あるいは，シャリーアに基づいて屠殺されたのではない生物の一部かその製品を含んでいない。	a. イヌ，ブタおよびそれらの子孫
b. シャリーアに基づくナジュスを含んでいない。	b. ノン・ハラールのもので汚染されたハラール食品
c. 消費するのに安全で，無毒であり，中毒作用が無く，健康を損なわない。	c. ノン・ハラールのもので直接触れたハラール食品
d. シャリーアに基づくナジュスによって汚染された器具を使用して準備，加工ないしは製造されていない。	d. 人間ないしは動物の開口部から排出される液体と固体。すなわち尿，血液，吐瀉物，膿，胎盤，糞便。ブタとイヌの精子と卵子。その他の動物の精子と卵子は除く。人間，およびイヌとブタを除く動物の乳，精子および卵子はナジュスではない。
e. シャリーアに基づいて許されない人体の一部ないしはその派生物を含んでいない。	e. 死肉，ないしはシャリーアに基づいて屠畜されたのではないハラールの動物
f. [ハラール] 食品は，準備，加工，取り扱い，パッケージング，貯蔵および流通の過程において，上記a〜eの必要条件を満たしていない他の食品，およびシャリーアによってナジュスと定められたその他のものから，物理的に隔離されている。	f. ハマルおよびハマルが含まれるか混入している食品ないしは飲料。ハマルとは，アルコール飲料，および酩酊作用のあるもの

出典：MS1500：2009を基に筆者作成

ナジュスであるものを含んでいないもの，中毒症状を引き起こしたり健康を害することがないもの，および人体の一部を含んでいないものが，ハラール食品である。このうちナジュスに該当するものとして，イヌやブタ，人間や動物の開口部から排出される排泄物，死肉，適切に加工処理されていない動物の肉，酒類などの酩酊作用のあるもの（ハマル khamar）[12]，およびハラール食品であってもナジュスと接触したり混入したものが挙げられている。

　第3章では，ハラール認証を申請する食品メーカー，レストラン等が準拠すべき基準を示している。ここでは，ハラール食品がハラールでありなおかつトイイブであるために，ノン・ハラールであるものやナジュスが接触・混入する可能性がある多様な場面が想定されており，第3章の節構成がこのことを象徴的に表している。すなわち「経営者の責任」「施設」「装置，器具，機械および加工用補助機械」「衛生，公衆衛生および食品の安全」「ハラール食品の加工」「ハラール食品の貯蔵，運搬，陳列，販売および提供」「梱包，ラベル表示および広告」といった具合に，ハラール食品に対する原材料から製造，販売へと至る一連の工程ごとに，準拠すべき規定を設けている。これは，ハラール認証が単に使用している食材のみに注目しているのではなく，その製造における製造ラインの構成，調理器具，加工施設もまた検査対象に含めていることを意味する。さらには，販売時の広告のあり方や商品名など，食品・食材の物理的な条件とは関係のない要因も規定している。このようにハラール認証とその根拠であるハラール認証基準には，食品をめぐる多様な側面にイスラーム法が適用されている。

2.5. 認証の仕組み・流れ

　マレーシアのハラール認証制度における企業と認証機関の手続き・対応を，JAKIM[13]とHDC[14]のウェブサイトの記載を基にみていきたい。

　ハラール認証の過程は，申請，審査，承認の3段階に沿って行われる。ま

12　khamarは，アラビア語 khamr のマレーシア語転訛である。本来アラビア語ではワインのみを指す言葉であるが，MS1500：2009では「アルコール飲料および酩酊作用があるもの」と定義している（MS1500：2009. 2-4-1-f）。

ず，MS1500：2009に基づいた認証の対象となるのは飲食物であり，申請を行える業種は，食品の製造業者，流通業・貿易業者，梱包業者，これらの下請け業者，屠畜業者，ホテルのキッチンやフードコート，レストランなどの調理業者である。所在地が，マレーシア国内だけでなく国外の企業・事業所であっても，申請可能である。申請は，JAKIMのハラール・ハブ部門（Halal Hub Division）に対して行われる。申請書類の提出先はJAKIMの事務所，ないしはオンラインでの申請となる。申請に際しては，所定の書類と審査料の両方を提出する必要がある。提出する書類には，次の点を明記する。すなわち，(1) 会社のプロフィール，(2) 会社の登記番号，(3) 認証を取得しようとする商品の名前と特徴，メニュー，(4) 使用している原材料，(5) 原材料の製造者・提供者の名称と住所，(6) 使用している原材料のハラール認証の取得状況，(7) 梱包材の原材料の種類，(8) 製造工程・手順，(9) 食品製造に関する各種の認定証（HACCP, ISO, GHP, GMP, TQMなど。任意），および (10) 工場・レストラン等の地図である。審査料は，製造業者，屠畜場，レストラン・ホテル等の業種ごと，および零細企業から多国籍企業までの企業規模ごとに，100～700マレーシア・リンギットを納付する[15]。

　申請書類と審査料が企業・事業者より提出されると，JAKIMによる審査が実施される。まず書類の記載内容の審査が行われ，次に審査官による実地検査が行われる。実地検査は，イスラーム法の専門家および食品化学の専門家の最低2名により，工場やレストランの巡検や担当者への聞き取りなどが行われる。その後，ハラール・ハブ部門による会議が開催され，書類審査と実地検査の内容を踏まえて認証発行の可否が決定される。

　認証が決定されると，その旨が申請者に対して通知され，商品に対するハラール・ロゴの添付や，工場・レストランでの認定証の掲示が可能となる。

13　Halal Malaysia "Application Procedure" http://www.halal.gov.my/v3/index.php/en/about-halal-certification/application-procedures（2014年9月1日閲覧）
14　Halal Industry Development Corporation "Process & Requirements" http://www.hdcglobal.com/publisher/alias/bhihc_pro_and_req?dt.driverAction=RENDER&pc.portletMode=view&pc.windowState=normal&pc.portletId=Newslatest.newsPortlet（2016年5月1日閲覧）
15　1マレーシア・リンギットは，およそ27円（2016年5月現在）である。

認定の有効期限は2年間で，期限を迎えると再度の申請と審査が必要となる。また，有効期間中であっても申請内容に変更があった場合，例えば原材料の仕入れ先の変更，メニューの変更，工場・店舗の引っ越しなどの場合は，その旨をJAKIMに届ける必要がある。

以上，三段階のプロセスをへてハラール認証が発行されるが，申請書類提出から認証の可・不可の通知までは，JAKIMによれば最長でも2ヶ月以内で完了するとしている。

3. マレーシアの実践例

前節のマレーシアにおけるハラール認証制度に続き，本節では同国のハラール食品市場の現状をみてみたい。具体的には，まずHDCによる統計データから市場を概観し，次に食品メーカー，レストラン，小売店，物流，および見本市の具体例を取り上げていく。

3.1. 統計データ

JAKIMのハラール認証を取得している商品・企業の一覧であるHDCのComprehensive Halal Directory[16]によると，ハラール認証を取得しているのは7,377社，21,698の商品，2,861のレストラン，および93ヵ所の屠畜場である（2016年5月現在）。

このうち，まず企業について注目してみたい。7,377社の企業規模別の内訳を見てみると，零細企業（small industry）が3,669社（49.7％），中小企業（small and medium industry）が2,976社（40.3％），そして多国籍企業（multi-national）が725社（9.8％）となっており，大手企業よりも小規模企業の方がハラール認証取得企業に占める比率が高いことがわかる。

次に取得企業の所在地のうちマレーシア国内をみてみると，表3は州・連邦直轄領別の企業数を表している。これによると，クアラルンプール（690

---

[16] Halal Industry Development Corporation "Comprehensive Halal Directory" http://www.hdcglobal.com/publisher/alias/bu_halal_directory?dt.driverAction=RENDER&pc.portletMode=view&pc.windowState=normal&pc.portletId=Hadir-web.HadirPortlet（2016年5月1日閲覧）

表3：ハラール認証取得企業の所在地

2016年5月現在

地域・州・連邦直轄領名	企業数	比率
マレーシア国内		
ジョホール州	871	12.8%
ケダ州	334	4.9%
クランタン州	165	2.4%
マラッカ州	262	3.8%
ヌグリスンビラン州	290	4.2%
パハン州	242	3.5%
ペナン州	567	8.3%
ペラ州	610	8.9%
ペルリス州	23	0.3%
セランゴール州	1,989	29.1%
トレンガヌ州	114	1.7%
サバ州	281	4.1%
サラワク州	357	5.2%
クアラルンプール	690	10.1%
ラブアン島	14	0.2%
プトラジャヤ	18	0.3%
その他・不明（国内）	0	0.0%
小計	6,827	100.0%
マレーシア国外	550	－
合計	7,377	－

出典：HDC "Comprehensive Halal Directory"

社，10.1％）とセランゴール州（1,989社，29.1％）を併せたクランヴァレー（Klang Valley）地域に4割ほどの企業が集中している。これにシンガポール

第3章　ムスリム・アイデンティティとハラール産業

に隣接するジョホール州（871社，12.8％）と西海岸のペナン州（567社，8.3％）が続いている。他方，東海岸のクランタン州やトレンガヌ州，ボルネオ島のサバ・サラワク両州に所在する企業の比率は相対的に低い。ハラール認証取得企業の国内の偏在には，ムスリム人口比率が高いとされるマレー半島東海岸の各州では企業比率が低い一方で，クランヴァレーやペナン州といった華人比率が高い西海岸の工業地域に集中しているという傾向を見出すことができる。ここから，ハラール認証を取得している企業の地域的な偏りは，ムスリム人口の多寡よりも，産業や企業の基盤の強さという地域の経済的特性に左右されていると推察できる。

　ハラール認証取得企業とムスリムとの関係で言えば，同じくHDCによる2012年の統計データによれば，企業の所有者が，マレー・ムスリムを中心とするブミプトラ所有の企業の比率が34％であるのに対し，華人，インド人，および外国人が所有する非ブミプトラ企業の比率は66％に上っている（HDC：2012）。認証基準に準拠している限り，ハラール食品の製造はマレー・ムスリム以外には行えないというわけではない。むしろこのデータからは，マレーシアのハラール食品産業を支えているのは，マレー・ムスリムではなく非ムスリムや外国企業であると指摘できる。

3.2. 食品メーカー

　食品メーカーとは，食品の原材料に香料・調味料，食品添加物を加味した上で加工食品を製造している企業のことである。マレーシアでMS1500：2009に準拠してハラール食品を製造しようとする場合，食品メーカーが注意すべき点は2点ある。1つは，使用する全ての食材，香料・調味料，食品添加物がハラールであるということと，もう1つは，これらの加工調理から出荷・販売までの工程で，ハラールでないものとの接触・混入を避けることで

17　ブミプトラ（*Bumiputera*）とは，サンスクリット語で「土地の子」の意味。華人やインド人等の移民ではなく，マレー半島やボルネオ島に，中国やインドからの移民が流入する以前から暮らす人びとのことで，具体的にはマレー人，マレー半島の少数民族であるオラン・アスリ，ボルネオ島のサバ・サラワク両州に暮らす各少数民族を指す。

ある。

　まず，ハラール食品を製造するためには，その原材料が全てハラールでなければならない。例えば肉類であれば，ブタやイヌ，あるいはサルのようにその肉自体の飲食が禁じられているため，ハラール食品に食材，調味料として使用することができないものもあれば，ウシやニワトリのように動物の種類自体がハラールであるとして問題ないものの，適切な屠畜を施された肉のみが認められるものもある。また野菜や果物類は，未加工品であれば認証取得が不要である。食品添加物については，E番号を付与されたものであればどの添加物がハラールであるかどうかが公表されているため，ハラールであるものを選択する必要がある。以上，ハラール認証の取得を目指すのであれば，ハラール認証を取得している食材，調味料，添加物，あるいはハラール認証を取得する必要のない食材を揃える必要がある。

　加工食品を製造する際には，食材を全てハラールである物をそろえる必要があるが，これに加えて，製造工程においてノン・ハラールのものやナジュスの混入や接触を避けなければならない。このような混入・接触は，さまざまな場面で発生すると考えられている。MS1500：2009やJAKIM，HDCが想定しているのは，例えばイヌやブタの毛で作った刷毛の使用，工業用アルコールの食品への混入，ノン・ハラールの食品の製造ラインと調理器具を兼用することによって，調理器具を経由してノン・ハラールのものがハラール食品に付着するクロス・コンタミネーションなどである。

　MS1500：2009に基づいたハラール食品を製造・加工するのであるならば，上記二つの条件を必ず満たさなければならない。これは，マレーシア企業であれ外国企業であれ，またマレーシア国内の食品工場であれ外国に所在する工場であれ，適用される条件は同じである。そのため，マレーシアで商品の販売を検討している外国食品メーカーにとっては，どの国に食品加工工場を設置し，またどの国のハラール認証機関から認証を取得するかという組み合わせが大きな問題となる。すなわち，日本にある既存の工場でJAKIMから認証を取得することも可能であるし，また日本企業がマレーシアで工場を新設するか，あるいはハラール食品の製造経験がある現地企業との間で合

第3章　ムスリム・アイデンティティとハラール産業　　173

弁会社を設立し，日本側からノウハウを提供してハラール食品を製造する方法も考えられる。

実際の企業の事例を見てみると，スイスに本社があるネスレ社（Nestlé）は，マレーシア国内に7つの製造工場を有している。マレーシア国内市場向けのための生産はこれらの工場で行われており，同社のウェブサイトによれば，300以上のハラール食品が製造されている。ネスレ社と同様，マレーシアに工場を設立して現地生産を行い，ハラール認証を取得している主要な日系企業としては，味の素[19]（1961年進出），ヤクルト[20]（2004年進出），キユーピー[21]（2009年進出）などが挙げられる。他方，現地企業とジョイントベンチャーを設立する形でマレーシアに進出，現地生産によってハラール食品を製造している例もある。この例として，オマカネ社[22]（Omakane Sdn. Bhd.）を挙げることができる（写真1）。同社は，マレーシア企業であるオーエムコープ社（Omcorp Sdn. Bhd., 1994年創業）と日本の林兼産業[23]（1941

写真1：オマカネ社によるスーパーマーケットでの販売の様子。

18　Nestlé "Nestlé in Malaysia"　http://www.nestle.com.my/aboutus/nestle_in_malaysia/index（2016年5月1日閲覧）
19　Ajinomoto "Ajinomoto Group History" http://www.ajinomoto.com.my/about-ajinomoto-group/ajinomoto-group-history/（2016年5月1日閲覧）
20　Yakult "Yaklut Malaysia -General" http://www.yakult.com.my/html/yakult_my_general.html（2016年5月1日閲覧）
21　Kewpie Malaysia "Who We Are" http://www.kewpie.com.my/?who-we-are=about-kewpie-malaysia（2016年5月1日閲覧）
22　Omakane http://omakane.com/（2016年5月1日閲覧）

年創業，本社：山口県下関市）との間で，マレーシアで2010年に創業された合弁企業である。魚肉ソーセージを製造する会社である林兼産業は，ハラール食品の製造経験があるオーエムコープ社との間で提携することにより，マレーシア国内の工場で魚肉ソーセージを製造し，ハラール認証を取得している。

　マレーシアでの販売を想定して，JAKIMのハラール認証を取得するために外国企業がマレーシアに進出して工場を立ち上げる場合，このような複数の方法がありうる。どの方法が最適かは，当該企業の企業規模や想定しているビジネスの範囲に左右される。

3.3. レストランとケータリング

　マレーシアでは外食産業が盛んであり，自炊するよりも外食の方が安上がりであると言われることもある。そのため，ハラール認証を取得しているレストランは，前述の通り2,861店舗に上っている。

加工食品がハラール認証を取得している場合は，商品のパッケージにハラールのロゴを掲示することが可能となるが，レストランのような店舗の場合は，JAKIMが発行したハラール・ロゴや認定証を店頭に掲示することがで

写真2：マクドナルドの店舗に掲示されているハラール・ロゴ。

23　林兼産業「沿革」http://www.hayashikane.co.jp/kaisha/index6.html（2016年5月1日閲覧）

きる(写真2)。認定証の中には QR コードが印刷されているものもあり，スマートフォンで撮影すれば，業者名，所在地，認証の有効期限などをその場で確認することができる(写真3)。

レストランでハラール認証を取得しているのは，ファストフード店のように全国・地域レベルで店舗展開を行うチェーン店の事業者や街の食堂のような独立した自営業者がある。いずれの経営形態にせよ，ハラールである料理を提供するレストランは，ハラールである食材を調達した上で，ノン・ハラールの

写真3：ハラール認証の認定証。右上に QR コードが印刷されている。

要因を排除して調理を行い，顧客に提供することで認証を取得する。そのため，認証取得の可・不可は，マレー料理，中華料理，インド料理，日本料理，西洋料理，アラブ料理といった料理の種類や起源ではなく，使用している食材とその調理方法に依存する。もちろん，イスラーム地域の料理であるアラブ料理やトルコ料理などがハラールに親和性が高い。他方，ブタを多用する中華料理や味醂などアルコール成分を調味料として使用する日本料理にとっては，食材や調理方法を工夫しない限りハラール認証の取得は困難である。ただしこれらノン・ハラールの要因を排除すれば，中華料理や日本料理であってもハラール認証は取得は可能である。

ファストフード店のようなチェーン店がハラール認証を取得する場合は，JAKIM は系列店の全てでハラール認証を取得することを求めている。なぜなら，同一名称のチェーン店のうちハラール認証を取得している支店と取得していない支店とが混在していると，消費者が混乱をきたす可能性があるか

写真4：イエロー・ページに掲載されているケータリング業者の広告。ハラール・ロゴが掲示されている。

らである。そのためJAKIMは，同じ名称でチェーン展開を行うのであればすべての支店でハラール認証を取得するか，あるいはハラールとノン・ハラールの料理を支店ごとに分けて提供するならば，別ブランドで店舗展開を行うことと定めている。

外資系ファストフード店でハラール認証を取得している典型例として，マクドナルド[24]（McDonald's）を挙げることができる。Comprehensive Halal Directoryによれば，国内188支店にて86のハラール商品を提供している。マクドナルドはグローバル企業であるものの，各国に進出する際には当地での食の好みや傾向を分析し，それに合わせた商品開発を行うことで知られている。マレーシアの場合は，マレー人好みの味のフライドチキンであるアヤム・ゴレン（*Ayam Goreng*）を提供している。またこうした傾向の一環として，全支店で扱う商品はいずれもハラールである。そのため例えば日本マクドナルドがかつて（2012年と2013年）販売していたようなブタ肉を使用した商品は，全く提供していない。ちなみにマクドナルドは，イスラエルではユダヤ教徒向けのコーシャ食品を開発したり，サウジアラビアでは座席やカウンターを男女別に分けるなど，各国のローカル文化や宗教的特徴を踏まえた商品開発や店舗展開を行っている。

ケータリングは，ファストフード店によるデリバリーと専門業者がある。

---

24 マレーシアでの経営主体はGolden Arches Restaurants Sdn. Bhd.

マレーシアでは，結婚式やホームパーティー，家庭での宗教儀礼などで自宅に知人を招く場合や，企業や大学が来客をもてなす場合などで，ケータリングがよく利用される。専門業者の場合，チラシやウェブサイト，イエロー・ページ（職業別電話帳）などの広告でハラール・ロゴを掲示している場合が多い（写真4）。

3.4. 物流と小売店

MS1500：2009によると，ハラール食品は原材料や製造工程だけではなく，工場から消費者の手に届く一連の工程においても，アルコールやブタ肉などノン・ハラールの要因との接触や混入を避けることが求められている。このことから，工場と小売店とを結ぶ物流のあり方，および小売店での販売のあり方もまたハラールであることが求められている。この目的のため，物流や小売店のためのハラール認証制度が構築されつつある。運送業者を対象とするMS 2400-1：2010，倉庫業者を対象とするMS 2400-2：2010，および小売業者を対象とするMS 2400-3：2010である。ただし，先述の通り現状においては，物流企業と倉庫企業を対象とするハラール認証制度は実施されてはいるものの，小売店を対象とする制度は準備中であり，運用にはもう数年かかる模様である。[25]

まず物流であるが，2013年7月より運輸会社と倉庫会社がハラール認証の対象となった。MS1500：2009によれば，ハラール食品と同じ空間にノン・ハラールのもの，とりわけアルコールやブタ（肉），イヌ（肉）などを同時に置くと，ハラール食品のハラール性が損なわれるため，倉庫や冷蔵庫等で貯蔵する際には，両者を物理的に隔てて保管することを求めている。輸送会社の場合は，同じトラックでハラール食品とアルコール等を一緒に輸送することはもちろん，一度ノン・ハラールのものを輸送した場合は，水と砂で計7回洗浄しない限り，ノン・ハラールの汚れは落ちないとして，兼用や頻繁

---

[25] 2014年6月2日，Brahim's Dewina社主催の「日本ハラールセミナー2014」におけるJAKIM担当者発言より。

写真5：スーパーマーケットのノン・ハラール・コーナー。会計は別である。

な転用を禁じている。

物流でハラール認証の取得に関心を示している企業には，マレーシア企業のコンテナ・ナショナル社（Kontena Nasional）やMILS社（MISC Integrated Logistics Sdn. Bhd.）などとともに，日系企業の日本通運が含まれる。同社は，2013年7月に施行された物流のハラール認証基準に基づき，2014年12月に認証を取得した[26]。具体的には，ハラール管理システム構築のための経営体制の強化や，トラック輸送のためのハラール専用車両の導入などの体制作りを行った。

認証制度が実装されていない小売店によるハラール対応であるが，スーパーマーケットなどでは，すでに自主的な取り組みが始まっている。具体的には，ハラール食品とハラールではない食品の売り場を分けるというものである。ノン・ハラール食品コーナーで扱うのは，主にお酒などのアルコール類や，ベーコンやソーセージ，ランチョンミート（肉類の缶詰め）といったブタ肉を使用した加工食品である（写真5）。さらに大手になるとブタの生肉を扱う店舗もあるが，その際はレジを別とし，ムスリムではない華人やインド人がノン・ハラール・コーナーを担当，ビニール袋で何重にも包むなどの対応を取る。また，そのような大手店舗の中には，ブタの肉汁等でよごされないよう，カートやカゴをノン・ハラール・コーナーとハラール・コーナー

26　日本通運「マレーシア日通，日系物流業者として初めて，ハラル物流認証を取得」http://www.nittsu.co.jp/press/2014/20141216-1.html（2016年5月1日閲覧）

とで兼用することを禁じているところもある。

　大手スーパーマーケットだけではなく，小規模なコンビニエンス・ストアにおいても，缶ビールなどノン・ハラールの飲食物を別の棚に陳列し，ムスリムがハラール食品と勘違いして購入しないよう配慮がなされている。今後導入されるであろうMS2400-3：2010に基づく小売店のハラール認証も，現在の各店舗の取り組みに近い基準が採用されると思われる。

　こうした各企業の取り組みを支援する形で，マレーシア政府や政府系開発公社は各州にハラール産業団地（Halal Park）を設置している（ハラール産業開発公社：N.D.）。これは，特別に指定した地域にハラール食品企業を誘致することを目的としたもので，電気・上下水道やハラール物流などのインフラを整えることで生産の環境を確保するともに，団地に進出した企業に対しては各種の免税措置を長期間にわたって与えるなどのインセンティブを設けている。また，いずれも港に隣接しており，原材料の輸入から商品の輸出までハラールの物流も可能である。このようなハラール産業団地は国内に21ヵ所設置されている。

3.5. 見本市

　ハラール産業団地の推進とならび，マレーシア政府によるハラール産業に対する積極的な振興政策の1つが，ハラール見本市の開催である。中でも，マレーシア国内最大規模を誇るのが，マレーシア国際ハ

写真6：2013年のMIHASに出展したネスレ社のブース。

表 4：MIHAS における入場者数と成約額の推移

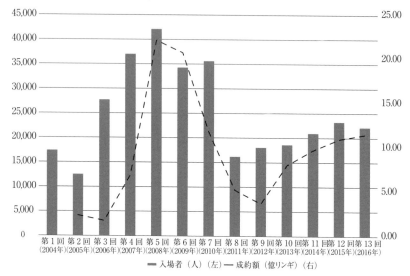

出典：各所を基に筆者作成

ラール見本市（Malaysia International Halal Showcase, MIHAS）である（写真6）。これは，国際貿易産業省とマレーシア貿易開発公社が主催し，HDC が後援を行っているイベントで，2004年に第1回が開催されて以来，毎年3月下旬から4月上旬の時期に4日間にわたって開催されている。このうち最初の3日間は業者による買い付け期間で，最終日が一般公開され商品の展示即売などが実施される。また，これと並行して研究者や実務家による研究発表，実例報告が行われる World Halal Forum や World Halal Research Summit 等の会議も開催される。

　見本市にブース出店しているのは，食品企業のみならず，食器やパッケージング機械といった食品関連企業，およびイスラーム金融機関などイスラームに基づく商品・サービスを提供する産業に属する企業が参加している。また業界団体や地方自治体，監督官庁などもブース出店を行っている。出店者がどこから来たのかをみてみると，開催国であるマレーシアがもっとも多いが，マレーシア周辺のアセアン諸国，中東・北アフリカのイスラーム諸国，

第3章　ムスリム・アイデンティティとハラール産業　　181

また東アジアや欧州，南米など非イスラーム諸国の企業によるブース出店がなされるなど，世界各地から広範な関心を持たれてイベントであるといえる。

　表4は，第1回（2004年）から第13回（2016年）までの入場者と成約額の推移を示したものである。MIHASは，第7回（2010年）まではクアラルンプール郊外の巨大コンベンション施設であるMATRADE Exhibition & Convention Centreで開催されていたが，第8回（2011年）からはクアラルンプールの中心，ペトロナス・ツイン・タワーからほど近い，やや規模の小さい新設のKuala Lumpur Convention Centreへ会場を移したため，入場者と売上とも縮小した。ただ，会場変更以降はそれに合わせて再び右肩上がりの傾向を示しており，この分野に対するマレーシア内外の生産者や消費者の関心が高いことを示している。

4. ハラール認証基準をめぐる多様性

　これまで，マレーシアで実施されているハラール認証制度とそこで用いられるハラール認証基準，およびハラール食品市場と企業の動向を見てきた。このうち，マレーシアのハラール食品産業のあり方を大きく規定しているのは，そのルールであるハラール認証基準である。MS1500：2009は，もちろんイスラーム法を根拠として形成されているが，同時にその中には，イスラームをめぐるマレーシアの固有性が織り込まれている点は見過ごせない。すなわち，マレーシアのハラール認証基準にはマレーシア固有の価値観・考え方が含まれており，他のイスラーム諸国で採用されているハラール認証基準，あるいはその背景にあるイスラーム法の実践や法学派の考え方との間に差異が存在する。

　このことは，マレーシアの認証基準を取得した商品を国内消費者向けに製造・販売する分には問題はないものの，マレーシア国内で製造した製品を輸出する場合やマレーシア国外に存在するレストランがJAKIMから認証を得る場合は，MS1500：2009が求めるものと当該国のイスラーム法の実践との間で離齬を生み出す可能性がある。そこで本節は，マレーシアのMS1500：

2009と他国のハラール認証基準やイスラーム法の慣行，および非イスラーム諸国における商慣行とを比較することでMS1500：2009の特徴と独自性を明らかにする。具体的には，アルコール成分の含有に対する認識，動物の糞便，レストランにおける男女の席の設置，およびレストランにおける補助犬を同伴する客という四つの事例を通じて検討を行う。

4.1. アルコール成分

クルアーンには，「信ずる人々よ，酒，賭矢，偶像，矢占いは，どれもいとうべきものであり，サタンのわざである。それゆえ，これを避けよ。そうすれば，おまえたちはおそらく栄えるであろう。」（5章90節）や「サタンは，酒や賭矢などで，おまえたちのあいだに敵意と憎しみを投じ，おまえたちが神を念じ礼拝を守るのをさまたげようとしているのである。それゆえ，おまえたちはやめられるか。」（5章91節）との記載があることから，イスラームでは飲酒が禁じられているとの理解が一般的である。MS1500：2009にも，飲酒やアルコールに関する規定が細かく定められている。まず口にするのが禁じられているのは，先述のハマル，すなわちアルコール飲料および酩酊作用のある飲食物である。したがって，お酒はハラール認証を取得できない。ただアルコールであっても，発酵食品の製造過程の中で自然発生するアルコール成分については，製品の総重量に対して0.01％未満であれば混入は認められる。また，調理器具を清潔に保つために使用するエタノールなどの工業用アルコールは，食品に混入・残留しない限り使用は認められている。

こうした基準がある一方で，この範囲を超えてもハラール認証を取得している食品もある。その典型例が東南アジアの伝統的食品であるタパイ・プル（*tapai pulut*）やタパイ・ウビ（*tapai ubi*）と呼ばれる発酵食品である[27]。これらは，もち米やタピオカにササド（*sasad*）ないしはラギ（*ragi*）と呼ばれるイースト菌を混ぜ，バナナの葉に包んで発酵させることによって作られる。ボルネオ島を中心に，マレーシアやインドネシア，シンガポールでも伝統的に製

---

27 *tapai* はマレーシア語で「発酵した」を意味する。また，*pulut* は「もち米」，*ubi* は「キャッサバ」をそれぞれ意味する。

造されている。形状や見た目は日本のちまきやういろうに近いが，発酵させているためアルコール成分が含まれており，人によっては酩酊することもある。Dzulkifly（2010）によれば，発酵が始まってから食用に適した72時間後の段階で，アルコール濃度は0.8％ほどになる。

　タパイ・プルやタパイ・ウビは，おそらくこの地域にイスラームが浸透する以前より食されていたと思われ，現在も結婚式のような儀礼で提供される。このような伝統的な食文化の位置づけとアルコール成分，酩酊作用が勘案された上で，タパイ・プルはJAKIMからハラール認証が取得可能な食品とみなしている。また，1984年の第7回国民ファトワー評議会において，これらはハラールである旨のファトワーが発行されている。マレーシアだけではなく，シンガポールのMUIS，[28] インドネシアのLPPOM-MUI（LPPOM-MUI：N.D.）といった東南アジア諸国の主要な認証機関は，タパイ・プルやその系統の食品がハラール認証を取得するのは可能としている。いずれの認証機関とも，「タパイ・プルは，アルコール濃度が低く酩酊作用がない」とみなし，ハラール認証の取得が可能な食品としている。

　タパイ・プルやタパイ・ウビは，イスラーム以前からの東南アジアの伝統文化・儀礼に密接に関連する食品であること，アルコール成分は含まれているものの酩酊作用がないと判断されていることなどから，認証取得が可能である。しかしながらこれに対して，マレーシアのイスラーム以前の伝統文化に由来しないもの，とりわけ中華料理や西洋料理，日本料理等の食品や調味料では，たとえアルコール成分の含有比率がタパイ・プルなどと同程度かそれ以下であったとしても，タパイ・プルほど容易にはハラール認証が取得できない。このことから，ハラール認証におけるアルコール成分混入の問題は，単にアルコール濃度だけで決定されるわけではなく，むしろ当該食品がマレーシア社会や食文化でどのように位置づけられているかに関連していると推察される。

28　MUIS "Tapai fermentation" https://www.muis.gov.sg/cms/oomweb/oom_faq.aspx?id=14820
　（2014年9月1日閲覧）

4.2. 動物の糞便

タパイ・プルやタパイ・ウビのように,地域のイスラーム以前からの伝統とイスラームの教義との間に離齬が生まれた結果,伝統を優先させたもう一つの例として,飲料であるコピ・ルワク(kopi luwak)を指摘することができる。コピ・ルワクとは,ジャコウネコ(ジャワ語でluwak)が食べ糞として排出されたコーヒー豆で淹れたコーヒーのことである。ジャコウネコは,会陰腺から分泌される液体が香水の原料に使用されるほど強い香りを放つ。また,質の良いコーヒー豆を好んで食べるという性質がある。ここから,ジャコウネコが食べたコーヒー豆のうち,糞の中から未消化の実を選んで集めて焙煎,抽出されたコーヒーは,風味が強くまた希少価値があることから,大変高価で取引されている。例えば,日本での店頭価格は豆100グラムでおよそ4,000円前後である[29]。コピ・ルワクは,ボルネオ島やジャワ島,スラウェシ島などマレーシア,インドネシアを中心に生産,各国に輸出されている。

MS1500:2009によれば,動物の糞便はナジュスであり,そのためこれを含む食品はハラール認証を取得することはできない(MS1500:2009, 2-4-1-d)。しかし2012年2月に開催された第98回国民ファトワー評議会では,[30] (1)豆はジャコウネコが排泄したのちすぐに収穫,洗浄すること,および(2)豆の形が崩れておらず,もしもコーヒーに用いず地面に植えた場合芽吹くことができる状態であること,といった条件を満たしている豆については,ハラール認証を取得できるとの見解を示した。同様にインドネシアのLPPOM-MUIも,原則として糞便を用いた食品はハラール認証を認めていないが,コピ・ルワクについては例外的に認めている。

糞便でありナジュスであるはずのコピ・ルワクがハラール認証を取得できるのは,上述のように糞便とはいえ実質的にはジャコウネコが食べる前の自然な状態と同じ状況にあると判断されているからである。しかしながら,タパイ・プルやタパイ・ウビと同様,コピ・ルワクもまたハラール認証制度が

29　日本国内の複数の通信販売サイトより。
30　E-Fatwa "Hukum Meminum Kopi Luwak (Musang)" http://www.e-fatwa.gov.my/fatwa-kebangsaan/hukum-meminum-kopi-luwak-musang(2014年9月1日閲覧)

今日のように運営される以前から商品作物として栽培・輸出されているという実利の側面を勘案して、ハラール認証が付与されていると考えられる。この点もまた、ハラール認証基準が各国の食文化や経済状況を加味した上で構築されていると判断できる根拠の1つといえよう。

4.3. 男女の相席

　地域の慣習がハラール認証基準に対してどのような影響を与えるのかを検討する上で興味深い事例の3点目は、レストランにおける男女の席の扱いである。サウジアラビアのレストランにおいては、男性のみの男性席、女性のみの女性席、および家族に限り男女（親子、兄弟姉妹、夫婦など）の相席が可能な家族席とに分けるのが一般的であり、ローカル資本のレストランのみならず欧米資本のレストランにおいても同様の対応が取られている。家族・親族関係にない男女が同席しないようレストランが席を別々に準備することは、サウジアラビアにおいてはイスラームに基づく行動であると理解されており、レストラン以外でもモスクや学校、旅行などの場面で男女を区別する慣習が存在する。

　これに対してマレーシアのMS1500：2009による、レストランのハラール認証においては、男女の席のあり方は認証の基準に含まれていない。すなわち、レストランの座席が男女別に分かれているかどうかは、ハラール認証を取得の際には不問となっている。マレーシアでは、モスクなどでの礼拝は男女が分かれる習慣がある一方で、レストランでは男女の席を離して飲食する慣習はないことに由来している。

　ただしこのことは、マレーシアでは男女の座席を分けてはならないという意味ではない。近年、クアラルンプールなど都市圏ではアラブ料理のレストランが増えており、アラブ人観光客が利用する事例を多くみかける。その際、アラブ人女性が来店すると、レストラン側は準備しておいた衝立でとり囲むことで女性客が顔を覆うベール（ニカーブ）を外して食事ができるようプライベート空間の確保に努めている。このような対応は、マレーシアの伝統的なイスラーム法や食習慣に基づいているわけではなく、むしろアラブ・

写真7：クランタン州のスーパーマーケット。性別ごとにレジが分かれている。

レストランの経営者の判断によるものである。ただ，このような対応が現在のマレーシアのハラール認証取得における必須要件とはなっていない。

イスラーム法による男女の扱いの違いのあり方は，国や地域によって異なっており，このことが認証制度に影響を与えている。マレーシアの場合は，男女の席の区別が認証基準に織り込まれておらず，この点はサウジアラビアとは異なっている。もっとも，こうした男女間における扱いの違いは，同じマレーシア国内にあっても必ずしも固定的ではなく，地域や対象によって変化しうる。例えば，マレー半島の東海岸でムスリム人口比が高い地域であるクランタン州では，1990年代以降スーパーマーケットにおいてレジを男性客，女性客，家族客に分ける対応をとることが州政府によって勧められている（写真7）。このように，一国内であってもイスラーム法のあり方が画一的ではないため，ハラール認証基準がどのようなものとなるか，ムスリム社会のあり方によって変わる可能性がある。

4.4. 補助犬

イスラーム法の解釈や慣習の相違が，ハラール認証基準の相違を生んでいるが，さらに非イスラーム諸国で共有されている価値観との間でも離齬が生じることがある。そのため例えば，日本企業が日本国内でマレーシアのハラール認証を取得した場合，日本の法律や慣習に抵触する事態が発生しう

第3章　ムスリム・アイデンティティとハラール産業　187

る。その典型例が，盲導犬や聴導犬といった補助犬の扱いである。

　イスラームにおける犬の扱いは，食用が禁じられているほか，触ることも認められていないと理解されている。他方歴史的には，イスラーム地域において牧羊犬や猟犬が使役されていた事実もあり，ムスリムにとって有益であるならばその使用が認められることがある。現代においても，ペットとして飼うことを忌避する国や地域，個人が多い一方で，イランではフランスの協力によって麻薬探知犬が活動している[31]。またマレーシアにおいては，ポリカーボネードの臭いを嗅ぎわけるよう訓練された海賊版DVD探知犬が存在した[32]。

　このように社会の公益に役立つ使役犬が，イスラーム諸国でも用いられている。他方，盲導犬や聴導犬といった個人の生活を支える補助犬については普及が進んでいない。国際盲導犬連盟（International Guide Dog Federation）[33]や国際アシスタンス・ドッグ連盟（Assistance Dog International）[34]といった国際的に著名な補助犬の団体へのイスラーム諸国による加盟はないことから，イスラーム諸国では補助犬の普及が進んでいないのは明らかである。また，イギリスに住むムスリム移民のタクシー運転手が盲導犬を連れた客の乗車を拒否して社会問題となる[35]など，個人レベルでは犬に対し嫌悪感を抱いているムスリムも少なからずいることも確かである。

　そこで問題となるのが，補助犬を伴った非ムスリムが，ハラール認証を取得しているレストランを利用することが可能か，あるいはレストラン側から

31　東京外国語大学「日本語で読む中東メディア」「アフガニスタンにおける麻薬栽培量，21％増加　ハムシャフリー紙」http://www.el.tufs.ac.jp/prmeis/html/pc/News 2005919_881.html（2016年5月1日閲覧）

32　The Telegraph "Police use sniffer dogs in pirate DVD crackdown"(1st September 2008) http://www.telegraph.co.uk/news/uknews/2660149/Police-use-sniffer-dogs-in-pirate-DVD-Crackdown.html（2016年5月1日閲覧）

33　International Guide Dog Federation http://www.igdf.org.uk/（2016年5月1日閲覧）

34　Assistance Dog International http://www.assistancedogsinternational.org/（2016年5月1日閲覧）

35　Mail Online "'Unclean' guide dog banned by Muslim cab driver"（6th October 2006）http://www.dailymail.co.uk/news/article-408912/Unclean-guide-dog-banned-Muslim-cab-driver.html（2016年5月1日閲覧）

見れば補助犬を連れた客の入店を拒否することができるのか，そして受け入れた結果，ハラール認証の取得が取り消されるような措置を認証機関から受けることがあるのかといった点である。これらについては，認証機関によって判断が分かれている。MS1500：2009によれば，ハラール認証を取得している施設ではいかなる種類のペットも持ち込むことを認めておらず，HDCによればペットの中に補助犬も含まれるとしている。結果として，JAKIMのハラール認証を取得しているレストランに補助犬を連れて入店することはできない。

　シンガポールのMUISでも，ハラール認証を取得したレストランに補助犬を連れてくることは原則として禁じている。ただし，(1) 店内に補助犬を連れた客専用のエリアを設けて他のムスリムの客に不快感を与えないこと，(2) 補助犬は常に繋いでおき飼い主のそばに控えさせておくこと，(3) 補助犬に餌が必要な場合はハラールである餌を使い捨て食器にて専用のエリアで与えること，および (4) 専用エリアは常に清潔で公衆衛生に配慮していること，といった条件を満たしている場合に限り，MUISはハラール認証を与えているレストランであっても，補助犬を連れた来店者の入店を認めている[36]。

　これまでマレーシアでは補助犬がほとんどいないことと，また補助犬を伴った外国人観光客も多くないことから，この点が問題化したことはなかった。今後問題化すると思われるのは，JAKIMのように補助犬を認めないハラール認証機関から認証を取得した，日本のような補助犬が普及している非イスラーム諸国にあるレストランは，はたして補助犬を連れた来店者を拒否することができるか，という点であろう。日本では，2003年に施行された身体障害者補助犬法により，レストランやホテル，スーパーマーケットなどにおいて「不特定かつ多数の者が利用する施設を管理する者は，当該施設を身体障害者が利用する場合において身体障害者補助犬を同伴することを拒んで

36　MUIS "Halal Food & Certification" http://www.muis.gov.sg/eservices/faqs/smartsearch.asp?strItemChoice=2005520113524&action=SHOWTOPICS&strSubItemChoice=2005520114026&m_strTopicSysID=20077913544（2014年9月1日閲覧）

はならない」(9条) と義務付けている。ただし，同条は同時に「身体障害者補助犬の同伴により当該施設に著しい損害が発生し，または当該施設を利用する者が著しい損害を受けるおそれがある場合その他のやむを得ない理由がある場合は，この限りでない」との留保条件も掲げている。このため，飲食店が補助犬を伴った来店者に入店を断る事例もある。[37]

このような状況にあるため，今後日本でレストランへのハラール認証が進むと，レストランが宗教上の理由で補助犬を連れた来店者の入店を拒否する例もいずれは発生するだろう。その際は，「宗教の信徒と身体障害者のどちらが優先されるべきか」といった狭隘な議論に陥ることなく，適切な対応策の構築が望まれよう。

4.5. 相違の背景と対応のあり方

これまで取り上げた事例から指摘できるのは，各国のハラール認証機関は認証基準に基づいて認証を行っているが，案件により各国の認証機関の対応が異なっているという点である。ハラール認証基準はイスラーム法に基づいて形成されてはいるのはもちろんだが，国ごとのイスラームの普及以前からの慣習や儀礼，あるいは経済状況にも左右されている。

このことをムスリムではない者がみた場合，イスラーム諸国において必ずしもイスラームに則っているとはいいきれない伝統的飲食物に認証が与えられる一方で，非イスラーム諸国に由来する飲食物には認証基準に厳密に適合しない限り認証が与えられないとの非統一感，不公平感を覚えることもありうる。また，イスラーム法に基づく価値観と非イスラーム諸国で培われた価値観との間で齟齬が生じた場合には，ハラール認証を取得できなかったり，あるいは行動が制限されると感じられる事態も発生しうる。

ハラール認証をめぐる非イスラーム的価値観との相違，およびイスラーム諸国間のイスラーム法の考え方やイスラーム以前からの慣習の残存の相違が，国や地域間の問題を生じさせる原因となりうる。具体的に言えば，マ

---

37 例えば，2010年10月に香川県高松市のうどん店が，盲導犬3匹を含む6名の障碍者一行の入店を，座敷席しか空席がないことなどを理由に断った例など。

レーシアのハラール認証を取得した商品をマレーシア国内で販売する際には問題が発生しないものの，(1) 日本にあるレストランがマレーシアのハラール認証を取得する場合，(2)，日本の食品メーカーが日本（あるいはマレーシア以外）の認証機関から認証を取得してマレーシアで販売する場合，および(3) 日本企業がマレーシアの工場で製造，マレーシアで認証取得した後第三国へ輸出する場合などにおいては，このようなイスラーム法の考えと実践に関する地域間格差，およびイスラームと非イスラームの価値観の相違によって問題が発生する可能性を孕んでいる。

　食品に限らず，物品・サービス一般について，文化的特性や価値観を踏まえて国ごとに異なる販売戦略を実施する企業の事例は多くみられるが，ハラール食品に関しては，その相違の原因がイスラームという宗教に還元されやすい。そのため相違が宗教間の誤解や偏見，文化摩擦というより大きな問題を引き起こす可能性がある。ハラール認証を取得し，ムスリムに対するビジネスを実践していこうと企業が検討しているのであれば，この点を十分考慮する必要である。

おわりに

　本稿は，現代におけるイスラーム法の実践の事例として，マレーシアのハラール認証制度とハラール食品産業を取り上げた。ムスリムにとって何を飲食すべきかは，クルアーンやハディースで言及されている事柄である。そのため，イスラームと食は不可分の関係であり，食はムスリムにとってイスラームの実践の一部となっている。

　そのクルアーンやハディース，過去・現在のイスラーム法学者の学説などを根拠として形成されたハラール認証基準は，酩酊作用のあるお酒やブタ，イヌなどの飲食を禁じている。そして，食品や料理にこれらのものが混入していないことを保証するために，イスラームはもちろん，食品化学の専門家も交えたハラール認証機関が認証を行うハラール認証制度を確立した。認証にあたっては，イスラームと食品化学の知見を用いるため，ハラール認証制度はイスラームに基づくという意味では伝統的なものであるが，同時に最新

の科学技術を用いた現代的な制度ともいえる。

　ハラール認証の対象となる業種は，食品メーカー，レストラン，屠畜場から，医薬品・衛生品の製造業者，さらには運輸・倉庫・小売に拡大している。食品や身の回りの物の製造から販売・消費までの一連の過程全てがハラール認証の対象であり，換言すればこれらの工程のどこかで，ハラールでありなおかつトイイブであるべきという，ムスリムにとって適切な飲食物の条件を損なわせる可能性が潜んでいることを意味する。また，ハラール認証の対象となる業種が多様であるということは，ハラールに適した商品・サービスを提供する産業，すなわちハラール産業もまた多様な業種を内包しているといえる。

　消費者であるムスリムもまた世界でおよそ16億人規模であり，彼ら／彼女らの所得水準も向上しつつあることから，ハラール市場もまた大規模なものであり，グローバル経済にとっての影響力は無視しえないものとなってきている。彼ら／彼女らの安全で安心できる食事をしたいという気持ちは，誰もが抱く自然な感情である。なかでもムスリムの場合は，イスラーム法が食に影響を与えている。ムスリムの安全・安心を実現するために活用されているがハラール認証制度である。食品化学を援用しつつ，多くの業種・産業を包含している点では，現代だからこそ構築しえた仕組みといえよう。

文献リスト

Department of Standard Malaysia (2009), *Malaysian Standard MS1500:2009 Halal Food –Production, Preparation, Handling and Storage- General Guidelines (Second Reversion)*, Kuala Lumpur: Department of Standard Malaysia.

Dzulkifly Mat Hashim (2010), "Unraveling the Issue of Alcohol for the Halal Industry" presented at *World Halal Research Summit 2010*.

Halal Industry Development Corporation (2012), *Opportunities in Halal Economy*, Kuala Lumpur: Halal Industry Development Corporation.

Lembaga Pengkajian Pangan, Obat-Obatan dan Kosmetika, Majelis Ulama Indonesia, (LPPOM-MUI) (N.D.), "Customer User Manual –Manufacturing", Jakarta: LPPOM-MUI.

Liow Ren Jan (2011), *Marketing Halal: Creating New Economy, New Wealth*, Kuala Lumpur : MPH Group Publishing.

Mariam Abdul Latif (2011), "Definition of Halal Terms and Malaysia Halal Standards and Indus-

tries", presented at *Halal Industry and its Services Conference*.
――― (2012), "Malaysia Standards on Halal Logistics", presented at Univetsiti Malaysia Sabah.
Mohd Fakarudin bin Masod (2014), "Toward Halal Certification (Issues and Challenges)" presented at 5th *Penang International Halal Conference* 2014.
Temporal, Paul (2011), *Islamic Branding and Marketing: Creating A Global Islamic Business*, New Jersey: John Wiley and Sons.
Thomson Reuters (2013), *State of the Global Islamic Economy: 2013 Report*, Dubai: Thomson Reuters.
財団法人食品産業センター（2011）『マレーシア Halal 制度の概要』東京：農林水産省。
福島康博（2014a）「マレーシアのハラール認証にみるノン・ハラール要因の混入・接触と排除」砂井紫里編『食のハラール：早稲田大学アジア・ムスリム研究所　リサーチペーパー・シリーズ　Vol. 3』東京：早稲田大学，23-38ページ。
――― (2014b)「マレーシアにおけるハラール認証制度とハラール食品産業」イスラムビジネス法研究会，西村あさひ法律事務所編『イスラーム圏ビジネスの法と実務』東京：経済産業調査会，337-349ページ。
藤本・伴・池田訳（1970）『世界の名著　コーラン』中央公論社。
日本貿易振興機構クアラルンプール事務所（2011），『マレーシアにおける外食産業基礎調査』クアラルンプール：日本貿易振興機構クアラルンプール事務所。
ハラール産業開発公社（N.D.）『ハラル産業団地：ハラル産業の建築区域』クアラルンプール：ハラール産業開発公社。

ウェブサイト

Ajinomoto, http://www.ajinomoto.com.my
Assistance Dog International, http://www.assistancedogsinternational.org
Codex Alimentarius Commission, http://www.codexalimentarius.org
DagangHalal.com, http://www.daganghalal.com
E-fatwa, http://www.e-fatwa.gov.my
Halal Industry Development Corporation, http://www.hdcglobal.com
Halal Malaysia, http://www.halal.gov.my
International Guide Dog Federation http://www.igdf.org.uk
Kewpie Malaysia, http://www.kewpie.com.my
Mail Online, http://www.dailymail.co.uk
Majlis Ugama Islam Singapura, https://www.muis.gov.sg
Nestlé, http://www.nestle.com.my
Omakane, http://omakane.com
Yakult, http://www.yakult.com.my
消費者庁 http://www.caa.go.jp
東京外国語大学「日本語で読む中東メディア」http://www.el.tufs.ac.jp/prmeis/news_j.html
東京都福祉保健局 http://www.fukushihoken.metro.tokyo.jp

日本通運 http://www.nittsu.co.jp
林兼産業 http://www.hayashikane.co.jp
山形県庁 https://www.pref.yamagata.jp

第4章
イスラーム金融の背景――中東と東南アジアの比較

《解説》

　ハラール産業と同様に1970年代から急成長したイスラーム金融は，シャリーアにおけるリバー禁止を基礎とするが，やはり単なるシャリーアの復活ではない。リーマン・ショック（2008年）を契機とする，欧米型の金融制度に代わり得る新たなシステムとしての浮上は，宗教的理念に基づく金融の「健全性」──ハラール食品の安全性に通じる──だけではなく，イスラーム金融のグローバル化という事実を示している。グローバル化と国際経済は，イスラーム金融の仕組みに決定的な影響を与えている。[1] 本章の論文もこの点に関わっている。

　長岡慎介「何が／誰がイスラーム金融を作るのか──理念と現実をめぐるダイナミズムと多様性」は，イスラーム金融の理念と現実およびアクターに焦点をあてている。長岡によれば，イスラーム金融はシャリーアの現代的再構築を目指すいわば「イスラーム法学ルネサンス」（小杉泰）の一環であるが，[2] 参与者はいわゆるウラマーだけではなく，銀行家から法律家や経済学者など様々である。そこでは経済的利益と両立する形で制度のイスラーム性をどう担保するか，という課題が当然生じるが，やはりここでも「イスラーム的」なるものの多義性が明らかになる。長岡は特にマレーシアと中東諸国における解釈の相違が問題となった例を挙げている。他方で，利息は例外なく

1　Bälz, Kilian, *Sharia risk? How Islamic finance has transformed Islamic contract law*, Islamic legal studies programm, Harvard Law School, Occational Publication 9 (Cambridge: Harvard Law School, 2008), 3-4.
2　イスラーム金融と同じくこの潮流に根ざすが方向性が異なるものとして，シャリーアを成文化して既存の法に編入する法のイスラーム化がある。なぜなら，イスラーム金融が望ましいとされる前提は利息の禁止等を明文化した法が存在しないからこそ成り立つからである。Bälz, *ibid.*, 8-12.

リバーとして禁止される（長岡のいう「リバー・コンセンサス」）といった従来のイスラーム金融の大前提の見直しを求める声や、イスラーム金融をもはや「イスラーム」でない普遍的システムとする構想も見られ、今後も新しい展開が続くことが予測される。

　桑原尚子「イスラーム金融における債権譲渡をめぐる諸問題と遅れてきた『近代経験』―マレーシアを事例として―」の中心的なテーマは、マレーシアにおけるイスラーム債券（スクーク）をめぐるシャリーアの現代的な再構成の論理と手法である。これについては古典イスラーム法学における関連論点と学説の概要に基づく著者の詳論に委ねるが、マレーシアにおけるいささか合目的的なイスラーム債券の正当化は、長岡論文が示す同国のイスラーム金融に対するスタンスと相通じる面があるように思われる。

　なお、桑原によれば、マレーシアの通常裁判所においてはイスラーム金融に関する多くの紛争にコモン・ローが適用される。このこと自体は、マレーシアにおける旧宗主国法の影響であるが、コモン・ローとシャリーアの関係という意味では、後者の国際取引法としての位置づけという、イスラーム金融のグローバル化に伴う1つの重要な論点を想起させる。この点に関する先例の1つとしてよく知られているのが、イングランドの法廷でムラーバハ契約のシャリーア上の有効性が争われた「湾岸イスラーム投資会社（バハマ）対シンフォニー・ジェム」事件（2002）であるが、本件は準拠法条項に従ってコモン・ローが適用され、当該ムダーラバ契約も実質的にはシャリーアとは無関係であると認定されたため、シャリーアの解釈論には至らなかった。³ その意味でより重要なのは、同じくムラーバハ契約の有効性が争われた「バーレーン・シャミール銀行対ベクシムコ製薬」事件（2004）で、やはりコモン・ローが準拠法であることが確認されたが、判決はシャリーアが準拠法たり得ない理由にわざわざ言及し、国家法でないことと共に、「不統一

3　詳しくは Bälz, "A murābaḥa transaction in an English court－The London High Court of 13th Feburuary 2002 in *Islamic Investment Company of the Gulf (Bahamas) Ltd. v. Symphony Gems N.V. & Ors," Islamic Law and Society* 11/1 (2004), 117-34. なお、この件では第2章の執筆者の1人マーティン・ラウがイスラーム法の専門家として裁判所に意見を述べている。

性,不確実性」を問題にした。識者・研究者の間では,同様にシャリーアを取引の枠組みとするのは取引の安全にとってリスクであるとの見方と,イスラーム取引法の成熟や国際的認知を通じて時が解決する問題という見方が対立している[4]。この点においても,イスラーム金融の新たな展開が待たれるところである。

堀井　聡江

4　前者の見解については Bälz, *Sharia risk?*, 21-24, 後者の見解については Foster, Nicholas H.D., "Islamic finance law as emergent legal system," *Arab Law Quarterly* 21 (2007), 170-88 参照。

「何が／誰がイスラーム金融を作るのか──理念と現実をめぐるダイナミズムと多様性」

長岡　慎介

　イスラーム金融の成長が続いている。わが国でも，2000年代の半ばから，イスラーム金融の台頭に注目が集まり，「イスラーム」と「金融」という奇妙な組み合わせによる語感から，メディアで幾度か特集が組まれたり，実務家や一般向けの講演会やセミナーが開催されたりするようになった。2010年代に入り，その存在はもはや物珍しいものではなく，国際金融システムにおける重要なアクターの1つであるという認識がわが国でも定着している。

　本節では，そのような成長著しいイスラーム金融に着目し，どのような理念やアクターによってその実践が作られているのかについて考える。そして，理念と現実をめぐるアクター間の論争が生み出すイスラーム金融のダイナミズムと多様性，さらに，そのようなダイナミズム自体を積極的に乗り越えようとする近年見られる新たな動きについて論じることにしたい。

1. 台頭するイスラーム金融──その歴史と現在

1.1. イスラーム金融小史

　イスラーム金融の起源は，1960年代にさかのぼる。この時期にマレーシアとエジプトで萌芽的取り組みが始まった。マレーシアでは，1962年にムスリム巡礼貯金公社が設立された（営業開始は翌年）。この公社は，ムスリムの主要信仰行為の1つである聖地マッカ（メッカ）巡礼のための積立資金を管理することを目的として作られ，その運用にはイスラーム金融の手法が用いられた。1969年には，巡礼管理局と合併し，タブン・ハッジの名称で現在でも国内有数のイスラーム金融機関となっている。

　エジプトでは，1963年にエジプト・ナイル川下流のミート・ガムルで小規模の貯蓄銀行が作られた。この銀行は，農村部の社会開発を担うことが期待され，同地で大きな成功を収めた。残念ながら，ミート・ガムル銀行は，全国展開の前にエジプト政府によって業務停止に追い込まれてしまったが，設

第4章 イスラーム金融の背景――中東と東南アジアの比較

立者であるアフマド・ナッジャールは、この銀行での経験を活かして、その後の数多くのイスラーム銀行の設立に尽力した。

1970年代は、イスラーム金融の興隆期である。その中心は中東の産油国であった。1975年にアラブ首長国連邦で世界初の商業イスラーム銀行（ドバイ・イスラーム銀行）が設立されたのを皮切りに、他の中東産油国（クウェート、バハレーン、カタル、サウジアラビア）でも、イスラーム銀行が立て続けに作られていった。折しも石油ショックによって、膨大なオイルマネーが中東産油国に流れ込んでいた時期である。そのオイルマネーの恩恵を受けた現地の商人たちが、イスラーム銀行の設立を支えたのである。この時期はまた、イスラームの教えをもう一度、日々の社会生活の中できちんと実践していこうというとする「イスラーム復興」がイスラーム世界の各地で浸透し始めていた。自らの信条に反するとして、これまで銀行と取引をしていなかった敬虔なムスリムたちの受け皿として、各国のイスラーム銀行は大いに機能したのである。

中東産油国での成功をうけて、イスラーム金融の世界展開に取り組む企業も登場してきた。1980年代には、サウジアラビアに拠点を置く2つの企業グループ（DMIグループ、アルバラカ・グループ）が、中東を飛び出して世界各地にイスラーム銀行を続々と設立していった。どちらのグループも、ムスリム人口の多い北アフリカ（エジプト、スーダン、アルジェリア、チュニジア）や南アジア（バングラデシュ、パキスタン）に加えて、イギリスやルクセンブルク、スイスのような国際金融センターにも積極的に進出した。DMIグループは、2000年代に入って傘下の銀行のほとんどを売却し、ヨーロッパの富裕層にターゲットを絞った形で業務を縮小したが、アルバラカ・グループは、2002年に金融専門の持ち株会社を立ち上げ、そのネットワークの拡大に積極的に取り組んでいる。

以上で見てきた初期の商業展開のほとんどは、民間活力によるいわゆるボトムアップ型であった。1990年代には、これとは対照的に、政府の強力なイニシアティブによるトップダウン型の取り組みが見られるようになった。その典型がマレーシアである。1983年に東南アジア初の商業イスラーム銀行

（マレーシア・イスラーム銀行）が設立された同国では，1990年代に入って，積極的なイスラーム金融振興策が導入された。1993年には，従来型銀行によるイスラーム金融サービス提供が認められ，大手行のほとんどがイスラーム金融市場に参画した。その後，専用の銀行間市場や決済モデル，所轄官庁における専門部署の設置など様々な制度やインフラが整備されていった。

　このようなマレーシアの積極姿勢の背景には，当時の首相のマハティールの存在がある。マハティールは，1991年に「ワワサン2020」（ビジョン2020）と呼ばれる政策構想を発表し，その中で石油の富に頼らないイスラーム型発展モデルを掲げた。その具体的な成長のエンジンとして，イスラーム金融に着目したのである。1997年のアジア通貨危機は，マレーシアにも深刻な影響を及ぼしたが，その対応の中で，既存銀行のイスラーム銀行への転換が行われた。危機の時でさえ，同国のイスラーム金融はそれを成長の糧に変えてしまったのである。

　2000年代は，イスラーム金融のグローバル化の時代である。イスラーム諸国だけでなく，欧米諸国や各地の金融センターがイスラーム金融市場に参入し，国際金融システムにおける存在感が一気に高まった。その背景にあるのが，原油価格の高騰によるオイルマネーと，それを惹き付ける金融商品の開発である。オイルマネーの存在は，1970年代の興隆期とよく似ている。しかし，1970年代のオイルマネーのかなりの部分が，既存の国際金融市場に流出していってしまったのと異なり，2000年代には，巨額の資金運用の受け皿になりうる金融商品が開発されたことで，イスラーム金融に膨大なオイルマネーが流れこんだのである。その代表的な金融商品がスクークである。スクークは，何らかの実物資産や取引を裏付けに持つイスラーム型の有価証券で，従来型金融の公債・社債や株式を広く代替するものである。このスクークの開発によって，中東産油国やマレーシアでは，イスラーム金融を活用した大型の資金調達が相次いで行われるようになった。

1.2. イスラーム金融の現在

　2015年末時点で，全世界のイスラーム金融資産の総額は，2兆2200億米ド

ルにのぼるとされている。これは10年前の約5倍であり、イスラーム金融が21世紀に入って急速に成長を遂げたことがよくわかる（図1参照）。イスラーム金融サービスを提供する金融機関は、全世界で600社以上に達しており、その業態も銀行から投資会社、ファンド、保険会社まで多岐にわたっている。

地域的な広がりについても、いわゆるイスラーム教徒（ムスリム）の人口比率の大きいイスラーム諸国だけでなく、金融先進国である欧米諸国や国際金融センター（香港やシンガポール）においても、多様なサービスが提供されている（図2参照）。とりわけ、アジアにおけるイスラーム金融のプレゼンスは年々高まっており、アジアにおけるマーケット・シェアは15％にのぼる（筆者推計）。また、近年は、サハラ以南のアフリカでも、イスラーム金融が台頭しつつあり、最後のフロンティアと呼ばれる同地域において、イスラーム金融がどのような役割を果たすのか注目が集まっている。

2. イスラーム金融を支える理念とその現代的位相

2.1.「イスラーム法学ルネサンス」とイスラーム金融

イスラーム金融とは、書いて字のごとく「イスラームの理念に適った金

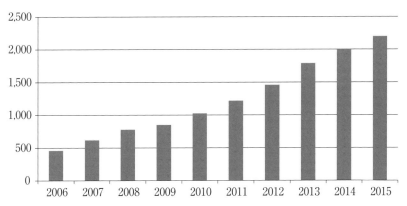

図1：イスラーム金融の資産総額［単位：10億米ドル］（**TheCityUK** 発行のレポートをもとに筆者作成）

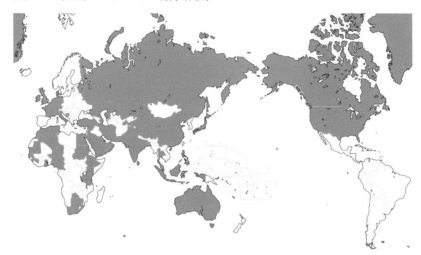

図２：イスラーム金融の地域的広がり（筆者作成）

融」のことである。ここでいうイスラームの理念とは，聖典『クルアーン（コーラン）』にそのエッセンスが表出している神の則の体系たるイスラーム法（シャリーア）から導き出されるものである。イスラームでは，このシャリーアを具体的な法規定として理解するための学問として法学が発展し，法規定を導く方法論や典拠の違いによって様々な法解釈，そして法学派が生まれている。

　現代のイスラーム金融の実践を支える理念も，そのようなイスラーム法学における様々な論争・知的営為を経て形成されてきたものである。特に，20世紀半ばからの「イスラーム法学ルネサンス」（小杉泰「未来を紡ぐ糸──新しい時代のイスラーム思想」小松久男・小杉泰編『現代イスラーム思想と政治運動』東京大学出版会，2003年）の潮流の影響は大きい。イスラーム法学ルネサンスとは，イスラームおよびイスラーム世界を取り巻く現代的な状況に対応して，イスラーム法の再構築をめざす営為を指す言葉である。とりわけ，西暦７世紀の預言者ムハンマド時代に掲げられたイスラームの理念に立ち返り，それを現代世界に有効なイスラーム文明として再構築することを強く志向している。

このようなイスラーム法学ルネサンスの影響は，イスラーム金融の掲げるどのような理念に表れているだろうか。以下では，①リバー禁止の再定式化，②金融手法の序列化という2つのキーワードから，イスラーム金融を支える理念の現代的位相を考えてみたい。

2.2. リバー禁止の再定式化

リバーの禁止は，聖典『クルアーン』にも複数言及がある。例えば，「あなたがた信仰する者よ，倍にしまたも倍にして，リバーを貪ってはならない」（第3章第130節）のようにリバーを取ることを直接的に禁じている章句もあれば，「禁じられていたリバーをとり，不正に，人の財産を貪ったためである。われはかれらの中の不信心な者のために，痛ましい懲罰を準備している」（第4章第161節）のようにリバーを取ることによって与えられる罰の存在に言及し，警鐘を鳴らす章句もある。

しかし，これらの『クルアーン』の章句からは，リバーが禁じられるべきものだということは理解できるものの，リバー自体が具体的に何を指すのかについて明示的にはわからない。そこで，イスラーム法学では，このリバー禁止の具体的法規定をめぐって様々な議論がなされた。その議論からは，リバーとは，一定の条件下において，何らかの不等価な交換や信用取引が行われる経済取引であるとの理解が浸透していった。ただし，条件の詳細や何をもって不等価あるいは信用取引とするかについては，法学派，法学者によって多様な解釈が出された。

中世のイスラーム世界では，このリバーの禁止が形骸化されたり，擬制的な手段を用いてこの禁止をすり抜ける術が編み出されたりした。近代に入ると，西洋列強がイスラーム世界に進出し，西洋起源の法・経済制度を導入したことで，リバーの禁止に抵触しそうな経済取引が増大していき，それがイスラーム法学者の批判の的になっていった。特に問題となったのが，利子を用いる金融取引である。借りた金額に利子を付けて返済することが，リバーにおける不等価交換に相当すると考えられたからである。

そのような中，イスラーム金融は，預言者ムハンマド時代に立ち返り，こ

のリバー禁止をもう一度徹底し，金融取引に厳格に適用することをめざして登場したのである。そして，何がリバーに相当するのかについて明確な境界線が引かれることになった。それが，イスラーム金融の特徴として広く知られている「利子の禁止」である。つまり，あらゆる率の利子の介在をリバー禁止に抵触する金融取引と措定することで，きわめてわかりやすいリバーの定義を行い，その禁止を徹底したのである。

近代以前のイスラーム法学におけるリバー論争では，金融取引にとどまらずあらゆる経済活動がその対象になっていた。また，リバーの具体的法規定を導くときには，必ず，その取引における何らかの公正を実現することを念頭に置いていた。イスラーム金融では，リバーの問題を金融取引に限定し，利子と名の付くすべてのものを機械的にリバーと断じている。このような解釈は，きわめて現代的な文脈において再構築されたものと言ってよい。そして，このリバー解釈は，イスラーム金融に関わる当事者のあいだで広く共有されていったのである。ここでは，このコンセンサスを「利子＝リバー・コンセンサス」と名付け，イスラーム金融を支える1つめの代表的理念に位置づけたい。

2.3. 金融手法の序列化

イスラーム金融では，様々な手法が金融取引に使われている。<u>ムラーバハ</u>，<u>イジャーラ</u>，<u>イスティスナウ</u>——。なじみのない者にとっては，アラビア語起源の不思議なカタカナが並んでいるように見えるが，これらはすべて近代以前のイスラーム法学で定式化された取引手法に因んでいる。

現代のイスラーム金融では，数ある金融手法のうち，<u>ムダーラバ</u>（およびそれに類似する<u>ムシャーラカ</u>）を用いる取引が理念的に望ましいものだと考えられている。イスラーム法学で定式化されたムダーラバ（図3参照）は，次のようなものであった。まず，潤沢な資金はあるが商才に欠ける商人Aが，商才はあるが資金力のない商人Bに資金を託す。そして，商人Bは，その資金を用いて何らかの事業を興し，利益が出た場合は2人で分け合う。中世のイスラーム世界では，遠隔地交易から手工業にいたるまで様々な経済活動

第4章 イスラーム金融の背景——中東と東南アジアの比較　205

で，このムダーラバが使われていたことがわかっている。

　イスラーム金融では，この定式化されたムダーラバにもとづいた金融手法を利用している（図4参照）。例えば，金融システムの与信側では，銀行が企業に資金を提供し，企業が手がけた事業からの利益を両者で分け合うという方式に応用されている。ここでは，銀行の取り分が貸出利息の代わりとなる。また，受信側では，預金者が，銀行業務という事業に投資するという形で，ムダーラバが使われており，顧客が受け取る利益が預入利息の代替となっている。

　このようなムダーラバを理念的に望ましい金融手法だとする考え方は，イスラーム金融の商業実践が本格化する以前の1940年代から提唱されていた。そして，イスラーム金融の興隆期の1970年代には，当事者のほとんどが共有

図3：近代以前のイスラーム法学で定式化されたムダーラバ（筆者作成）

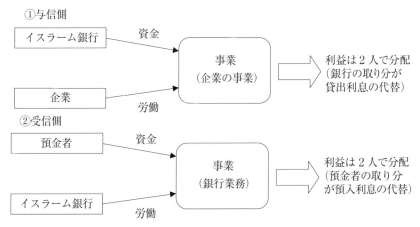

図4：現代のイスラーム金融におけるムダーラバの応用（筆者作成）

するコンセンサスとなっていた。ここでは，このコンセンサスを「ムダーラバ・コンセンサス」と名付け，イスラーム金融を支える2つめの代表的理念に位置づけたい。

　それでは，なぜこのようなしくみを持つムダーラバが，他の手法よりも理念的に望ましい金融手法であると考えられるのだろうか。他の金融手法もムダーラバと同様に，近代以前のイスラーム法学において定式化されており，ムダーラバがとりわけ望ましいとするには何らかの理由があるはずである。そこで，イスラーム法学ルネサンスが重要になってくるのだ。

　理由の1つめは，ムダーラバが他の手法と比べて，より預言者ムハンマドに近いという点である。ムハンマドの最初の妻である女商人ハディージャが，この手法をアラビア半島のキャラバン交易で用いていたという伝承もあり，ムダーラバを推奨することは，イスラーム法学ルネサンスの精神である預言者時代への立ち返りを体現することになるのである。

　理由の2つめは，イスラーム金融が従来型金融の対抗軸として登場したという現代的な理由である。従来型の金融システムが採用している資金融通の基本は，あらかじめ決められた一定額の利子を付けて返済をすることにある。その際，返済額は借り手の事業の成否に依存しない。これに対して，ムダーラバを用いた資金融通では，借り手の事業の成否によって，貸し手が受け取る取り分は大きく変動する。取り分を増やすために，貸し手は，あたかもビジネス・パートナーのように借り手の事業をモニタリングするだろう。貸し手と借り手の距離を限りなく広げることで，金融システムを高度化させてきた従来型のシステムが，少しのゆらぎによってたちまち危機に陥るという有様は，2007年からの世界金融危機を経験した私たちにとってまだ記憶に新しいところである。貸し手と借り手が手を携えて事業を進める，その中に金融取引を埋め込むというムダーラバのしくみを推奨することは，そのような従来型の金融システムに対する大きなアンチテーゼであり，イスラーム金融の存在意義を強く示しているのである。

3. イスラーム金融を作り出すアクターとアリーナ

3.1. イスラーム金融の存立条件と3つのアクター

　イスラーム金融の実践は，前項で見てきた2つの代表的理念（「利子＝リバー・コンセンサス」，「ムダーラバ・コンセンサス」）にもとづいて作り出される。しかし，現代のイスラーム金融は，単にイスラームの理念の発露だけを目的とはしていない。とりわけ，1970年代以降，イスラーム金融は商業的な成功を至上命題に掲げて実践を推し進めてきている。このことは，金融システムや商品を作り出す際に，イスラームの理念がきちんと具現できているかというレジティマシーの問題を念頭に置くと同時に，従来型金融との熾烈な競争に耐えうる経済性の問題も同程度に考慮に入れなければいけないことを意味している。

　ここに，イスラーム金融に様々なアクターが介在する契機が生まれる。イスラームの理念の第一の守り番は，イスラーム法の解釈を担う法学者たちである。しかし，彼らは，金融システムや商品に必ずしも知悉しているわけではない。そこで，バンカーたちが金融商品の実行可能性や競争力について実務の観点から意見を出すことになる。また，経済学やファイナンスの理論に精通した経済学者たちは，イスラーム金融の経済性について理論と実証の両側面から提言を行う。イスラーム金融と西洋法が支配的な各国の現行法との整合性については，法曹実務家たちが金融商品の契約書の条項や紛争処理を担っている。

　このように，イスラーム金融が作られるアリーナには，様々なアクターが参画している。もちろん，それぞれのアクター間で役割分担の明確な線引きがあるわけではない。イスラーム法学者の中にも金融実務に詳しい者もいれば，欧米の大学でイスラーム法を修めた経済学者もいる。彼らは，金融商品のイスラーム的レジティマシーと経済性を慎重に天秤で計りにかけている。そして，イスラームの理念をいかに実践に反映させるかについて，実務の要請にも応じた商品設計の提案とともに積極的に発言し，時にイスラーム金融の方向性に大きな影響力を与えているのである。イスラーム法の観点から見

れば，伝統的な法学教育を受けたイスラーム法学者以外の多種多様な人々が，イスラームの理念を語るアリーナに参画するのは，きわめて現代的な様態であると言うことができる。

3.2. 最後の番人としてのシャリーア諮問委員会

それぞれのイスラーム金融機関には，シャリーア諮問委員会と呼ばれる独自の組織が設けられている。この委員会こそがイスラーム金融を作り出すための最後の番人である。それは，新たに開発される金融商品の最終的な裁決をこの委員会が担っているからである。この委員会の承認を得ることのできない金融商品が日の目を見ることは決してない。

シャリーア諮問委員会は，金融機関内の組織として位置づけられており，委員の選任は，取締役会によって行われるのが一般的である。委員は外部から招聘されたイスラーム法学者で構成されており，その数は，金融機関によって様々である。マレーシアやヨルダンのように銀行法で取り決めがある場合もあるが，全体的な傾向としては，3人の委員を置くことが多い。

委員会の主たる役割は，新たに開発される金融商品の是非について裁決を行い，ファトワーと呼ばれる法学裁定を出すことである。このファトワーとは，イスラーム法学上の問題について法学者が自らの個人見解を発するものであり，近代以前からイスラーム世界で連綿と実践が続いているものである。しかし，イスラーム金融機関のシャリーア諮問委員会の実践は，複数の法学者の討議によって1つのファトワーを発するという点，自らが属する法学派以外の典拠も参照するという点において，現代的な位相を呈している。一般的に，現代では，スンナ派では4つの法学派（ハナフィー派，マーリク派，シャーフィイー派，ハンバル派），シーア派では1つの法学派（ジャアファル派）がイスラーム法の解釈に強い影響力を持っているとされている。しかし，イスラーム金融のシャリーア諮問委員会では，これらの法学派に加えて，12～13世紀に消滅したとされるザーヒル派の典拠がしばしば利用されており，この点はきわめて興味深い。委員会で出されたファトワーは，顧客の要請に応じて，各金融機関で閲覧することができる。また，書籍の形で刊行

第4章 イスラーム金融の背景——中東と東南アジアの比較　209

されることもある（写真1参照）。

3.3. 広大なバックヤードインフラ

　シャリーア諮問委員会は，イスラーム金融を作り出すための最後の番人である。しかし，委員であるイスラーム法学者だけがイスラーム金融を作るイニシアティブを握っているわけではない。その背後には広大なバックヤードインフラが広がっている。

　まず，各イスラーム金融機関には，シャリーア諮問委員会を支援するための専門部署（シャリーア部門）が置かれている。この部署では，法学者によるファトワーの発出のための基礎資料の収集，実践に導入された金融商品の

写真1：イスラーム金融機関およびその上位組織のシャリーア諮問委員会が出したファトワーを纏めた書物（前段6冊はアルバラカ・グループ，後段は左からイスラーム金融機関会計監査機構（AAOIFI），マレーシア証券委員会，クウェート・ファイナンス・ハウス，ドバイ・イスラーム銀行（5刊本）によるもの。筆者所蔵資料）。

事後監査が行われている。余談であるが、筆者のようなイスラーム金融研究者が、飛び込み調査で金融機関を訪れるときに最初に通される場所もこの部署である。また、従来型金融と同じく、金融商品の経済性を専門的に検討する部署（商品開発部門）が各金融機関に儲けられており、この部署の人間がシャリーア諮問委員会にオブザーバーとして参加することも多い。

シャリーア諮問委員会のバックヤードインフラは、金融機関の外にも広がっている。上位組織として、国際組織や政府直属機関がある。代表的な国際組織として、バハレーンに拠点を置くイスラーム金融機関会計監査機構（AAOIFI）、マレーシアに拠点を置くイスラーム金融サービス委員会（IFSB）が挙げられる。前者のAAOIFIは、もともと、イスラーム金融における会計や監査の国際標準を策定することを目的に1991年に設立された組織である。しかし、2000年以降、直属のシャリーア諮問評議会を立ち上げ、金融システムや商品に関するファトワーの国際標準の策定に乗り出している。中東地域の多くのイスラーム金融機関は、このファトワーに依拠することが多く、AAOIFIは、事実上、この地域の各金融機関のシャリーア諮問委員会の上位組織としての役割を担っている。後者のIFSBは、イスラーム金融機関の経営の健全性に関する指標を策定しており、金融商品の開発に間接的な影響をもたらしている。

政府直属機関については、特に東南アジア諸国でその動きが活発である。マレーシアやブルネイでは、中央銀行や証券委員会（マレーシアのみ）といった監督官庁の中に、シャリーア諮問評議会を設置し、そこで出されるファトワーが国内のイスラーム金融機関に対して拘束力を持っている。インドネシアでは、国内のイスラーム組織を統轄するインドネシア・ウラマー評議会（MUI）が中央銀行や金融サービス庁（OJK）と連携し、イスラーム金融に関するファトワーを出している。

これらの組織的なインフラに加えて、イスラーム法学者、経済学者、バンカー、法曹実務家たちは、大学・研究機関、業界団体、専門誌、図書出版といった様々な形で、イスラーム金融を作り出すための討議アリーナを形成し、シャリーア諮問委員会の議論に影響を与えている。最終的な裁決を行う

第4章 イスラーム金融の背景——中東と東南アジアの比較　211

権限を持つシャリーア諮問委員会のメンバーも，経済学者やバンカーの主催する国際会議に積極的に参加し，意見交換を行っている（写真2参照）。また，従来，討議の言語は，アラビア語と英語に限られていたが，近年，言語の多言語化が進んでいる。特に，トルコ語やペルシャ語，ウルドゥー語，マレー語，インドネシア語によるイスラーム金融関連図書の出版と相互翻訳が進み，イスラーム金融の討議アリーナの裾野はさらに拡大している（写真3参照）。

写真2：イスラーム金融に関わる代表的な国際会議の1つであるイスラーム経済学国際会議の様子。写真は，2008年に開催された第7回会議（サウジアラビア，ジェッダ）。開会直後に行われた合同討議では，著名なイスラーム法学者，経済学者，バンカーが壇上に並んだ。スクリーンに出ているのは，アルバラカ・グループの創設者サーリフ・カーミルである（筆者撮影）。

写真3：イスラーム金融の台頭に大きな影響を与えた経済学者ウマル・チャプラによる『イスラームとその経済的課題』（オリジナルは英語，手前）のアラビア語訳（左）とインドネシア語訳（右）（筆者所蔵資料）。

4. イスラーム金融のダイナミズムと多様性

4.1. イスラーム金融の地域的多様性

　前節では，イスラーム金融を作り出す様々なアクターやインフラについて概観したが，実際に金融商品を作り出す現場では，イスラーム金融の存立条件（イスラーム的レジティマシーと経済性）をめぐる理念と現実のせめぎ合いが生じ，きわめて活発な議論が行われている。アクターどうしの協力が進む場合もあれば，意見が大きく衝突することもある。意見の溝が埋まらない場合は，それが個々のシャリーア諮問委員会の裁決に反映され，結果，実践の多様性が生み出されることになる。次節で詳細に取り上げられるイスラーム法における債権譲渡の問題も，そのような事例の1つである。以下では，理念と現実をめぐるダイナミズムが生み出したイスラーム金融の地域的多様性

の代表例として、イスラーム銀行の流動性管理（リクイディティ・マネジメント）の問題を取り上げ、理念と現実をめぐるせめぎ合いによって、どのようなイスラーム金融の多様性が作られていくのかを見ることにしたい。

「利子＝リバー・コンセンサス」にもとづき、金融取引に利子を一切介在させないイスラーム金融では、銀行の資金流動性を確保するときにもこの原則が適用される。そのため、利子を用いる従来の銀行間市場（コール市場）は利用できない。このことは、従来型の銀行と比べて、過剰な余剰資金を銀行内に留保させることを意味し、資金の効率的運用の妨げになっていた。この問題の解決に道を開いたのが、1990年代のマレーシアであった。同国は、イーナと呼ばれる手法を銀行の流動性管理に応用することで、イスラーム金融における資金のより効率的な運用を可能にしたのである。

イーナ（図5参照）では、まず、流動性不足の銀行Aが何らかの実物商品を流動性過剰の銀行Bから延べ払い（X＋α円）によって購入する（従来型金融のコール市場と同じように支払い期限を設定する）。その後、銀行Bは、すぐに銀行Aからこの実物商品を買い戻し、即時払い（X円）で代金を支払う。このようなしくみを作ることによって、銀行Aは手元流動性（X円）を即座に確保し、銀行Bは利益（2つの取引の差額α円）を得ながら余剰資金を効率的に運用することが実現するのである。この手法は、イスラーム金融の理念に反することなく流動性需要に対応できる画期的な手法であった。マ

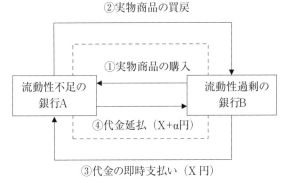

図5：イーナを用いたイスラーム銀行の流動性管理（筆者作成）

レーシアでは，銀行の流動性管理だけでなく，個人消費ローンやイスラーム型クレジットカードなど多岐に用いられるようになっていった。

しかし，この手法を多用したマレーシアに対して，中東地域のイスラーム法学者や経済学者たちから相次いで批判が寄せられた。例えば，AAOIFIのシャリーア諮問評議会の議長も務め，中東地域のイスラーム金融機関の業務に大きな影響力を持っている法学者ムハンマド・タキー・ウスマーニーは，イーナを次のように激しく指弾している。

> 現代のイスラーム金融で用いられている取引は，その多くの場合において，単なる契約紙面上の売買のやりとりに終始している。ひどい場合には，取引される商品が本当にその取引に関わっているかどうかが疑われることさえある。(中略) イーナは，クルアーンやスンナ（預言者の慣行）とは相容れないものである（ウスマーニー『イスラーム金融入門』より引用，筆者訳）。

中東地域のほとんどの法学者や経済学者たちは，このウスマーニーの意見をこぞって支持した。それは，イーナは，預言者ムハンマドが自ら禁じたという伝承が残る売買取引に由来しており，預言者時代に立ち返るというイスラーム法学ルネサンスの精神を強く支持している彼らにとって，そのような手法を容認することは到底できないと考えたからである。中東の一部のバンカーたちは，イーナの経済的有用性を主張して，マレーシアと同じようなしくみの導入を試みたが，顧客からも反発に合って失敗に終わった。結果として，同地域のイスラーム銀行では，イーナが商品ラインナップに並ぶことはなかったのである。

一方，マレーシアでは，中東からの批判に対抗して，監督官庁の1つである証券委員会のシャリーア諮問評議会が次のようなファトワーを出して反論した。

> 個人や企業が何らかの特定の目的のために資金が必要になった場合，手持ちの財を担保としてイーナの手法を利用することが認められる。イーナは，手持ちの財を手放すことなく，流動性を確保できる金融手法である（マレーシア証券委員会『ファトワー集』より引用，筆者訳）。

イーナを容認するこのファトワーには，イーナのイスラーム的レジティマ

シーよりもその経済性を重視する経済学者や，イスラーム金融を国の成長戦略の骨格に位置づける政府の強い意向がにじみ出ている。

このようなイーナをめぐる論争を経て，イスラーム金融の実践には，「イーナを用いるマレーシア，イーナを用いない中東地域」という形で地域的差異が現れることになった。そこには，イスラーム金融の理念と現実をめぐる両地域の考え方の違いが色濃く反映されている。つまり，経済性に優れているイーナが，イスラーム金融の理念に適うものとして容認しうるものかどうかが，シャリーア諮問委員会における最終的な裁決をする際に議論の俎上に載ったのである。マレーシアの法学者は，イーナの経済性を第一に考えた上で，イーナはイスラームの理念を最低限保証するものであるとの判断を下した。この判断は，バンカーや経済学者たちの意見を自らの法解釈に取り込んだものと言える。

一方，中東地域の法学者は，イーナの実践上の経済性を重視するあまり，イスラーム金融の理念が置き去りにされてしまうことを強く警戒した。それは，イーナを用いることが，本節のはじめで述べた2つの理念の現代的位相のいずれにも抵触することを意味している。「利子＝リバー・コンセンサス」については，無意味な実物商品の売買を当事者間で繰り返すやり方が，リバー禁止を単に形式的に回避するための擬制的なものに過ぎないのではないかという懸念に結びついた。一方，「ムダーラバ・コンセンサス」については，従来型金融のコール市場の機能を単に複製することが，従来型の金融システムに対するアンチテーゼを提起すべきイスラーム金融の存在意義自体を危ぶむ姿勢であると考えられたのである。

4.2. 理念と現実のダイナミズムを超えて

理念と現実をめぐる論争は，現在にいたるまで様々な金融商品を対象として続いており，その論争の結果によって，実践の多様性が生みだされている。しかも，近年その様相は複雑化している。イーナの場合は，「マレーシア vs. 中東」という地域をまたいだ二項対立という単純な図式で描くことができたが，それ以降の金融商品をめぐる論争では，同じ中東地域の中，さら

には同じ国の中でも取り扱う金融商品が異なるという事態が出てきている。

　これらの論争では，イスラーム金融商品のどのような構造がイスラーム的レジティマシーの観点から問題になるのか，その問題を克服するためにはどういった取引を追加的に挿入すればよいのか，といった非常に細かく技術的な点が論じられた。もちろん，そのような技術的な問題についてとことん議論をすることは，実務上の要請によるものでもあった。しかし，解決策として提起される商品が，一般にはきわめて複雑なものになることが多く，顧客がそれを一瞥しただけでは，イスラームの理念にどう合致しているのかが分かりづらいものになっていた。

　そのようないわば神学論争の様相を帯びてきた状況に対して，昨今の論争や開発される新しい金融商品には，イスラーム金融が本来掲げるべき理念が忘却されている，という批判が寄せられるようになっていった。特に，現場からやや離れたところからイスラーム金融の実践を見つめている法学者や経済学者が，イスラーム金融の望ましい未来について積極的に発言をし始めている。最後に，理念と現実をめぐるダイナミズム自体を積極的に乗り越えようとする新たな動きとして彼らの主張を眺めることにしたい。

　1つの動きは，イスラーム金融を支える理念の現代的位相として本節で取り上げた2つのコンセンサス自体を見直そうとする兆候である。イスラーム金融の実践が模索された時期から，「利子＝リバー・コンセンサス」「ムダーラバ・コンセンサス」の2つのコンセンサスは，いずれもイスラーム金融の存在意義そのものであった。このことは，これらのコンセンサスを共有しないアクターは，イスラーム金融を作るアリーナに参入できないことを意味していた。実際，スンナ派の最高学府であるエジプトのアズハル大学の総長を務めたムハンマド・タンターウィー（2010年死去）は，その影響力の大きさにも関わらず，「利子＝リバー・コンセンサス」を認めていなかったため，イスラーム金融の世界からは完全に疎外されていた。

　しかし，近年，リバーの問題を金融取引に限定し，利子と名の付くすべてのものをリバーとするこのコンセンサス自体を見直そうとする論調が聞かれるようになってきた。この論のターゲットは，0％以外の利子率をすべてリ

第 4 章　イスラーム金融の背景——中東と東南アジアの比較　217

バーと考えるあまりに機械的な解釈である。そのような解釈によって，擬制的にこれを回避しようとするきわめて技術的で，かつ表面的な論争が生じたのだと批判したのである。先に見たイーナをめぐる論争もそれに当てはまる。「利子＝リバー・コンセンサス」を見直そうとする論者たちは，機械的な解釈ではなく，各金融商品の使用目的や，顧客にもたらされる効能の正当性を預言者ムハンマド時代の理念にもう一度照らし合わせることから，リバーとは何であるかを再考すべきだと主張しているのである。

　一方の「ムダーラバ・コンセンサス」についても，少数ながら見直しを主張する論者がいる。米国ユタ大学で経済学の博士号を取得しながら，独自のファトワーを多数公表しているモンゼル・カハフは，実物財の売買を行って利潤を上げることこそが，預言者ムハンマド時代に最も尊ばれた経済理念であるとして，実物財の売買を直接組み込んだ金融商品の優位性を説いている。たしかに，イスラーム金融の実践は，その商業実践の開始以来，ムダーラバよりも実物財の売買を組み込んだ金融商品（ムラーバハと呼ぶ）が大きなシェアを占めている。そのような現状を見て，理念としては「ムダーラ

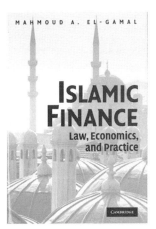

写真 4：米国ライス大学教授の経済学者マフムード・エル＝ガマールによる『イスラーム金融——法と経済学，そして実践』は，「利子＝リバー・コンセンサス」の再考を声高に謳ったことで大きな反響を呼んだ（筆者所蔵資料）。

バ・コンセンサス」に賛同するものの，その実効性に疑問符を持つ者は多くおり，筆者は彼らを現実重視派と呼んでいる。カハフの主張は，そのような現実重視派に沿ったものだと思われることも多いが，「売買こそが理念である」という主張は，ムダーラバに未練を残している現実重視派とは一線を画す独自のものだと言える。

　理念と現実をめぐるダイナミズムの乗り越えを企図する2つめの新たな動きは，イスラーム金融を新たな普遍的経済システムの橋頭堡と位置づける兆候である。2つのコンセンサスを共有する人々は，イスラーム金融を，従来型金融，もっと言えば現行のグローバル資本主義の弊害を正すための対抗システム（カウンターパワー）として位置づけてきた。穿った見方をすれば，そのような志向性は，主流であるグローバル資本主義と亜流であるイスラーム経済，という構造自体を認め，あくまでもイスラームはカウンターパワーに過ぎないと述べていると捉えることができる。

　これに対して，新しい動きはいささかラディカルである。なぜなら，イスラーム金融の実践が切り開こうとするイスラーム経済システムこそが，人類史上，最も優れた経済システムなのであり，現行のグローバル資本主義に代わる，新たな普遍システムとしての地位を確立することをめざすべきだと論じているからである。この言い回しは，イスラームの考え方を共有しない人々からは，宗教的ドグマのように聞こえるかもしれない。しかし，彼らの主張は，決して，イスラームの宗教的覇権を世界に打ち立てるという排他的なものではなく，すべての人類にとってよりよい世界を作り上げていくために，イスラームの知的伝統を総動員させようとするところに核心がある。したがって，もしイスラーム経済が，より望ましい普遍システムの構築に寄与できたのであれば，そのようなシステムにイスラームの名を冠する必要は一切ないと論じているから驚きである。

　これらの新しい動きは何を提起しているのだろうか。それは，これまでのイスラーム金融の実践，およびその実践が依拠してきた2つのコンセンサスの受動性を乗り越えようとしているのではないだろうか。つまり，リバーのように禁じられたものを巧みに回避する金融システムを作るという態度や，

第4章　イスラーム金融の背景——中東と東南アジアの比較　　219

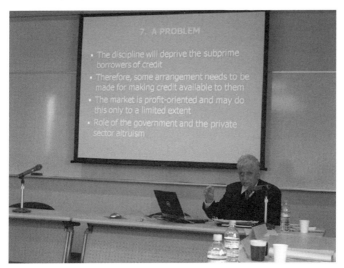

写真4：新たな普遍システムとしてのイスラーム経済の可能性を主張する代表的論者，ウマル・チャプラ。2007年の世界金融危機の発生以降，その考えを強く主張するようになった（写真は，2009年2月の京都大学での講演にて。筆者撮影）。

主流システムたるグローバル資本主義のカウンターパワーに甘んずるという受動的な自己定義に対する強力な批判である。新しい動きは，そうした受動性から脱却し，より能動的なビジョンの下でのイスラーム金融の実践を志向しているのである。具体的には，「イスラーム商人道」とも呼べる自ら汗かく商業実践や，そこからの儲けのみ正当化する商売規範，公正を重視する取引慣習といった歴史的な経験と知恵に立ち返りながら，現代世界においてイスラーム的に大いに儲けるにはどうしたらよいかという，いわば21世紀版の「イスラーム商人道」を追求しようとしているのだ。リバーの禁止といった禁止事項も，その中で再解釈・再定義されるべきであるし，そのような商人道を追い求めることによって，グローバル資本主義を乗り越えるより望ましい普遍システムに到達できるのだと考えているのである。

　国際金融システムに確かな地歩を築くことに成功した今，イスラーム金融は円熟期に入っている。そのような時期であるからこそ，イスラーム金融が

めざすべき方向性を照らすビジョンを明確に示すことが、彼らに問われているのである。そして、この新たな動きは、現代のイスラーム法学にも更なるルネサンスを呼び起こす原動力になっていくであろう。

参考文献

小杉泰 2003.「未来を紡ぐ糸――新しい時代のイスラーム思想」小松久男・小杉泰編『現代イスラーム思想と政治運動』東京大学出版会.

長岡慎介 2011.『現代イスラーム金融論』名古屋大学出版会.

中川利香 2006.「開発戦略とイスラーム金融の融合の試み――イスラーム銀行を中心に」鳥居高編『マハティール政権下のマレーシア――「イスラーム先進国」をめざした22年』アジア経済研究所.

両角吉晃 2011.『イスラーム法における信用と「利息」禁止』羽鳥書店.

Chapra, M. U. 1992. *Islam and the Economic Challenge.* Herndon: International Institute of Islamic Thought; Nairobi; Kano: Islamic Foundation.

―――. 2000. *The Future of Economics: An Islamic Perspective.* Leicester: Islamic Foundation.

El-Gamal, M. 2006. *Islamic Finance: Law, Economics and Practice.* New York: Cambridge University Press.

Kahf, M. 1999. "Islamic Banks at the Threshold of the Third Millennium," *Thunderbird International Business Review* 41(4/5), pp. 445-460.

Saleh, N. A. 1992. *Unlawful Gain and Legitimate Profit in Islamic Law: Riba, Gharar and Islamic Banking.* 2nd ed. Cambridge: Cambridge University Press.

SC (Securities Commission Malaysia). 2006. *Resolutions of the Securities Commission Shariah Advisory Council.* 2nd ed. Kuala Lumpur: Securities Commission.

Usmani, M. T. 1998. *An Introduction to Islamic Finance.* Karachi: Idaratul Ma'arif, 1998

「イスラーム金融における債権譲渡をめぐる諸問題と遅れてきた「近代経験」——マレーシアを事例として——」

桑原　尚子

はじめに

　マレーシアにおけるイスラーム金融制度は，イスラーム銀行業，イスラーム保険業（takāful）およびイスラーム資本市場（ICM: Islamic Capital Market）の3つの形態からなっており，企業が資金調達をするイスラーム資本市場には，イスラーム証券市場およびイスラーム債券（スクーク：sukūk）市場がある。マレーシア政府は，1980年代になってイスラーム金融制度構築へ本格的に着手し，まず，1983年にイスラーム銀行業を営むバンク・イスラーム・マレーシア（Bank Islam Malaysia Berhad: BIMB）を設立した。1990年代には，コンベンショナル・バンクもイスラーム銀行業へ参入するようになると同時に，イスラーム資本市場の整備が開始されてイスラーム債券などの金融商品が開発されるようになった。2000年代に入ると，金融商品の多様化が進むと同時に，先物取引のようなイスラーム法学者の見解が鋭く対立する取引も行われるようになってきた。マレーシア以外の国へ目を転じてみると，イスラーム金融市場の中心はマレーシアと湾岸諸国（とくに，バーレーン）であるが，香港上海銀行，シティ・グループ，スタンダード・チャータード銀行など欧米の大手金融機関もイスラーム金融へ参入している。

　本稿は，イスラーム債券に焦点をあて，イスラーム法におけるバイウ・ダイン（bay' dayn）による債権譲渡をめぐる諸論点を整理した上で，イスラーム債券を正当化するイスラーム法学者の論理を明らかにし，金融取引に係るイスラーム法の現代化の一側面を提示することを試みるものである。

　本稿においてイスラーム債券を取り上げる理由は，次の2つである。1つ

1　マレーシアにおけるイスラーム金融における債権譲渡をめぐる諸問題については，拙稿（2014）を参照。本稿は拙稿（2014）に一部加筆したものである。

目の理由として，イスラーム金融取引において重要なイスラーム法上の準則たるリバー（ribā）の禁止，射倖性（gharar）の排除および投機性（maysir）の排除が，イスラーム債券をめぐる諸論点にその具体的適用として顕れていると思われるところ，イスラーム債券は金融取引に係るイスラーム法を理解するうえで格好の題材といえることが挙げられる。2つ目に，イスラーム法の観点からイスラーム債券を正当化するに際してマレーシアは他のイスラーム諸国と異なった論理展開をしてきたところ，イスラーム債券をめぐる諸問題を分析することでマレーシアの特色が浮かび上がると思われることが挙げられる。さらに，日本の情況に引き付けてみると，2011年に資金流動化法が改正され，社債的受益権という信託の仕組みを使ったイスラーム債の発行ができるようになったことから，今後日本においてもイスラーム債発行・流通が予測されよう。

本稿では，マレーシアにおけるイスラーム法制度およびイスラーム金融法制を俯瞰した上で（「1. マレーシアのイスラーム法制度概観」「2. マレーシアにおけるイスラーム金融法制：とくに紛争処理について」），イスラーム債券に係る論点を提示して（「3. イスラーム債券の発行」），債権譲渡に関するイスラーム法の学説を整理し（「4. イスラーム法におけるダインの売買による債権譲渡」，「5. 第三者への債権譲渡に関する論点[2]」），その後，マレーシア証券委員会のシャリーア諮問協議会（Shariah Advisory Council: Majlis Penasihat Syariah）の決議を所収した『証券委員会シャリーア諮問協議会決議（第2版）[3]』を手掛かりとしてマレーシアにおけるイスラーム債券およびその第三者への譲渡を正当化する論理を明らかにする（「6. ダインの売買による債権譲渡：マレーシア証券委員会・シャリーア諮問協議会の見解」）。

---

[2] わが国民法からすると，「第三者への債権譲渡」とするのは違和感があるが，本稿では，譲受人に債務者も含めて債権譲渡を論じるイスラーム法学者の使い方に倣って譲受人が第三者の場合を「第三者への債権譲渡」と称する。
[3] Securities Commission, *Resolutions of the Securities Commission Shariah Advisory Council*, second edition.

1. マレーシアのイスラーム法制度概観

　マレーシア連邦憲法第3条第1項は,「イスラームは連邦の宗教である。但し,その他宗教は連邦において平和と調和のうちに実践されうる。」と定めている。本条における「イスラーム」は,「人間行為の全てを網羅する生活の指針」ではなく,イスラームの「儀式に関する行為」の意義に解釈され[4],イスラームが国教であることの意義は,国家儀式をイスラームに則って執り行う義務を課しうることにある,とされている[5]。エジプトなどと異なり,国家法がシャリーアに従うべきこと,あるいはシャリーアが国家法の法源であることをマレーシア連邦憲法は定めていない。したがって,ある法律に対してイスラーム法に反することを理由とした違憲訴訟がマレーシアで提起されることはない。

　マレーシアの法制はイングランド法を継受しており,したがって,金融取引に関する紛争はイングランド法を継受した制定法や判例法にしたがって処理されている。イスラーム法は,イギリス植民地時代より,「特定の人種若しくは宗教または特定の人種および特定の宗教の両方に所属する集団」[6]へ適用されるパーソナル・ロー(personal law)[7]の地位にとどまる。「イスラーム法並びにイスラームの宗教を信仰する者のパーソナル・ローおよび家族法」については,州(連邦直轄領においては連邦)が立法専権を有する。その具体的事項には,親族,相続,信託(ワクフ),宗教税(ザカート,フィトラ,バイトゥルマル等),マレー人の慣習,宗教上の犯罪,シャリーア裁判所(イスラーム法裁判所),ムスリムへの布教に対する制限などが含まれている(連邦憲法第9附則第2表)。憲法が定める立法管轄権にしたがって各州(連邦直轄領の場合は連邦)は,イスラーム法施行法,イスラーム家族法,イスラーム

4　Che Omar bin Che Soh v Public Prosecutor [1988] 2 MLJ 55(1987年12月16日,1988年2月29日最高裁判所判決).
5　Vohrah, Ling and Koh (2004: 32).
6　Hooker (1976: i).
7　パーソナル・ローの概念については,詳しくは本書第2章の伊藤論文参照。

民事訴訟法，イスラーム刑事訴訟法，イスラーム訴訟法などをそれぞれ制定している。

裁判所制度は，通常裁判所とシャリーア裁判所の二元的な制度であり，1988年の憲法改正によって通常裁判所たる上位裁判所（High Courts）はシャリーア裁判所の管轄権が及ぶ事項に関してその管轄権が及ばないことが定められた（連邦憲法第121条 A）。憲法によって州の管轄と定められた事項であっても当該事項についてシャリーア裁判所が管轄権を有する旨が州法において定められていないときは，州のシャリーア裁判所は管轄権を有しないものと解されていた[8]。しかしながら，その後 Soon Singh 事件[9]において，州法に明定される明示事項だけでなく黙示の事項にもシャリーア裁判所の管轄権が及ぶと判示され，シャリーア裁判所の管轄権がそれまでよりも広く及ぶこととなった。また，同条に基づく通常裁判所とシャリーア裁判所の管轄権争いは，これについて数々の訴訟が提訴されてきただけでなく，Lina Joy 事件に象徴されるように，マレーシア社会に激しい論争を巻き起こす種ともなっている。

このようにイスラーム法の適用領域は主として家族法に限定されており，これら事項については通常裁判所とは別系統の各州（連邦直轄領の場合は連邦）が設置するシャリーア裁判所において各州が制定したイスラーム法にしたがって裁判が行われることとなる。連邦憲法によれば，イスラーム金融取引に関する立法専権は州には与えられておらず，イスラーム金融取引から生じる紛争についてシャリーア裁判所の管轄権は及ばない。

さて，国内外におけるイスラーム復興運動の高まりを背景として，1980年代始めから，裁判所をはじめとする司法機関の改編，法曹資格の立法による制度化，イスラーム法のさらなる成文化等イスラーム法に関する司法制度お

---

[8] 最高裁判所（現在は連邦裁判所に名称変更）判決の Mohd Habibullah bin Mahmood v Faridah bte Dato' Taib [1992] 2 MLJ 793, 高等法院判決の Ng Wan Chan v Majlis Ugama Islam Wilayah Persekutuan & Another [1991] 3 MLJ 487 および Shaik Zolkaffily bin Shail Natar & Others v Majlis Agama Islam Pulau Pinang dan Seberang Perai [1997] 3 MLJ 281.

[9] Soon Singh a/l Bikar Singh v Pertubuhan Kebajikan Islam Malaysia (PERKIM) Kedah & Anor. [1999] 2 AMR 1211.

よび立法の整備が進められてきた。司法の独立という観点からして重要な司法機関改編は，行政機関たるイスラーム宗教局の一部局にすぎなかったシャリーア裁判所を司法機関として独立させたことである。立法については，各州（連邦直轄領は連邦）において，イスラーム法のさらなる成文化が進められ，イスラーム家族法，イスラーム民事訴訟法，イスラーム刑法，イスラーム刑事訴訟法などが個別に制定された。政府のイスラーム政策は，法・司法だけでなく金融へもおよび，1983年にはイスラーム法にしたがって無利息銀行業を営むイスラーム銀行としてバンク・イスラーム・マレーシアが設立されるに至った。[10]

2. マレーシアにおけるイスラーム金融法制：とくに紛争処理について

イスラーム金融に関する法律として，イスラーム金融業の免許，組織，監督などについて網羅的に規律する「イスラーム金融業法」（Islamic Financial Service Act 2013）が2013年に制定され，それまでイスラーム金融を部分的に規律していた「イスラーム銀行業法」（Islamic Banking Act 1983）および「イスラーム保険法」（Takaful Act 1984）は廃止されることとなった。もっとも，「イスラーム金融業法」は，「イスラーム銀行業法」や「イスラーム保険法」と同じく，イスラーム金融に関する契約などの実体法を成文化したものではなく，イスラーム金融に関するイスラーム法の解釈は依然として，中央銀行シャリーア諮問協議会（Shariah Advisory Council of Bank Negara Malaysia），証券委員会や各銀行に設置されているシャリーア諮問協議会の判断に委ねられている。イスラーム金融に関する紛争は通常裁判所で処理される。通常裁判所の裁判官は，シャリーア裁判所の裁判官とは異なり，イスラーム法の法曹教育を受けているわけではない。

判例集掲載の判例の多くは，バイウ・ビサマン・アージル（BBA：割賦払売買），イジャーラ（賃貸借）およびバイウ・イスティスナーウ（製造物供給契

10　マレーシアのイスラーム銀行については，桑原（1998），中川（2006）を参照されたい。

約)における顧客の債務不履行に関するものであり，債権回収を図る銀行に対して，債務不履行に陥った顧客は締結した契約がイスラーム法ではなく通常の(世俗法の)契約であると主張する場合が多いようである。通常裁判所は，イスラーム法に基づく契約を吟味することなく世俗法を適用するというものから，イスラーム法に基づく契約の性質を説明するようになり始めたが，依然として，いかなる法原則を適用するのか判然としない，と評されている。もっとも，これまでの判例を批判的に捉える論者からは，Affin Bank Berhad v Zulkifi Abdullah[11]において，裁判所がイスラーム銀行の実務を批判しつつ，バイウ・ビサマン・アージルの意義を検討したことは留意すべき，と指摘されている。[12]

ここで，イスラーム金融に関する事件で通常裁判所が世俗法たるコモン・ローを適用した典型例として，高等法院判決の Tahan Steel Corp Sdn Bhd v Bank Islam Malaysia Berhad[13] をみてみたい。

> 【事件の概要】原告(特別目的事業体：SPV:single purpose vehicle)は，被告(バンク・イスラーム・マレーシア)からイスティスナーウの原則に基づいた融資を得て，開発プロジェクト用に甲土地賃借権を訴外A(Selangor Development Council)から1億2,800万リンギで取得した。被告は原告から当該開発プロジェクトを9,700万リンギで購入し，購入代金はイスティスナーウ契約(製造物供給契約)[14](以下「第1のイスティスナーウ契約」と称す)が定めるすべての条件を満たすと利用可能となっていた。また，第1のイスティスナーウ契約の履行と共に，原告が被告から当該開発プロジェクトをその購入価格に利益を加えた価格で買戻すイスティスナーウ契約(「第2のイスティナーウ契約」と称す)も履行されることとなっていた。被告は58,215,984.84リンギを原告へ供したものの，残額38,784,015.16リンギの提供についてはこれを

---

11 [2006] 1 CLJ 438.
12 通常裁判所におけるこれまでの判例の傾向については，Ahmad Hidayat (2007: 325-334) を参照。
13 [2004] 6 MLJ 1.
14 イスティスナーウ契約においては，代金支払いが先履行であり，後に目的物を受け取る。

拒んだ。

　原告は，①被告は一方的に当事者が意図しない新たな条件を課し，利用可能なローンを停止して両イスティスナーウ契約に違反した，②原告はかかる契約違反が両イスティナーウ契約の解除あたるものとしてこれを受け入れた，③かかる被告の契約違反によって両イスティスナーウ契約は終了し，被告は原告に対して担保に関する文書（甲土地譲渡証書，債務証書，会社の保証，代表者の保証，被告が100万リンギ以上執行できる投資勘定預金証書のメモランダム，開発プロジェクトに関する保険の譲渡証書，開発プロジェクトに関する契約履行保証の譲渡証書，特別目的事業体に関する合意の受益者，受益者の協定）を執行することはできない，などを理由として，被告による原告に対する保証に関する文書の執行仮差止めを求めた。

　他方，被告は，第1のイスティスナーウ契約が定めた総額約8,000万米ドルまたは被告が合理的に決める額について，開発プロジェクトの一部に充てることを目的として外国の輸出入銀行から融資を得るという条件に原告が違反した，と主張した。また，被告は，原告が債券発行を条件とした融資を輸出入銀行から得る決定を一方的に行った，とも主張した。被告は条件付きでかかる債券発行に合意したが，原告はこれにも違反した，と主張した。

【判旨】請求棄却。
(1) 輸出入銀行融資取得という原告に課せられた停止条件は，気まぐれでも敵意のこもったものでもなく，商業的なものである。原告は示された文言および本質的な condition，すなわち輸出入銀行融資を得ることについて，いくぶん気乗りしない態度をとっていた。原告は被告の署名入り書面の合意なく輸出入銀行融資 condition の適用を免れることはできない。原告が輸出入銀行融資を得ることができなかったことから，被告は支払いを拒むことができる。
(2) 当事者は一方的に契約内容を変更できず，一方的な契約内容変更は契約違反の原因となる。一方的な契約内容の変更は，わが国の法に反する。停止条件の変更を望んだのは原告であり，被告はこれを受け入れる，拒否する，あるいは条件付きでこれを受け入れることもできる。被告は，当然のことながら，両イスティスナーウ契約遵守を主張できる。
(3) 被告の融資は，開発プロジェクトを成功裡に完成させるために必要な融資のほんの一部でしかない。原告が被告の融資を得ることができないとした

ら，開発プロジェクトを成功裡に完成させるために必要な融資を輸出入銀行からどのようにして得るのか。

(4) 被告は1983年イスラーム銀行業法の下で免許を得た銀行である。被告はシャリーアに反する事業を営むことはできない。被告は遅延利息に相当するものを徴収できない。たった1回の分割払いの遅れも被告にとっては損失となる。このことに鑑みると，差止命令を原告に認めることは被告へ回復不能な損害をもたらすこととなろう。

(5) イスラーム銀行業の諸原則の下で事業を営む貸主としての被告は，高等法院が差止命令を認めないとしても，金銭回収の遅れによって損失を被ろう。被告は，イスラーム銀行業の諸原則にしたがって，高利の性質を持つ遅延利息の徴収を禁じられているため，裁判所はかかる損失を補償できない。

裁判所は，仮差止命令の判断基準として，イングランドおよびマレーシアの先例にしたがって，(1)「深刻な問題の審理」テスト，(2)「balance of convenience」テストおよび(3)「裁量」テストを採用している。

「深刻な問題の審理」テストにおいては，①原告への金銭提供に関する被告の義務は何か，②輸出入銀行融資に関する原告の矛盾した立場，③原告が輸出入銀行融資を得ることができなかったこと，④輸出入銀行融資について原告がこれを認めても拒否してもいないようであること，⑤契約内容の変更および⑥銀行による権利放棄（waiver）が考慮すべき事項とされた。①についての争点は，「顧客〔原告〕は総額約8,000万米ドルまたは被告が合理的に決める額について，開発プロジェクトの一部に充てることを目的として外国の輸出入銀行から融資を得たことを満足させる証拠を銀行へ提出しなければならない。」という条項が，condition（契約条件条項）またはwarranty（付随的条項）のいずれに当たるかであり，当該条項はcondition（契約条件条項）に

15　condition（契約条件条項）は契約の根幹にかかわる重要な条項であり，これに違反した場合は，契約当事者は違反した当事者に対して損害賠償請求および契約解除することができる。他方，warranty（付随的条項）は，契約条項（terms）の内，その不履行が契約の根幹に影響を与えない程度の付随的な条項のことである。warranty（付随的条項）違反があったとしても，契約当事者の契約上の義務が消滅することはないが，損害賠償

あたるとされた。したがって，原告による当該契約条項違反によって被告は契約解除することができる，と裁判所は判断した。

「balance of convenience」テストについて裁判所は，イングランド控訴院の Keet Gerald Francis 判決を引用して，「認定するに際して，本件についての現実を含むすべての関連事項を考慮せねばならない。差止命令が下された場合およびそれが認められなかった場合の損害について比較衡量しなければならない。すなわち，裁判官は訴訟当事者の関連する財務状態を考慮できる。」，と述べた。そこで，①被告は回復不能な損害を被ったか，および②原告に損害賠償能力がないことが検討され，差止命令が被告へ回復不能な損害を与えること，そして原告に損害賠償能力がないことが認められた。

「裁量」テストについて裁判所は，イングランド控訴院の Keet Gerald Francis 判決が示した「請求の遅れまたは金銭賠償のような原告のエクイティを満足させるのに妥当な別の救済といったすべての裁量事項を考慮する」というルールにしたがって，本件において考慮すべき最重要事項として，損害賠償の妥当性を検討した。裁判所は，特別事業体たる原告にとって利益が唯一の目的であるところ，原告にとって損害賠償は妥当であり，損害賠償の妥当性の他に考慮すべき事項はない，と判断したのである。このように，通常裁判所においてイスラーム金融に関する紛争は，多くの場合，コモン・ローのルールに照らして処理されている。

3. イスラーム債券の発行

3.1. シャリーア諮問協議会の位置づけ

マレーシアのイスラーム資本市場は，同国の資本市場全体を監督する証券委員会（財務大臣管轄）によって監督されている。証券委員会内に設置されているシャリーア諮問協議会が，イスラーム資本市場のシャリーア遵守性を担保する機能を担っている。

イスラーム金融において，とりわけ重要なイスラーム法上の準則は，リ

請求は認められる（島田 2009: 110-113）。

バー(下記4.3 参照)の禁止,射倖性の排除および投機性の排除である。イスラーム証券委員会が述べているように,イスラーム法にしたがうイスラーム資本市場は,イスラーム法が禁止するリバー,射倖性および投機性を含まないものとみなされている。[16]

3.2. イスラーム債券

債券とは,消費貸借上の金銭債権を表象する証券である。リバー禁止準則の下,イスラーム法では有償の消費貸借は認められないため,利息に相当するクーポンが発生する債券を発行することはできない。そこでマレーシアのイスラーム金融では,コンベンショナル金融の債券に代替するようなイスラーム債券を発行している。マレーシア証券委員会によれば,イスラーム債券とは,「シャリーア諮問協議会が承認したシャリーアの諸原則および概念を用いた資産への持分または投資を表象する証書」と定義されている。[17]

各種イスラーム債券は,その裏づけとなる資産の形態に基づいて区別されている。マレーシア証券委員会『イスラーム債券(スクーク)についてのガイドライン』[18]によれば,①スクーク・バイウ・ビサマン・アージル,②スクーク・ムラーバハ,③スクーク・イスティスナーウ,④スクーク・イジャーラ,⑤スクーク・ムダーラバ,⑥スクーク・ムシャーラカなどのスクークがある。①から③のスクークは,「裏づけとなる契約から生ずる債権に対する権利を含む資産についての証書所有者の持分を表象する証書」である。④は,「賃貸借の目的物たる資産および/または用益権および/または役務並びにこれらから生ずる債権に対する権利についての証書所有者の持分を表象する証書」である。⑤は「ムダーラバ事業についての証書所有者の持分を表象する証書」,⑥は「ムシャーラカ事業についての証書所有者の持分

---

16 http://www.sc.com.my/general_section/islamic-capital-market/(マレーシア証券委員会のHP. 最終閲覧日2015年5月25日)。
17 Securities Commission Malaysia (2014: 5). 同ガイドラインは,資本市場およびサービス法第377条に基づいて定められたものである。
18 Ibid.

を表象する証書」と定義されている。

　スクークを，裏づけとなる資産または投資／事業の持分を表象する証書として構成することで，コンベンショナル金融において債券の有する性質，すなわち消費貸借上の金銭債権という性質を払拭している。換言すると，実物資産の売買を介在させることで，リバーが発生するのを回避している。スクークは，とくに実務家から，コンベンショナル金融の資産担保証券（Asset Backed Securities; ABS）に類するものと評価されている[19]。このような実物資産を重視するイスラーム金融とコンベンショナル金融との主な違いは，国際協力銀行のシャリーア・アドバイザリー・グループを構成するイスラーム法学者の代理人によれば，①コンベンショナル金融において利息が支払われるのに対して，イスラーム金融では利益または賃料が払われること，②コンベンショナル金融において取引対象が金銭や証書であるのに対して，イスラーム金融では取引対象が実物資産であること，③コンベンショナル金融において予め約定された元本と利息が支払われるのに対して，イスラーム金融では資金や実物資産から実際に発生した利益が支払われること，④コンベンショナル金融において金融機関は商取引に直接関与しないのに対して，イスラーム金融では金融機関は商取引に直接関与すること，にあるとされている[20]。

4. イスラーム法におけるダインの売買による債権譲渡

　さて，イスラーム債券について，それがイスラーム法を遵守している限り，マレーシアだけでなく中東でも認められることに異論はない。争いは，イスラーム債券発行の裏づけ資産に対する見解の相違から生じている。すな

---

[19] 例えば，田原（2009），野呂瀬（2011）など。もっとも，モハド・ダウド・バカール（2010）によれば，イスラーム債券が「アセットベース」なのか，あるいは「アセットバック」かにつき多くの投資家に混乱がみられるという。両者の違いは，デフォルトの際に，投資家が裏づけ資産を自己の所有物として処分できるか否かにある。すなわち，「アセットベース」の場合には，裏づけ資産の所有権は投資家へ移転されるのでデフォルトの際に投資家がそれを処分することができるが，「アセットバック」の場合には，裏づけ資産はイスラーム債券の発行体にあるので投資家は発行体に対する請求権をもつにとどまる，と指摘されている。

[20] イスラム金融検討会（2008: 24）．

わち，売掛債権など金銭債権を裏づけ資産とするイスラーム債券は，コンベンショナル金融における債券とその性質において変わらないのではないか，というのが争点である。ここには，イスラーム法において第三者への債権譲渡が認められるか，そして，債権を取得した価格以外の価格で譲渡することが認められるか，という2つの争点が含まれている。中東諸国と異なり，マレーシアでは，ダインの売買の原則に基づいたイスラーム債券の運用が広く行われている[21]。そこで，本節では，イスラーム法におけるダインの売買に関する諸原則について整理する。

4.1. 債権譲渡の法的構成

イスラーム法において債権は，売買の一形態たるダインの売買（bay' dayn: バイウ・ダイン），ハワーラ（ḥawāla）[22]，贈与によって譲渡されうる[23]。ダインの売買については売買に係る諸準則が適用される。

4.2. 基本概念の整理

ア．売買（バイウ：bay'）

売買とは，物（māl）と物の交換を意味する。例えば，シャーフィイー派の高名な法学者たるナワウィー（AH676/AD1277年没）は，売買について「所有権の移転をともなう物の交換」と定義していることが指摘されている[24]。したがって，売買目的物の対価は金銭に限られず，わが国民法の「交換」も「売買」に含まれることとなる。このようにイスラーム法における「売買」は，わが国民法上の売買よりも広い取引を指している。

イ．物（マール：māl）

21　Mei Pheng et.al（2007: 153）.
22　法学派によってハワーラを債権譲渡または債務引受のいずれに解釈するか違いが存する。ハワーラについて，マーリク派，ハンバル派およびシャーフィイー派の多数説は債権譲渡と，ハナフィー派および一部のシャーフィイー派の法学者は債務引受と解釈している。ハワーラについては，柳橋（2012:699-718），柳橋（2014: 105-108）を参照。
23　柳橋（2012:699）.
24　Zuḥaylī（1997: 3305）；（2012: 112）.

物について，ハナフィー派はこれを有体物に限定する一方で，シャーフィイー派，ハンバル派およびマーリク派ではこれを有体物だけでなく用益や権利といった無体物も含むものとしている。[25]

ウ．物の分類

i. ダイン（dayn）とアイン（ʿayn）

　債権・債務と訳される「ダイン」は，必ずしも日本法でいうところの債権・債務と同義ではない。ズハイリーによれば，ダインとは，「債務負担能力（ズィンマ：dhimma）のおかれたもので，義務（iltizām）の原因を明確にし得るもの」[26]をいい，具体的には「売買目的物（mabīʿ）の代価（thaman）[27]，消費貸借の返還物，婚資，使用収益，損害賠償，身請け離婚（khulʿ）の補償，サラム（salam）の目的物（muslam fī-hi）」などがこれにあたるという。[28]ズハイリーが挙げる例から明らかなように，ここでいうダインは，わが国民法に則して言うならば，債権債務関係における給付の内容を指している。もっとも，柳橋によれば，広義のダインは債権・債務の意味で用いられるという。[29]

　主としてハナフィー派の法学者カーサーニー（587/1191年没），マルギーナーニー（593/1197年没），サマルカンディー（539/1144年没）の法学書に依拠してリバー禁止準則を詳細に検討した両角は，物の分類方法としてのダインおよびアインに言及している。[30]それによれば，ダインとは不特定物に，アインとは特定物に類似の概念であり，ダインは受領（qabḍ）によってアインとなるという。また，ダインは，「それ自体としてはまだ具体的な形を持たず，ある者が他者に対して引き渡すはずの物あるいはある者が他者のために

25　柳橋（2012: 47）．
26　Zuḥaylī（2012: 166）．
27　「売買目的物」と「代価」は，イスラーム法における物の分類方法の一つであるが，後述のように，それぞれ適用される準則が異なる。詳しくは，両角（2011: 84, 85）を参照のこと。なお，両角（2012）ではthamanを代金，mabīʿを被売買物としているが，本稿では，オスマン民法典の翻訳をしているシャリーアと近代研究会（平成25年度科学研究費補助金・基盤Ｂ「イスラーム法の近代的変容に関する基礎研究」〔研究代表者　大河原知樹〕）で使用している訳に従い，それぞれ代価，売買目的物と訳出した。
28　Zuḥaylī（1997: 3404）；（2012: 194）．サラムについては後述。
29　柳橋（1998: 175）．
30　両角（2011: 79-87）を参照。

実行するはずの行為を指す」と言う。さらに，両角は，ダインという言葉自体には義務・権利の要素が含まれない，と指摘している[31]。

ii. 売買目的物と代価

ハナフィー派は，基本的には，売買目的物は指定（taʿyīn）によって特定される物であり，代価は指定によって特定されない物，と定義している[32]。他方，シャーフィイー派は，売買目的物と代価は契約締結に用いる言葉によって決まる[33]。

iii. 売買目的物と代価の組み合わせに着目した売買の分類

イスラーム法における売買は，売買目的物と代価の組み合わせに着目すると【表1】のように分類される[34]。

【表1】売買目的物と代価の組み合わせに着目した売買の分類

		代価	
		ダイン	アイン
売買目的物	ダイン	ダインを代価とするダインの売買（bayʿ al-dayn bi-al-dayn）…両替（sarf）[35]	アインを代価とするダインの売買（bayʿ al-ʿayn bi-al-dayn）…サラム
	アイン	ダインを代価とするアインの売買（bayʿ al-ʿayn bi-al-dayn）…日本民法の「売買」	アインを代価とするアインの売買（bayʿ al-ʿayn bi-al-ayn）…日本民法の「交換」

出典：（柳橋 2012: 331-2）を参照して筆者作成。

---

[31] この点について両角（2011:83）は，「…（前略）…あるダイン（たとえば被売買物としての小麦）は，それを引き渡せと要求できる側，つまり買主にとっては，dayn lahu（彼に有利なダイン，彼が要求できるダイン）となり，それを引き渡さなくてはならない側，つまり売主にとっては，dayn ʿalayhi（彼に不利なダイン，彼が負担するダイン）と表現される。つまり，いわば義務・権利の要素は，ダインという言葉に付加される前置詞句によって表現され，ダインそれ自体のなかには含まれない，ということになる」と述べている。

[32] 両角（2011: 84-5）参照。

[33] Zuḥaylī（2012: 166）. 例えば，「私は○○を××を代価として売却する」と言うことによって代価と売買目的物が決まる。

[34] 例えば，オスマン民法典（Majallat al-Aḥkām al-ʿAdlīya）第120条は，売買の分類について，「売買は，〔売買の〕目的物の観点から，4つに分類される。第1の分類は，代価

4.3. ダインの売買についての学説

ここでは，ズハイリーにしたがってイスラーム法における債権譲渡に係る問題を整理する。ズハイリーの著作に依拠してダインの売買に係る問題を整理するのは，ダインの売買に関するイスラーム法学者の論理構成を把握するためである。ズハイリーは，ダインの売買に係る問題を，期限付ダインの譲渡（bayʿ al-dayn nasīʾa）と金銭即時払いのダイン譲渡（bayʿ al-dayn naqdan fī-al-ḥāl）に分類し，それぞれ，譲受人を債務者および第三者とする場合に分けて論じている。[36]

ア．期限付ダインの売買

ズハイリーは，まず，期限付ダインの譲渡は，ダインとダインの交換と観念されており，譲受人が誰であれ，ダインとダインの交換が禁止されることについて法学者の見解は一致している，と指摘する。ズハイリーは，債務者への期限付ダイン譲渡の例として，①小麦の売買契約において1か月後に小麦の引渡しと代金支払いを約す売買，②売主が買主へダインを引渡すことができない場合において売主が買主へダインの引渡しを増加分付きで延期することを申出て買主がこれを承諾したときの2つを挙げている。②における増加分はリバーにあたると言う。第三者への期限付ダインの譲渡の例としズハイリーが挙げるのは，③債務者から譲渡人へ給付予定の小麦を1ヵ月後に代金と引き換えに譲受人へ引き渡すことを約す売買，④債務者から譲渡人へ給付予定の小麦と「現物（silʿa ḥāḍira）（アイン）」の交換である。③および④については，契約の場において占有の引渡しができないが故に，このような売

による財物の売買である。この分類が売買のうちでもっとも知られるために，単に売買といわれる。第2の分類は，両替である。第3の分類は，交換である。第4の分類は，先物売買である。」と規定している。

[35] もっとも，ダインとダインの交換禁止の準則があるため，両替が有効に成立するには，散会（契約の場から当事者が物理的に離れること）までに交換が完了することが求められる。すなわち，「契約締結時（申込と承諾が合致した時点）では契約に充てられる金銭はダインであっても，両当事者が散会するまでにはアインになっていなければならない。」柳橋（2012: 332）．

[36] 「(3) 債権譲渡の学説」における学説の整理については，Zuḥailī（1997: 3404-3408），(2012: 194-197) を参照した。

買は適正でないという[37]。

さて、ダインとダインの交換が禁止される根拠としてズハイリーが挙げるのは、預言者がダインとダインを禁止したことを伝えるハディースであるが、それ以外の理由についてズハイリーはとくに言及していない[38]。

イ．金銭即時払いのダインの売買

ここでいう債務者へのダインの譲渡は、わが国民法の代物弁済に相当する。

スンナ派の四法学派の多数派はこれを有効と解釈しているとして、その理由についてズハイリーは、ハナフィー派法学者のカーサーニーやハンバル派法学者イブン・クダーマ（620/1223年没）等の法学書を根拠として次のように述べている。すなわち、「ダインとダインの交換が有効でないのは引渡しができないためであり、この〔債務者へのダインの譲渡の〕場合において引渡しは必要ない。なぜならば、債務者が〔債務の〕責務（dhimma）を負っているからである。」と言う[39]。続いて、ズハイリーは債務者へのダインの譲渡の例を挙げて、「債権者が債務者へダインを譲渡して、代わりに債務者の有する別の種類（jins）のダインを譲受する。そうすると、譲渡したダインは消滅するが、その代わりのものが提供されなければならない」と言う[40]。このような事例が認められるのは、それが当事者間の和解または妥協とみなされるからだ、と述べている。

第三者へのダインの譲渡をめぐっては各法学派間に学説の対立がみられるという。

---

37 「適正でない」、すなわち不適正な契約とは、契約の成立要件（契約の申込みと承諾、当事者の意思能力など）は満たされたが、適正要件（リバー禁止則に反しない、目的物や代価が確定しているなど）を満たさない契約である。不適正な契約は治癒可能、すなわち有効な契約へ転化することが可能であり、この点で無効な契約と異なる。不適正な契約を観念するのは、ハナフィー派およびマーリク派の一部学説である。シャーフィイー派およびハンバル派は、有効な契約と無効な契約だけを観念している。効力からみた契約の分類について詳しくは、柳橋（2012: 172-177）を参照のこと。
38 ダインとダインの交換については後述。
39 Zuḥaylī（1997: 3405），(2012: 195).
40 Zuḥaylī（1997: 3405），(2012: 195).

ズハイリーは，ハナフィー派では目的物が動産の場合においてその引渡不能な売買を認めないので，債務者以外の者による債権（ダイン）の譲渡はこれを締結できないと述べている。続いて，債務者だけがダインを引き渡すことができると強調した上で，ダインとは，「責務の生じる擬制的財物」または「ある物（al-māl）の所有権を移転して，それを引き渡す行為」であり，このようなダインは売買において引き渡すことができないと言う。

 ズハイリーは，シャーフィイー派のなかには，弁済の確実なダイン（al-dayn al-mustaqirr）に限って第三者への譲渡を認める学説があることを紹介する。弁済の確実なダインの例として挙げられているのは，物の滅失毀損に対する損害賠償の価格，消費貸借における返還物である。ハンバル派についても，多数説は第三者へのダインの譲渡を認めないが，同法学派の法学者イブン・カイイム・アル゠ジャウジーヤ（751/1350年没）はこれを認める，と指摘している。

 ズハイリーによれば，マーリク派においては，次の要件を満たす第三者へのダインの譲渡は有効である。(1) ダインの譲渡がリバーや射倖性といった禁止事項に反しないこと，すなわち (1-1) 受領前に譲渡可能なダインであり，売買目的物たるダインが食物でないこと，(1-2) ダインの譲渡の代価が即時払いであること，(1-3) 代価が売買目的物たるダインと異なる種類に属すること，同じ種類に属する場合はリバーを回避するために等量であること，(1-4) ダインが銀の場合は代価が金でないこと，(2-1) 債務者（al-mudīn）が契約の場（majlis al-'aqd）に立ち会った上での譲渡が望ましく，(2-2) 債務者がダインの存在を認識していること，(2-3) 債務者がダインに拘束されること，(2-4) 譲受人と債務者が敵対関係にないことされること，が要件として掲げられている。

---

41 Zuḥaylī（1997: 3406），(2012: 195).

5. 第三者への債権譲渡に関する論点[42]

　以上から，売買目的物が動産の場合において受領前に債権者がこれを転売することの可否，ダインを対価とするダインの売買禁止，リバーの禁止という売買に係るイスラーム法の原則が第三者への債権譲渡の論点となっていることがわかる。

5.1. 売買目的物が動産の場合において受領前に債権者がこれを転売することの可否

　売買目的物たる動産の受領前に債権者がこれを転売することを禁止しているのはハナフィー派であるが，その直接の根拠は預言者が受領前の物の売買を禁じたと伝えられるハディースに求められている。そして，売買目的物滅失の場合に売買契約が無効となりうるという射倖性を内包することを理由に，これを禁止すると解釈している[43]。換言すると，ハナフィー派法学者は，債権譲渡の目的たる債権の給付内容が滅失する可能性を射倖性とみなしているといえよう。このような滅失の可能性というリスクが存することを承知の上で，譲受人は債権譲渡契約を締結するというのがわが国民法の立場であるが，イスラーム法の少なくともハナフィー派ではそのように解釈していないようである[44]。さらに，上述の債権譲渡についてのズハイリーの整理から，債権譲渡の目的たる債権の給付内容について，債務者から譲渡人への現実の引渡しのないことも第三者への債権譲渡を禁止する理由であることが明らかであろう。ズハイリーの整理にしたがえば，物自体とその物に対する権利が未分化であることが，同派において第三者への債権譲渡を認めない原因のひと

42　わが国民法からすると，「第三者への債権譲渡」との言葉は違和感があるが，本稿では，譲受人に債務者も含めて債権譲渡を論じるイスラーム法学者の使い方に倣って「第三者への債権譲渡」とした。
43　Zuḥaylī (1997: 3463), (2012: 244). なお，この場合において売買目的物が滅失したとき，原契約は無効となり (yabṭil al-bayʿ al-awwal)，転売契約は取消される (yanfasakh al-thānī)。
44　Zuḥaylī (1997: 3380, 3381) によれば，売買目的物が滅失した場合は，原契約も債権譲渡契約も無効となるという。

つとも思われる。

　他方，ハナフィー派が第三者への債権譲渡禁止の理由として挙げる動産の受領前の転売禁止の原則は，マーリク派においては食物に限ってその適用を受ける[45]（上述のマーリク派における債権譲渡の成立要件（1-1））。したがって，マーリク派の学説によれば，給付の目的が食物でない限り，第三者への債権譲渡が認められることとなる。

　ハンバル派は，食物についてその受領前の転売を認めないとしつつ，体積計量物（makīl），重量計量物（mawzūn）および個数物（ma'dūd）を除く動産はその受領前に転売しうる，という[46]。なお，シャーフィイー派もハナフィー派と同じく，売買目的物の受領前にこれを転売することを認めていない[47]。

5.2. ダインを対価とするダインの売買の禁止

　ダインを売買目的物とする売買（債権譲渡）は，その対価たる代価がダインかアインかによって，①ダインを売買目的物，ダインを代価とする売買，②ダインを売買目的物，アインを代価とする売買の2つに分類される。

　ダインとダインの交換禁止とは，「契約の場が終了した時点で交換に充てられる物がともにダインであってはならない」ことを意味する[48]。ダインとダインの交換には，「両債務の履行に期限が設けられる契約」および「債権を債務者または第三者に売って，その対価の支払いに期限を付す契約」が含まれるという[49]。

　ダインとダインの交換禁止の根拠としてハディースが挙げられているものの，その理由については明示されているわけではない。柳橋は，ダインとダ

45　Zuḥaylī（1997: 3464），（2012: 244, 245）．その直接の根拠は，預言者が「食物を購入した者は誰であれ，それを受け取るまで転売してはならない」というハディースにある，とされている。受領前の食物の転売を禁止する理由は，それがリバー禁止準則，すなわち期限のリバー（ribā al-nasī'a）禁止に反する可能性があるからだと指摘されている。Zuḥaylī（1997: 3464）を参照。
46　Zuḥaylī（1997: 3464），（2012: 245）．
47　Zuḥaylī（1997: 3464），（2012: 245）．
48　柳橋（2012: 337）．
49　柳橋（1998: 178）．

インの交換禁止のハディースの信憑性が高くないこと，イスラーム法の法学書においてその理由が明示的に説明されることもないことに言及した上で，債権譲渡の目的の授受が「不確かであるという意味での射倖性がその動機のようである」と述べている[50]。他方，イスラーム法研究の碩学たるシャハトは，ダインとダインの禁止の理由について，期限のリバー禁止を拡大適用したものとみなしている[51]。両角は，ダインとダインの交換禁止が，「リバー禁止準則と極めて整合的な関係にあることも明らかであり，両準則はいずれも同種の問題を意識・考慮していると推測される」と指摘している[52]。

　ダインを売買目的物，アインを代価とする売買について，イスラーム法はサラム，すなわち代価の引渡しを先履行債務とする売買としてこれを認めている。ズハイリーによれば，各法学派の主だった法学者は，売買の目的物についてその種類，品質，量，弁済期，目的物の価格および引渡し場所（目的物の移転に費用が生じる場合）が確定していることをサラムの成立要件として挙げているという[53]。ハナフィー派，シャーフィイー派およびハンバル派においては，代価がダイン（例えば金銭）の場合は，ダインとダインの売買禁止の原則から，契約の場において，その引渡しが行われねばならない，とされている[54]。サラムの目的物については，ハナフィー派においてはリバー禁止準則から，代価と共通の単位系または同一の種類であってはならない，とされている[55]。また，サラムの目的物は種類物・不特定物であり，「指定によって特定される（yataʿayyan bi-l-taʿyīn）」ものでなければならない，と指摘されている。なお，金貨および銀貨は指定によって特定されないので，金貨および

50　柳橋（2012:337）．
51　Schacht（1964:146）．なお，柳橋（1998:179）はシャハトの見解に対して，「ハナフィー派はダイン対ダインの有償契約は不成立であるとしているが，同派によればリバー禁止に抵触する契約は無効であるとされることからこの説をにわかに受け入れることはできない」と述べている．
52　両角（2011: 277）．
53　Zuḥaylī（1997: 3605），（2012: 360）．
54　Zuḥaylī（1997: 3607, 3608），（2012: 362）．他方，マーリク派の学祖マーリクは，3日以内に「代価」の引渡しがあればよいとしている．Zuḥaylī（1997: 3608）を参照．
55　Zuḥaylī（1997: 3609），（2012: 324）．

第4章　イスラーム金融の背景——中東と東南アジアの比較　241

銀貨を目的物とするサラムは許容されない、という[56]。したがって，金銭をサラムの目的物とすることは許されないこととなる。サラムの効果についてズハイリーは，「（売主のために）特定された物の頭金に所有権（milk）が成立するのと引き換えに，サラムの買主のために目的物の中に所有権が遅れて成立する」と述べている[57]。

5.3. リバーの禁止

リバーには，剰余のリバー（ribā al-faḍl）と期限のリバー（ribā al-nasī'a）があり，前者はリバー財（金，銀，小麦，大麦，ナツメヤシの実，塩）において同種の物が交換される場合に生じる量または交換時期の差異であり，後者は種類の異なる物が交換される場合に生じる交換時期の差異である[58]。したがって，債権譲渡において目的物たるダインと代価が同種の場合には，契約の場において等価で両債務が履行されなければ剰余のリバーが生じることとなる。また，債権譲渡において目的物たるダインと代価が異なる種類に属する場合は，契約の場において両債務が履行されなければ期限のリバーが生じることとなる。

6. ダインの売買による債権譲渡：マレーシア証券委員会・シャリーア諮問協議会の見解

次に，『証券委員会シャリーア諮問協議会決議（第2版）』に依拠して，第三者への債権譲渡についてのマレーシア証券委員会・シャリーア諮問協議会の債権譲渡についての見解をみてみる。

56　Zuḥaylī (1997: 3609, 3618). もっとも，両角（2011: 81）によれば，金貨および銀貨は指定によって特定されないものの，「受領」によって特定される，すなわち「アイン」となる。
57　Zuḥaylī (1997: 3627).
58　リバーの一般的な定義については，柳橋（2012: 233-235）を参照。

「決議

1996年8月21日第2回会合においてシャリーア諮問委員会は，イスラーム資本市場発展に資する諸概念の一つとして，ダインの売買（bay' dayn），すなわち債権譲渡，の原則を受け入れることについて，全員一致で合意した。これは，一定の条件の下でこの概念を認める数人のイスラーム法学者の学説に依拠したものであった。資本市場において，<u>市場参加者のマスラハ</u>（公共の福利）を保護しうる透明性の高い規制システムが存する場合は，かかる条件は充たされることとなる。

はじめに

イスラーム法学の観点からすると，代金，返還物，婚姻の完成（床入り）によって妻に請求権が生じる未払いの婚資，賃貸料，損害賠償，<u>身請け離婚</u>における慰謝料，購入注文書への支払金を含むなど，ダインの射程は極めて広い。

イスラーム資本市場の文脈において，ダインの売買とは，ムラーバハ，バイウ・ビサマン・アージル，イジャーラ，イジャーラ・ムンスィヤー・ビー・タムリーク，イスティスナーウなどの交換契約から生じるダインを売買する原則である。

ダインの売買の許容性を支持する見解

ダインの売買の原則は，過去から現在までのイスラーム法学者の間で，常に争点の一つであり続けている。もっとも，イスラーム法学者の間でそれを禁止することについての合意は成立していない。

一般的に，イスラーム法学者の多数派は，債務者への債権譲渡という行為を認めることについては意見が一致している。第三者への債権譲渡について見解が異なっているのだ。その理由は，譲渡人から譲受人へ目的物を引き渡すことができない，というものである。

1996年1月25日の第8回会合においてイスラーム商品研究グループ（Islamic Instrument Study Group: IISG）は，幾人かのイスラーム法学者がダインの売買を認めない理由を明らかにした。すなわち，その理由とは，譲受人が負うリスク（gharar：ガラル），受領／占有（qabḍ）の不存在およびリバーである。

過去のイスラーム法学説の検討

ハナフィー派は，譲受人，債務者および債権自体の性質にとっての潜在的

危険の側面から，ダインの売買を考えていた。ハナフィー派は，債権譲渡においてリスクは払拭されないことを理由として，これを認めないことでその見解が一致していた。債権は，擬制的財物であり，譲受人は目的物を所有できず，譲渡人は目的物を引き渡すことができないので，譲受人は多大なるリスクを負うこととなる。

マーリク派は，市場での債権譲渡原則を用いるのを容易にするために一定の要件が充たされる場合に第三者への債権譲渡を認めていた。かかる要件とは，次のようなものであった。

(a) 購入代金の即時払い
(b) 債務者が債権譲渡の場に居合わせること
(c) 債務者が債権の存在を確認すること
(d) 債務者が法的拘束を受ける集団に属すること。それにより，債務者はその債務を弁済することができる。
(e) 代価がダインと同種でないこと。代価がダインと同種である場合には，リバーを回避するために，等価でなければならない。
(f) 債権は，将来引き渡される通貨（金および銀）の売買からは発生しない。
(g) ダインは，その引渡し前にあっても，売買可能な物でなければならない。これは，ダインが，受領前の取引が禁止されている食物類でないことを保証するためである。
(h) 譲渡人と譲受人が敵対関係にないこと。敵対関係は，債務者に困難を生じる。

このようなマーリク派の要件は，次の3つに分類できる。すなわち，(a) 譲受人の権利保護，(b) 受領前の債権譲渡の回避，(c) リバーの回避，である。

シャーフィイー派は，ダインが保証され，かつ即時に引き渡されねばならないアインとの交換である場合は，第三者への債権譲渡を認めていた。債権譲渡がされると，現金または目に見える資産でその対価が支払われねばならなかった。

イブン・カイイムは，債権譲渡を禁止するイジュマー（合意）が存しないことを理由として，債権譲渡を容認していた。禁止されているのは，「bai' kāli' bi-kāli'」であった。

　このような学説検討の結果から，過去のイスラーム法学者の間でダインの売買についての見解が対立する主たる理由は，譲渡人が目的物を引渡す能力にあることが明らかとなった。この点は，イブン・タイミーヤも言及しており[59]，四法学派の偉大なる文献での言及に基づいていた。

　譲受人が多大なるリスクを負うことへの恐れから，第三者へのダインの譲渡を禁じるイスラーム法学者の学説は（ハナフィー派），ある意味で真実でもある。これは，とくに，監督とコントロールが不在な場合にもっともである。ここにおいて，譲受人の公共の利益は保護されねばならない，なぜなら，譲受人は，売買契約を締結する一方で債権譲渡というリスクを負う当事者であるからだ。マレーシアにおいては，ダインの売買の原則に基づく債務証券商品（debt securities instruments）は，契約当事者の権利保護を目的とした中央銀行と証券委員会による規制に服している。それ故，マーリク派が課す要件は満たされ，かつハナフィー派が挙げるリスクへの恐れは規制と監督によって克服されうる。

　このように，ハナフィー派およびマーリク派の間でダインの売買についての見解に違いは存するものの，経済システムにおいて譲受人のマスラハを保護する規制システムが存する場合は，ダインの売買は可能と結論できる。

　マーリク派の課す5つ目の要件は，リバー財の交換に関連する。証券化された債務の売買において，証券の性質は現金と異なる。それゆえ，物の交換に課された要件に拘束されることはない。」

　第三者への債権譲渡を容認するに際しての最大の障害は，譲渡人の目的物を引渡す能力が定かでない，すなわちリスクないし射倖性が存する点にあるとみなしている。この点について，中央銀行と証券委員会の監督権限を根拠として，かかるリスクないし射倖性は払拭されると結論づけている。留意すべきは，これにより無条件に第三者への債権譲渡が許容されるといっているわけではなく，マーリク派の掲げる要件を満たす第三者への債権譲渡が許容されると解釈している点である。そこで，問題となるのは，額面価格以外で

---

[59] 728/1328年没。イブン・カイイムの師。

の債権譲渡である。すなわち，債権譲渡の目的物および代価が金銭という場合，契約締結の場において等価での交換がなければ剰余のリバーが発生することとなる。そこで，シャリーア諮問協議会は，証券は金銭とは異なるという立場をとり，それ故，証券は，金銭であれば従わねばならない物の交換に係る諸原則に拘束されないとの見解を示している。

現代中東のイスラーム法学者の多数は，シャリーア諮問協議会の見解と異なり，第三者への債権譲渡に否定的である。その理由として，預言者のハディースのほか，額面価格以外での債権譲渡はリバー禁止準則に違反することが挙げられている。[60] マレーシアと中東のイスラーム法学者の間の見解の相違は，ダインを物（māl）または金銭とみなすかの違いから生じている。マレーシアではダインを物とみなすことで，額面価格以外での譲渡が可能となるのに対して，ダインを金銭とみなす場合には額面価格以外での譲渡はリバーが発生するので認められないこととなる。[61] したがって，売掛債権などの金銭債権を裏づけ資産とするイスラーム債券の発行については，中東では否定的な見解がとられることが多い。その理由は，売掛債権の譲渡が消費貸借上の金銭債権譲渡とその性質において同じであるからだと指摘されている。[62]

おわりに

マレーシアのイスラーム金融は，コンベンショナル金融における債券—消費貸借上の金銭債権を表象する証券—に代えて，裏づけとなる資産または事業への持分を表象する証券として組成することで，イスラーム債券発行による資金調達を可能とした。もっとも，裏づけとなる資産の形態に基づいて各種のイスラーム債券が存するが，このうち売掛債権などの金銭債権を裏づけ資産とするイスラーム債券については，これを認めるか否かにつき，イス

---

60 Mohamed Rafe（2005: 48, 49）.
61 ダインを物または金銭とみなすかについては，Rosly（2007: 462-464）を参照。また，長岡（2011: 131）も，第三者への割引価格での債権譲渡を容認する見解は，債権の取引を非貨幣財の売買とみなし，他方，これを容認しない見解は，債権の取引を貨幣財どうしの取引とみていることを指摘している。
62 Siddiqi（2005: 113）.

ラーム法学者の間で争いが生じている。本稿は，金銭債権を裏づけ資産とするイスラーム債券の問題が示すイスラーム法における債権譲渡の論点整理をその射程としていた。金銭債権を裏づけ資産とするイスラーム債券の問題には，イスラーム法において第三者への債権譲渡が認められるか，そして，債権を取得した価格以外の価格で譲渡することが認められるか，という2つの争点が含まれていた。

　イスラーム法において第三者への債権譲渡を認めるか否かを判断するに際して論点となっていたのは，かかる債権譲渡が，動産の受領前の転売禁止，ダインを対価とするダインの売買禁止およびリバーの禁止という売買に係るイスラーム法の原則と抵触しないか，という点であった。そして，債権を取得した価格以外の価格での譲渡を認めるか否かを判断するに際して論点となっていたのは，それがリバーの禁止に反しないか，という点であった。マレーシアの証券委員会・シャリーア諮問協議会は，もっぱら，第三者への債権譲渡が動産受領前の転売禁止の原則に抵触しない点を強調していた。すなわち，動産受領前の転売禁止の原則の理由を当該動産の引渡しできない可能性がある点にリスクないし射倖性が存するから認められないと解釈する学説に対して，マレーシアの中央銀行および証券委員会の監督下においてはかかるリスクは払拭される，と反駁していた。その他の論点については，とくに個別に取り上げて反駁するわけでもなく，ただマレーシアの中央銀行および証券委員会が監督することを強調するのみであった。そして最もその克服が困難と思われる争点，債権を取得した価格以外の価格で譲渡することが認められるか否かについては，「証券」は「金銭」とは異なると解釈してイスラーム法の売買に係る諸原則の適用を受けないとの見解を示した。結果として，割引価格での金銭債権を裏づけ資産とするイスラーム債券の売買が可能となったのである。

　イスラーム法における債権譲渡についての考察から，動産売買においては契約の場での目的物の占有の引渡しが売買契約成立の重要な要素となっていることが明らかとなった。もっとも，占有の引渡しがないが故に債権譲渡を認めないのは，イスラーム法に限ったことではなくコモン・ローも以前はそ

第4章　イスラーム金融の背景——中東と東南アジアの比較　　247

うであった。また，ローマ法においても，債権は債権者と債務者を結び付ける「法鎖（juris vinculum）」であり，債権をその主体から切り離して譲渡することは認められないとして債権譲渡は禁止されていた。中世末期から近代へかけての経済発展・商業取引の発展が債権の財産化・債権の取引対象化へと導く過程で近代民法は債権の譲渡性を承認したのであり，中世までには完成したといわれるイスラーム法がイスラーム債券をめぐる論理構成で直面しているのは，権利と客体の分化，債権の財産化・債権の取引対象化のためのイスラーム法の再構築である。それは，遅れてきた「近代経験」とも言えよう。

参考文献

【日本語文献】
新井サイマ（2011）「スクーク（イスラム債）の日本国内発行への道を開いた資産流動化法の改正」『野村資本市場クォータリー』夏号．
石川直樹（2011）「スクーク発行に関する法的観点からの経験的考察と展望」『月刊資本市場』311号．
池田真朗（2001）『債権譲渡法理の展開』，弘文堂．
———（2004）『債権譲渡の研究』増補二版，弘文堂．
———（2010）『債権譲渡の発展と特例法』，弘文堂．
———（2010）『債権譲渡と電子化・国際化』，弘文堂．
イスラム金融検討会編著（2008）『イスラム金融：仕組みと動向』日本経済新聞出版社．
大河原知樹・堀井聡江・磯貝健一（2011）『オスマン民法典（メジェッレ）研究序説』NIHUプログラム「イスラーム地域研究」東洋文庫拠点＝財団法人東洋文庫研究部イスラーム地域研究資料室．
桑原尚子（1998）「金融制度へのイスラーム法の導入：バンク・イスラーム・マレーシアを事例として」『アジア経済』第39巻第5号．
———（2014）「イスラーム法における債権譲渡をめぐる諸問題とイスラーム債券（スクーク）−マレーシアを事例として」『社会体制と法』第14号．
島田真琴（2009）『国際取引のためのイギリス法』慶応大学出版会．
角紀代恵（1983-5）「イギリス法における債権譲渡の歴史（1）〜（3完）」法協100巻12号，

63　コモンローにおける債権譲渡の歴史について詳しくは，角（1983-5）を参照されたい。
64　ローマ法における債権譲渡の禁止については，我妻（1964: 509），船田（1967: 166），西村編（1965: 336）を参照。
65　西村編（1965: 337-8）．

101巻5号，102巻1号.
田原一彦（2009）「日本法制下のイスラーム金融取引」『イスラーム世界研究』第2巻第2号.
中川利香（2006）「開発戦略とイスラーム金融の融合の試み：イスラーム銀行を中心に」鳥居高編『マハティール政権下のマレーシア：「イスラーム先進国」を目指した22年』アジア経済研究所.
長岡慎介（2011）『現代イスラーム金融論』名古屋大学出版会.
西村信雄編（1965）『注釈民法（11）』有斐閣.
ノエル・J・クールソン／志水巌訳（1987）『イスラムの契約法』有斐閣.
野呂瀬和樹（2011）「イスラム金融の台頭―グローバル金融市場の新潮流―」『NRI Knowledge Insight』初夏特別号.
船田享二（1967）『ローマ法入門』新版，有斐閣.
武藤幸治（2005）「急速に広がるイスラム金融市場」『季刊 国際貿易と投資』62号.
―――（2008）「世界金融危機とイスラム金融」『季刊 国際貿易と投資』74号.
モハド・ダウド・バカール（2010）「金融危機後のイスラム金融市場の現状―デフォルト事例のシャリア判断も含めて」『JOI』9月号.
両角吉晃（2011）『イスラーム法における信用と「利息」禁止』羽鳥書店.
柳橋博之（1998）『イスラーム財産法の成立と変容』創文社.
―――（2012）『イスラーム財産法』東京大学出版会.
―――（2014）「イスラーム法における契約の履行確保について」イスラムビジネス法研究会＝西村あさひ法律事務所編『イスラーム圏ビジネスの法と実務』一般財団法人経済産業調査会.
吉田悦章（2010）「イスラム金融最新事情」『JOI』9月号.
我妻栄（1997）『近代法における債権の優越的地位』復刊，有斐閣.

【外国語文献】
Accounting and Auditing Organization for Islamic Financial Institutions, Shari'a Board, *Resolution on Sukuk*, http://www.aaoifi.com/aaoifi/default.aspx
Adnan Trakic & Hanifah Hayder Ali Tajuddin (eds) (2012), *Islamic Banking & Finance: Principles, Instruments & Operations*, Malaysia: CLJ Publication.
Ahmad Hidayat Buang (2000), *Studies in the Islamic Law of Contracts: The Prohibition of Gharar*, Malaysia: International Law Book Service.
――― (2007), "Islamic Contracts in a Secular Court Setting?: Lessons from Malaysia", *Arab Law Quarterly*, 21.
Anderson, Scott R. (2010), "Recent Development: Forthcoming Changes in the Shari'ah Compliance for Islamic Finance", 35 *The Yale Journal of International Law* 237.
Cattelan, Valentino (2013), "Property (Māl) and Credit Relations in Islamic Law: An Explanation of Dayn and the Function of legal Personality (*Dhimma*)", *Arab Law Quartery* 27.
El-Gamal, Mahmoud A. (2003), "'Interest' and the Paradox of Contemporary Islamic Law and Fi-

第4章　イスラーム金融の背景——中東と東南アジアの比較　249

nance", 27 *Fordhan International Law Journal* 108.
―――― (2008), "Incoherence of Contract-Based Islamic Financial Jurisprudence in the Age of Financial Engineering", 25 *Wisconsin International Law Journal* 605.
Engku Rabiah Adawiah (2003), "Islamic Law Compliance Issues in Sale-based Financing Structures as Practiced in Malaysia", 3 MLJ lviii.
Hooker M. B. (1976), *The Personal Laws of Malaysia: an introduction*, Kuala Lumpur: Oxford University Press.
Majallat al-Ahkām al-'Adlīya, Istanbul, AH 1305, 3rd. ed.
Mei Pheng, Lee and Detta, Ivan Jeron (2007), *Islamic Banking & Finance Law*, Petaling Jaya, Malaysia: Pearson.
McMillen, Michael J.T. (2007), "Symposium: *Islamic Business and Commercial Law:* Contractual Enforceability Issues: Sukuk and Capital Markets Development", 7 *Chicago Journal of International Law* 427.
McMillen, Michael J.T. (2008), "Asset Securitization Sukuk and Islamic Capital Markets: Structual Issues in These Formative Years", 25 *Wisconsin International Law Journal* 703.
Mohamed Rafe Md.Haneef (2005), "Recent Trends and Innovations in Islamic Debt Securities: Prospects for Islamic Profit and Loss Sharing Securities" in Ali, S. Nazim (ed.), *Islamic Finance: Current Legal and Regulatory Issues*, Cambridge, Massachusetts : Harvard Law School, ILSP, Islamic Finance Project.
Muhammad al-Bashir Muhammad al-Amine (2012), *Islamic Securitization Market: Financial Engineering and Product Innovation*, Leiden and Boston: Brill.
Rayner, S.E. (1991), *The Theory of Contracts in Islamic Law*, London: Graham & Trotman.
Rosly, Shaiful Azhar (2007), *Critical Issues on Islamic Banking and Financial Markets: Islamic Economics, Banking & Finance, Investments, Takaful and Financial Planning*, Malaysia: Dinamas Publishing.
Rusni Hassan (2009), "The Outlook of the Malaysian Islam Capital Market", 3 MLJ cxvii.
Shacht, Joseph (1964), *An Introduction to Islamic Law*, Oxford University Press.
Securities Commission Malaysia (2007), *Resolution of the Securities Commission Shariah Advisory Council*, second edition, Securities Commission.
Securities Commission Malaysia (2011), *Islamic Securities Guidelines* (*Sukuk Guidelines*), Securities Commission.
Siddiqi, M.Nejatullah (2005), "Social Dynamics of the Debate on Default in Payment and Sale of Debt", in Ali, S. Nazim (ed.), *Islamic Finance: Current Legal and Regulatory Issues*, Cambridge, Massachusetts : Harvard Law School, ILSP, Islamic Finance Project.
Siddiqui, Rushdi (2007), "Shari'ah Compliance, Performance, and Conversion: The Case of the Dow Jones Islamic Market Index", 7 *Chicago Journal of International Law* 495.
Vohrah, KC., Koh, Philip TN and Ling, Peter SW (2004), *The 5th edition of Sheridan & Groves: The Constitution of Malaysia*, Malayan Law Journal.
Younes Soualhi (2012), "Bridging Islamic Juristic Differences in Contemporary Islamic Finance!",

Arab Law Quarterly, Vol. 26.

Zuḥaylī Wahbah al- (1997), *Al-fiqh al-islāmī wa-adillathu*, vol.5, Damascus: Dār al-Fikr al-Muʿāṣir.; El-Gamal, Mahmoud A.(trans.) (2007), *Financial Transactions in Islamic Jurisprudence*, second edition, vol.1, Damascus:Dar al-Fikr al-Mouaser.

―――― (2012), *Mausūʿat al-fiqh al-islāmī wa al-qaḍāyā al-muʿāṣira*, vol.4, Damascus: Dār al-Fikr al-Muʿāṣir.

・引用文中の〔カッコ〕は筆者による挿入を意味する。

あとがき

　本書は，冒頭の「刊行にあたって」にあるようにアジア法学会10周年記念企画によるものである。アジア法学会としての第一回大会は2003年に専修大学において開催された（但し，その前身たるアジア法研究会は2000年に中央大学で開催されている）。2013年は10周年にあたるため，2011年に発足した企画委員会においては当年・翌年の企画以上に10周年記念企画に力を注ぐこととなった。記念企画である以上，地理上のアジア全体の法について見通せるような広がりのテーマが求められる。このような場合，近代西洋法継受（または移植）をめぐるものとなりがちである。継受の過程，固有法との摩擦，法の多元性，法と開発，国際人権，法整備支援などもまた関連することがである。これらはすでにいずれかの研究会・大会などでとりあげられていた。これらとは別に地理上のアジアの西から東まで共通なものはないかと考えたときにイスラーム法（シャリーア）に思い至った。西アジアは北アフリカとあわせてイスラーム法の核となる地域であるが，人口の点では，南アジア・東南アジア・東アジアにも多くのムスリムがいる。国によってイスラーム法と国家法との関係は様々であるが，このことは研究すべきテーマとしてはより魅力的である。

　ここまでが企画委員長（当時）であった私の責任であった。そこから先は本書編集の責任者である堀井によって学会大会企画が練られた。

　アジア法学会は現在に至るまで，春・秋2回の大会を開催している。2013年春・秋の学会は盛会であり，報告・討論ともに興味深いものであった。これらをもとに本書は成っている。但し，これも「刊行にあたって」にあるように，さまざまな論考からなる論文集ではなく，1冊の読み物として構成されている。大会の企画編成自体がそのようなものであったことが基礎となっている。なお，大会は公益財団法人社会科学国際交流江草基金の助成を受けた。学会企画担当者としてここに謝意を表す。また，本書については「刊行にあたって」にあるように，成文堂の飯村晃弘氏に出版企画段階からご協力を賜った。同じく謝意を表す。

イスラーム法の中核たるコーラン（クルアーン）はアラビア語で書かれたものであり，それ以外の言葉で書かれたものは聖典そのものではなく，その解説となる。この点が学界においてイスラーム法研究者の数を著しく制限している。またイランにおけるイスラーム革命以降，とりわけ2001年の9・11以降においてはムスリムに対する偏った先入観が持たれてきた。本書の出版がイスラーム法やその規範のもとで暮らす人々への敬意を含む理解の一助となると信じている。

　2016年7月3日
　　　アジア法学会理事，東京大学東洋文化研究所所長・教授
　　　　　　　　　　　　　　　　　　　　　　　　　高見澤　磨

用語解説

注）
・アラビア語起源の用語については，本文中で地域の言語に転訛した形が用いられていても，ここではアラビア語による原語表記に統一している。
・解説のなかで下線を引いた語については別途解説がある。

あ行

アサバ（ʿaṣaba）
　男性父系血族。イスラーム以前のアラブの部族法においてはアサバが主たる相続人であったが，クルアーンは女性や配偶者を含む一定範囲の親族も法定相続人に含めた（4章11-12節）。しかし，特にスンナ派のイスラーム法学は相続問題の解釈におけるアサバ中心主義をとる。また，シャリーアにおいては婚姻後見制度のようなイスラーム以前のアサバによる未成年者や女性の人格的支配に由来する制度が継承された。

アダット（adat）
　「慣行，慣習」または「慣習法」を意味するアラビア語のアーダ（ʿāda）に由来するマレー語で，東南アジアで広く慣習法体系を指す。

イジャーラ（ijāra）
　賃約，すなわち賃貸借契約と雇用・請負契約を含み，物または人の使用利益（manfaʿa）の売買と観念される。契約時に存在しない物や未所有の売買の禁止に抵触し，またハナフィー派によれば使用利益はそもそも財物には含まれないが，社会的な需要ゆえに正当化される。イスラーム金融においてはリース等の商品に転用される。

イジュティハード（ijtihād）
　神の法すなわちシャリーアを明らかにする学的な「努力」を意味し，広義には啓示を含む法源や学説の解釈を指すが，狭義には第4法源であるキヤースを指す。

「イジュティハードの門の閉鎖」（insidād bāb al-ijtihād）
　10世紀以降のスンナ派のイスラーム法学において，四法学派すなわちハナフィー

派，マーリク派，シャーフィイー派，ハンバル派のシャリーアを正統とし，新たな学派の創設に至るような法解釈は禁じられるとする原則。オリエンタリストによるイスラーム法研究は，この原則が文字通りイスラーム法の解釈そのものを停止させ，ひいてはムスリム社会の停滞や没落を招いたとする誤解を広めたが，1970年代以降の研究によってこうした見解は否定された。

イジュマー（ijmāʿ）

イスラーム共同体の合意，ひいては共同体の代表者としてのウラマーの学説の一致。スンナ派のイスラーム法理論の多数説によれば，クルアーン，スンナに次ぐシャリーアの第3の法源とされる。

イスティスナーウ（istiṣnāʿ）

製造物供給契約。製造者が注文者の指示に従い，自己の供出する材料によって注文品を製造することを約する（履行義務は負わない）契約。契約時に存在しない物や未所有の売買禁止の例外として，慣習上この種の契約の目的とされる品物についてのみ，法学派によってはこれを合法とする。イスラーム金融においては，建築予定の住居の販売のように実体として存在しない商品の取引に対する融資に用いられる。

イスマーイール派 ➡ シーア派

イスラーム法学（fiqh）

啓示からシャリーアを「理解」すること，すなわち広い意味でのイジュティハードを目的とし，遅くとも7世紀末に成立した。もっとも，イジュティハードの方法等の法理論を定める「根の学」（uṣūl al-fiqh）の分野が確立するのは11世紀頃であり，これにより「枝の学」こと実定法学（furūʿ al-fiqh）の分野におけるシャリーアの古典的完成がもたらされた。

イスラーム法学者（faqīh）➡ ウラマー

イーナ（ʿīna）

古典イスラーム法学においては，利息付消費貸借の禁止を脱法する仮装売買を指し，「自分が売ったものを安く買い戻してはならない」というハディースに基づ

き禁じられる。例えばAがBに利息10％で100万円を貸与し，返済は1年後とする場合，Aはほとんど無価値な物を支払い期限を1年後として110万円でBに掛売し，直後にこれをBから100万円即金で買い戻すことである。イスラーム金融では銀行間融資等に用いられるが，その有効性は争われている。

イーラー（ʿīlāʾ）

シャリーアにおける離婚の一形式。イスラーム以前においては夫が妻との性交渉を断つ旨の宣誓を指したが，クルアーンは妻の救済のため，夫がかかる宣誓を守って4か月が経過した場合，これに離婚の効果を付与したとされる（2章226-27節）。

ウラマー（ʿulamāʾ）

「知識（ʿilm）ある者」（アーリム ʿālim）の複数形で，イスラーム知識人層，すなわちイスラーム神学・法学・伝承学等のいわゆる宗教諸学（ʿulūm al-dīn）を修めた人々を指す。イスラームには聖職者制度や教会組織は存在しないが，ウラマーはイスラームおよびその法の専門家として宗教指導者の地位を占め，国によって程度は異なるが，現代においても社会的影響力をもつ。

ウンマ（umma）

広義には特定の預言者を介して神の啓示を授かった人々の集団としての宗教共同体，狭義にはイスラーム共同体。622年における預言者ムハンマドのメッカからメディナへの移住（ヒジュラ）を契機に成立し，彼の死後はカリフの支配下で拡大したが，9-10世紀以降は政治的に分裂した。近代におけるイスラーム共同体の解体により，ウンマはその結果として誕生したネーション（国家，国民・民族）を指すようになった。

オスマン帝国（Devlet-i Aliyye-i Osmâniyye, 1299–1922）

伝説的な祖オスマンを中心とするトルコ系遊牧部族によりアナトリアに建国されたスンナ派王朝。「オスマン・トルコ」と呼ばれることもあるが，イスラーム的伝統に基づく多民族・多宗教国家であり，支配層もトルコ人に限られたわけではないため適切でない。最大領域はイランを除く中東と北アフリカ，バルカン半島，黒海北岸，コーカサスにおよんだ。1453年には東ローマ帝国を滅ぼしてコンスタンティノポリス（イスタンブール）を首都とし，1517年のエジプト征服により，

後にスルタン＝カリフ制として正当化されるスンナ派イスラーム世界の中心的地位を得た。16世紀に最盛期を迎え，シャリーアもハナフィー派の公式法学派化や国家ムフティー（シェイヒュルイスラム）の任命といった制度面および法解釈の面で独自の発展をとげた。以後は徐々に衰退して西欧列強の進出を許し，第一次大戦敗戦とトルコ共和国建国運動によって滅亡した。

か行

カーディー（qāḍī）

イスラーム法裁判官（ないし司法官）。前近代においてはウラマーの主たる職掌の1つで，行政権者による特殊な司法機関と並存した。近現代におけるシャリーア裁判所または通常裁判所のシャリーア専門部の裁判官は必ずしもウラマーではない。また今日ではカーディーという言葉自体，一般に裁判官という意味で用いられる。

ガラル ➡ 射倖性

カリフ（英 calif）

アラビア語のハリーファ（khalīfa）が転訛した言葉で，スンナ派では預言者ムハンマドの「代理人，後継者」としてのイスラーム共同体（ウンマ）の指導者を指し，彼と同じクライシュ族出身者であることが資格要件とされる。カリフ制度はムハンマドの死の直後に始まるが，アッバース朝（750-1258年）の滅亡後は形骸化し，16世紀にトルコ系のオスマン帝国に事実上継承されるに至り（公式には18世紀より「スルタン＝カリフ制」），クライシュ族のカリフという原則も崩れた。オスマン帝国滅亡後の1924年，トルコ共和国により制度は廃止された。

姦通罪（zinā）

ハッド刑の対象となる犯罪のなかで最も重罪とされ，父性の保護を保護法益とする。姦通とは，婚姻または「右手の所有」（男性とその所有する女奴隷の間の内縁関係）外でなされた，その可罰性について疑義のない性行為を指し，学説によっては同性愛（男性）や獣姦を含む。過去または現在継続中の婚姻において配偶者と性交した者による姦通行為はハディースに基づき投石刑（石打刑），そうでない者についてはクルアーン24章2節に基づき100回の鞭打ち刑が科される。ただし立

証には成年男性4名以上の目撃証言または4回以上の自白を要し，他人の姦通を告発した者が立証できなかった場合は姦通誹謗罪によるハッド刑として80回の鞭打ち刑を科される。

キヤース（qiyās）

合法な推論。クルアーン，スンナ，イジュマーに次いでシャリーアの第4法源とされる一定の推論形式（類推解釈や当然解釈など）を指す。

クルアーン（al-Qurʾān）

イスラームの聖典で，「朗誦されるもの」を意味する。預言者ムハンマドに下ったとされる神の啓示を集めた書物で，シャリーアの第1法源である。114章から成り，各章はメッカ期啓示とメディナ期啓示に分かれる。法的な内容の啓示はイスラーム共同体（ウンマ）成立後のメディナ期の章に多く，相続，刑罰，婚姻や離婚，食物等に関する規定が散見される。

啓典の民（ahl al-kitāb）

「イスラーム以前に啓典を授かった人々」を意味し，歴史的にはユダヤ教徒およびキリスト教徒を指す。両者はイスラームに連なる一神教徒として，ジンミーとなる資格を認められる。

婚資（mahr, ṣidāq）

シャリーアにおいて婚姻の対価として夫が妻に支払う金品であり，売買における代金に関する規定の一部が準用される。婚資の内容や支払時期は原則として約定に従うが，約定を欠く場合は相当の婚資が設定される。慣行上は一部を契約時に支払い，残りは夫の死亡時または離婚時に支払う旨が約定される。

さ行

ザカート（zakāt）

ムスリムの5つの宗教的義務（五行）の1つである公共福祉税ないし浄財。家畜や農産物等の一定の品目につき，それぞれの最低保有量（ニサーブ）を超えた場合，その所定の割合を納付する現物税で，農産物のザカートはウシュル（10分の1税）とも呼ばれる。現在のイスラーム諸国の一部では，税金または公的な募

金として金銭で徴収されている。

ザーヒル派（al-Ẓāhiriyya）

バグダードで活動したダーウード・ブン・アッ＝ザーヒリー（270/883年没）を学祖とするスンナ派の法学派の1つ。伝承主義の強い影響を受け，推論を否定して啓示の字義（ザーヒル）的解釈を主張し，一時はマーリク派と共にイベリア半島で支持されたが，12-13世紀には消滅した。

サラム（salam）

シャリーアにおける特殊な売買契約の1つで，売主が契約の場に存在せず，多くの場合いまだ所有していない目的物を前払い代金によって売却する契約。未所有物の売買の禁止の例外にあたり，先物取引や仲買いのほか，利息付き消費貸借の代替手段とされた。イスラーム金融におけるスキームの1つとされる。

シーア派（al-Shīʿa）

イスラーム二大宗派のうちスンナ派に対する少数派。預言者ムハンマドの従兄弟かつ娘婿のアリー・ブン・アビー・ターリブ（40/661年没）を初代のイスラーム共同体指導者（イマーム）とし，その地位は彼とムハンマドの娘ファーティマとの間の預言者直系子孫により継承されるとした。アリーの第4代カリフ選出により勃発した第一次内乱（656-61年）においてアリーを支持した「アリー党（シーア・アリー）」に由来する。ウマイヤ朝（661-750年）成立後はカリフ支配に圧迫され，正統なイマームの系譜も断絶するが，10世紀にはシーア派王朝の躍進をみた。その間に12イマーム派（多数派）とイスマーイール派およびその諸分派に分裂した。

ジャアファル派

シーア派多数派の12イマーム派の法学派の他称で，第6代イマーム，ジャアファル・ブン・サーディク（148/765年没）の名に由来する。11世紀にウスール派とアフバール派に分かれるが，後者は近代において一時復興したものの，今日までごく少数派にとどまる。

射倖性（gharar）

シャリーアにおける契約の無効原因の1つで，契約目的物の存在や取得可能性

に関わるリスクを指す。例えば家畜や女奴隷の胎児の売買や，空中の鳥や水中の魚のような未所有の物の売買，購入したがいまだ引渡しを受けていない物の転売等であり，これらの多くはハディースで禁止される。

シャーフィイー派（al-Shāfiʿiyya）

スンナ派四法学派の１つ。パレスティナ出身（異説もある）のシャーフィイー（204/820年没）によりエジプトに興り，合理主義と伝承主義の折衷によりスンナ派法学の先駆けとなった。オスマン帝国（1299-1922）が16世紀にハナフィー派を公式学派とするとエジプトでの影響力も後退したが，イスラームの伝播に伴い東南アジアに広がった。

シャリーア（sharīʿa）

イスラーム法。原義は「（水場に至る）道」で，広義には神が啓示を通じて人類に授けた法を指し，イスラーム国家のなかでは，ムスリム，ユダヤ教徒，キリスト教徒はそれぞれのシャリーアに服するものとされた（クルアーン5章48節参照）。イスラーム法という意味でのシャリーアは，啓示の解釈に基づく学説法として発展し，スンナ派においては四法学派すなわちハナフィー派，マーリク派，シャーフィイー派，ハンバル派のそれぞれによって体系化された。

呪詛の審判（liʿān）

シャリーアにおける父性の否認手続。イスラーム法学においては姦通罪の成立を極力妨げるため，婚姻中および婚姻解消後に産まれた子に広い範囲で父性の推定を及ぼすため，夫が子の認知を拒むには本来は姦通罪の立証を要し，さもなければ姦通誹謗罪となるが，こうした不都合を緩和する措置である。手続は夫と妻が神の呪いにかけて互いの主張を否認する形式をとり（クルアーン24章6-9節），刑事的効果として妻は姦通罪，夫は姦通誹謗罪を免れ，民事効果として夫と子の親子関係が否認され，かつ婚姻も解消される。

ジンミー（dhimmī）

ムスリムとの「盟約（dhimma）者」としてイスラーム共同体（ウンマ）を構成する異教徒を指し，イスラーム共同体への貢税と政治的服属を通じて，ムスリムより法的地位は劣るが，生命・財産の保護と信教の自由を与えられた（クルアーン9章29節参照）。その資格は理論上「啓典の民」に限られるが，実際にはイス

ラームの地域的拡大につれて様々な異教徒がジンミーとして統合された。

スンナ（sunna）

原義は「(良い) 慣行，模範」。イスラーム法学の用語としては，シャリーアの第２法源としての預言者ムハンマドの言行を指す。第１法源であるクルアーンと共に啓示的法源とされるが，その根拠はムハンマドの生前におけるイスラーム共同体の法的権威たる地位（クルアーン４章59節）であって，彼を神格化する趣旨ではない。

スンナ派（ahl al-sunna wa-al-jamāʿa）

ムスリム多数派。正式名称は「スンナと共同体に従う者たち」，ひいてはイスラーム正統派を意味する。その教義は10世紀頃に確立し，神学上は主としてアシュアリー派，法学上は四法学派（ハナフィー派，マーリク派，シャーフィイー派，ハンバル派）に代表される。

背中離婚（ẓihār）

夫が妻を自己の母の背中に喩えることによって成立する，イスラーム以前に行われていた離婚形式。シャリーアにおいては離婚の効果は否定され，夫は贖罪義務を負う（クルアーン58章1-4節等）。

相互免除（mubāraʿa）

シャリーアにおいて両配偶者が相互に有する婚姻上の権利の放棄によって婚姻を解消する契約。

た行

タラーク ➡ 離婚宣言

瀆聖罪

神，預言者ムハンマドおよびその教友を冒瀆する言動を指し，死刑や鞭打ち刑を科され，これらは学説によってはハッド刑とされる。背教罪に準じて悔悟により刑罰が免除されるか否かは争われている。

な行

ナジュス（najs）
　シャリーアにおいて不浄とされる物。犬や豚、アルコール、血液、排泄物、精液等。財物として保護されず、また礼拝等の儀礼行為の無効原因とされる。ハラール産業においては食品の非ハラール性の重要なメルクマールである。

は行

背教罪（ridda）
　ムスリムが明示的または暗示的意思表示によりイスラームの信仰を棄てること。多数説によればハッド刑の対象たる犯罪に含まれる。背教者は3日間にわたり悔悟と再入信を強制され、これに応じない場合は死刑となるが、ハナフィー派によれば女性は終身刑とされる。

ハッド刑（al-ḥudūd）
　クルアーンで処罰が予定されている重罪（姦通罪、姦通誹謗罪、飲酒罪、窃盗罪、追剥罪および学説により背教罪や瀆聖罪、内乱罪）に科される刑罰の総称。人間の請求権に基づく刑罰（殺人・傷害罪に対する同害報復刑および血の賠償）との対比で神の請求権に基づく刑罰とされ、主として公の利益の保護（被害者の救済を含む場合もある）を目的とし、刑の減免はない。姦通罪の投石刑を含む死刑および窃盗罪の切断刑を含む重い身体刑から成るが、多数説はハッド刑の本質を犯罪の抑止として、犯罪の成立、立証、刑罰の執行に至る厳格な要件を定めているため、前近代においては多くの場合、裁判官による裁量刑に代替されたといわれる。

ハディース（ḥadīth）
　スンナを構成する個々の伝承を指す。スンナ派では「六書」と呼ばれる6つのハディース集が特に高い権威を認められている。

ハナフィー派（al-Ḥanafiyya）
　初期イスラーム法学の二大中心地の一方のイラクに興ったスンナ派四法学派の1つ。クーファで活動したアブー・ハニーファ（150/767年没）の名に由来する

が，その2人の高弟アブー・ユースフ（182/798年没）とシャイバーニー（189/805年没）も実質的に学祖として扱われる。中央アジアへ広がり，16世紀にはオスマン帝国の公式法学派となったことから，東アラブ諸国を中心に四法学派で最大の法的影響を残す。

ハラール（ḥalāl）

シャリーアにおいて合法ないし許されるとされること。特にムスリムが摂取してよい飲食物（いわゆるハラール食品）については，例えばアルコール禁止に基づく発酵飲料の規制や，食肉に関する食用可能な動物の種類および屠殺方法等の要件の規定が見られる。ハラール産業においては，対象が衣料や化粧品など，食品以外に拡大している。

ハンバル派（al-Ḥanābila）

スンナ派四法学派のうち，シャリーアの解釈において啓示を重視する伝承主義の影響を最も強く受けた。バグダード出身のイブン・ハンバル（241/855年没）を学祖とするが，その後はシリアに影響力がほぼ限定された。18世紀末には，同派中興の祖イブン・タイミーヤ（728/1328年没）の思想的影響を受けたスンナ派の新たなセクト，ワッハーブ派が成立し，同派を基礎にサウジアラビアが建国されると，その公式法学派となった。

ファトワー（fatwā）

ウラマーが公的または私的な請託を受けて具体的な法的案件に関して発行する法学意見ないし鑑定。理論上は請託者にとって拘束力はないが，発行者（ムフティー）の地位や内容等によっては社会的・政治的な影響力を有する。ムフティーはまたカーディーの諮問機関として司法制度上も重要な役割を果たした。近世以降，オスマン帝国のシェイヒュルイスラム（「イスラームの長」）のような国家ムフティー（大ムフティー）制度もみられるようになる。

ま行

マスラハ（maṣlaḥa）

公の福利。古典イスラーム法学におけるシャリーアの公式の法源ではないが，法の厳格な解釈の緩和ないし修正を目的としてマスラハを根拠に法的判断を導く

方法（イスティスラーフ）は，特にマーリク派およびハンバル派の一部によって用いられた。近代のイスラーム改革を通じて，マスラハはシャリーアの現代的な再解釈のための指導原理の1つとなった。

マーリク派（al-Mālikiyya）

　スンナ派四法学派の1つで，イラクと並ぶ初期イスラーム法学の中心地ヒジャーズ（アラビア半島西部）のメディナで活動したマーリク・ブン・アナス（179/795年没）を学祖とする。東方イスラーム世界ではハナフィー派やシャーフィイー派に凌駕されたが，北アフリカおよびイベリア半島で支配的な学派となり，マグレブ諸国やサウジアラビアを除く湾岸アラブ諸国等に法的影響を残す。

身請け離婚（khul'）

　シャリーアにおける合意離婚。妻が対価の支払いを約して申込みをなし，夫がこれを承諾して離婚の意思表示を行うことにより成立するため，離婚宣言の一種とする学説もある。妻は対価を支払う代わり，夫の未履行の婚資債務を免除することもできる。

ムシャーラカ（mushāraka）

　古典イスラーム法学においては一般にシャリカ（原義は共有）と呼ばれる。合資組合のほか，多数説では協業組合が含まれ，いずれも有限・無限責任の別により要件が定められている。イスラーム金融ではプロジェクト・ファイナンスや各種ローン契約に応用される。

ムダーラバ（muḍāraba）

　シャリーアにおける匿名組合契約で，特にマーリク派においてはキラード（qirāḍ）とも呼ばれる。匿名組合員が提供する資本を事業者（ムダーリブ）が運用し，利潤は約定の比率に従って分配され，損失は事業者が負担する。イスラーム以前からアラブ商人の隊商交易で行われていたものがシャリーアに継承され，中世ヨーロッパのコンメンダ契約の原型となったといわれる。イスラーム金融では銀行が事業者かつ匿名組合員として預金者やローン希望者と投資先や住宅等の販売会社の間に介在する方式が基本とされる。

ムハンマド(預言者)(Muḥammad, 11/632 年没)

イスラームの開祖。メッカの商人で、クルアーンによれば人類最後の預言者とされる。メッカの支配部族であったクライシュ族のハーシム家に生まれるが、幼くして両親を亡くし、最終的には叔父アブー・ターリブに養育される。商用で15歳以上年上の富裕な未亡人ハディージャに見込まれ、25歳頃に結婚した後、40歳頃に神の啓示を受けた。610年から布教活動を始めるが、迫害に遭い、622年にメディナに移住(ヒジュラ)してイスラーム共同体(ウンマ)を樹立し、メッカを無血征服した後に没する。

ムフティー➡ファトワー

ムラーバハ(murābaḥa)

シャリーアにおける特殊な売買契約の1つで、売主が目的物を、その取得のために支払った原価と利幅とを明示した代金で売却することで、沿革的な趣旨は不明だが、サラムと同様に元来は売主が未所有の物を目的とする売買であったものが、かかる売買の禁止ゆえに、取得済みの物の転売として再定義されたとの説もある。いずれにせよ前近代においては売買契約としての実益はほとんどなかったと考えられるが、近年のイスラーム金融では各種ローン契約においてムダーラバに匹敵する重要なスキームとなっている。

ら行

離婚宣言(ṭalāq)

シャリーアにおける離婚形式の典型をなし、夫の明示的または暗示的な一方的意思表示のみにより成立する離婚を指す(原義はラクダを「解き放つこと」)。明示的な意思表示による場合には夫の真意が伴うことを要しないが、酩酊等の心神喪失状態や強迫により意思決定の自由を欠く状態でなされた場合の効果については争われている。クルアーンはイスラーム以前の慣習法を改めて夫の同一の妻に対する離婚宣言を3回までとし、最初の2回までは妻の待婚期間中における夫の一方的な撤回が許されるが、3回目には許されず、妻と再婚するためには、妻が他人と婚姻し、当該婚姻が離婚または夫の死亡により解消されることを要件とする(2章229-30節)。学説は妻と第二の夫との有効な床入りも元夫との再婚の要件とする。1回目や2回目であっても、夫は自らその撤回を不能とする形で離婚宣

言を行うことができる。妻の待婚期間中における権利義務は，これら離婚宣言の種類また妊娠の有無に応じて異なる。現代のイスラーム諸国の家族法においては，離婚宣言に実体法ないし手続法上の制約を課す立法例が多い。

リバー（ribā）

　原義は「増加，余剰」で，イスラーム金融の文脈ではもっぱら「利息」と訳されるが，元来はシャリーアにおいて契約を不適正ないし無効とする不当な利得を広く指す。クルアーンにより禁止されるが，その定義は主として「金と金，銀と銀，小麦と小麦，大麦と大麦，ナツメヤシの実とナツメヤシの実，塩と塩とを交換するときは，互いに同様で同等のものを手から手へ交換しなければならない。種類の異なるものを交換するときは，その場で交換が完了するならば好きなように取引せよ」というハディースの解釈から導かれる。これによると，リバーとは，①ここに挙げられた6品目（リバー財）のうち同種のものの交換における一方の量的な利益と期限の利益，②種類の異なるリバー財の交換における期限の利益であるが，これらの禁止はリバー財以外の物の交換にも準用される。また，有償契約において一方の当事者が対価なく得る利得は規範的な意味でリバーとされ，利息もリバーに含められるようになった。

わ行

ワクフ（waqf）

　シャリーアにおける寄進制度。財産の所有権移転の「停止」を意味し，ハブス（「固定」）とも呼ばれる。原則として不動産を対象とし，設定証書の定款に従い，管財人がこれを運用して収益を所定の慈善目的に充てる。イスラーム相続法の適用や国家による財産没収を免れる手段として，設定者およびその子々孫々を受益者とすることもよく行われた。近代においてワクフがいわゆる身分関係事項に分類され，シャリーアの適用範囲とされたのはそのためである。また，1930-40年代のエジプトに始まるワクフ改革では，この種のワクフは純然たる「慈善ワクフ」から逸脱した「家族ワクフ」として規制され，多くのワクフが廃止された。

堀井　聡江

事項索引

【あ】

アイン・シャムス大学　60, 61-64, 65, 68, 72-74
アサバ　132
アジア法　1-3, 5-6, 9-11
アシュマーウィー（Muḥammad Saʿīd al-ʿAshmāwī）　69
アズハル　37, 52, 54, 64, 66, 69, 216
アダット　6
アパドゥライ（Arjun Appadurai）　14
アブー・ハニーファ（Abū Ḥanīfa）　165
アフガニスタン　82, 107, 187 (n.30)
アフリカ法　9
アユーブ・ハーン（Muhammad Ayub Khan）　97
アラブ・ナショナリズム　23, 28-29, 50, 53
「アラブの春」　24, 32, 41, 51, 82
アラブ連合共和国　29 (n.9), 50-51
アルジェリア　30, 32, 199
アルジェリア・ウラマー協会　30
アルバラカ・グループ　199, 209, 211
アン＝ナハダ（ナハダ党）　40-41
アングロ・ムスリム法　80, 118-119

【い】

イギリス　15, 23, 49, 52, 54, 79, 104, 110, 114, 119, 187, 199, 223
イギリス東インド会社　107-109
イジャーラ　204, 225, 230, 242
イジュティハード　3-4, 36, 102
イジュマー　4, 38, 116, 243
移植法（法の移植）　2, 5, 12, 86, 103, 104, 105, 106, 107, 108 (n.5), 109, 110, 113, 118
イスティスナーウ　204, 225-228, 230, 242
イスマーイール派　106, 133
イスラーム改革運動　27
イスラーム金融機関会計監査機構（AAOIFI）　209, 210, 214
イスラーム金融サービス委員会（IFSB）　210
イスラーム経済学国際会議　211
イスラーム刑法　80, 82-83, 97, 116 (n.24), 125 (n.39), 225
イスラーム債券（スクーク）　196, 200, 221-222, 229-232, 245-247
イスラーム地域研究　4, 11

イスラーム法学（フィクフ）　4, 35, 36, 39, 42, 67, 94 (n.8), 98 (n.10), 196, 202-204, 205, 206, 208, 220, 242, 245-246
イスラーム法学者　8, 190, 203, 207-208, 209, 210, 211, 214-215, 221, 231, 235, 242, 244 → ウラマー
「イスラーム法学ルネサンス」　195, 201-202, 206, 214, 220
イスラエル　23, 28 (n.6), 53, 176
イーナ　213-215, 217
イブン・カイイム・アル＝ジャウジーヤ（Shams al-Dīn Ibn Qayyim al-Jawziyya）　237, 243, 244 (n.59)
イブン・クダーマ（Muwaffaq al-Dīn Ibn Qudāma）　236
イブン・タイミーヤ（Taqī al-Dīn Aḥmad b. Taymiyya）　244
イーラー　84, 127 (n.43)
イラク　23, 82
イラク憲法　30
イラン　80, 104, 187
イラン・イスラーム革命　31
イングランド控訴院　229
イングランド法　80, 103, 107-109, 111, 113, 115, 118-119, 124, 125 (n.39), 223
インド　12-16, 17, 47 (n.), 79, 83-95, 96, 97, 98, 100-102, 104, 106-109, 112, 114-115, 116-117, 118, 119-133, 135-137, 144-145, 146, 171, 175, 178
インド人民党　15, 114
インドネシア　36 (n.(11)), 104 (n.1), 151, 162, 182, 183, 184, 210, 211, 214
インドネシア・ウラマー評議会　162, 210, 211, 214
印パ戦争　114

【う】

ヴェール　24-25, 34, 46-76, 118 (n.26)

【う】

臼杵陽　11
ウマル・チャプラ（Umar Chapra）　212, 219
ウラマー　24, 30, 43, 52, 54, 62-64, 68, 69, 116, 162, 195, 210 → イスラーム法学者
ウンマ　2, 31

事項索引　267

【え】

英領インド（インド帝国）　84, 86, 95, 98, 102, 106-109, 116, 119, 121, 124, 125（n.39）, 129, 133, 145
エジプト　23-25, 28, 29-30, 31（n.13）(n.14), 32, 36-39, 46-76, 79, 104, 198, 199, 216, 223
エジプト憲法　23-24, 30, 36-39, 48-55, 58-74
エルドゥアン（Recep Tayyip Erdoğan）　40

【お】

大江泰一郎　7, 10
奥田敦　4
オスマン帝国　23, 28（n.6）, 49, 79

【か】

カイト理論　9
カイロ・アメリカ大学　60, 64-68, 72-75
カーサーニー（Alāʾ al-Dīn al-Kāsānī）　233, 236
カタル　199
カーディー　107, 124
ガラル → 射倖性
カリフ　28-29, 30, 42（n.22）, 43（n.23）
カワーキビー（ʿAbd al-Raḥmān al-Kawākibī）　28
慣習（法）　6, 8, 16, 63, 64, 72, 80, 85, 93（n.(16)）, 96, 107, 109, 111-112, 114（n.17）, 116（n.25）, 118（n.26）, 119（n.28）, 121, 129-130, 132-133, 136, 143-144, 145, 150, 185, 186, 189, 219, 223
姦通罪　100, 116（n.24）, 127, 130
「姦通罪（ハッド刑施行）法令」（パキスタン）　100
ガンヌーシ（Rāshid al-Ghanūshī）　41

【き】

基本権　16, 42（n.(17)）, 86（n.(3)）, 87, 89, 92-93, 97, 100
キムリッカ（Will Kymlicka）　14
キヤース　4, 38, 116
キャラバン交易　206
キリスト教　11, 14, 112
キリスト教徒　29（n.9）(n.10), 49, 108, 120, 139-140, 144（n.68）

【く】

クウェート　199
クウェート・ファイナンス・ハウス　209
クチ・メーモン　133

クルアーン　4, 31（n.14）, 38, 55-56, 65-66, 68, 70-71, 73, 93, 94（n.8）, 95（n.(17)）), 96, 103, 116, 131, 132, 155, 182, 190, 202, 203, 214
グレン（H. Patrick Glenn）　1, 6, 8, 10, 12

【け】

継受法　110 → 法の継受
啓典の民　112, 120, 140

【こ】

公共圏　28
個人の自由　8, 29
小杉泰　4, 5, 11-12, 47, 54, 195, 202
「国家政策指導原則」（インド）　86-87, 96, 100
コプト教徒　49
コモン・ロー　107, 109, 119, 196, 226, 229, 246
固有法　5-6, 17, 107, 109-110, 113
婚資　85, 99, 120, 121, 123, 127-128, 129（n.49）, 130, 132, 133（n.58）, 233, 242

【さ】

サイイド・クトゥブ（Sayyid Quṭb）　31
債務負担能力（ズィンマ）　233
サウジアラビア　32, 80, 82, 176, 185, 186, 199, 211
ザカート　223
笹倉秀夫　6
サダト（Anwar al-Sādāt）　23, 37, 51, 53-54, 60
眞田芳憲　3, 7
ザーヒル派　208
サマルカンディー（Alāʾ al-Dīn al-Samarqandī）　233
サラ・ベンユースフ（Ṣalāḥ b. Yūsuf）　40
サラム　233, 234, 240-241

【し】

ジアーウル・ハク（Muhammad Zia-ul-Haq）　97
シーア派　106, 116（n.25）, 120, 122（n.34）, 131, 132-133, 208
シク教徒　14
「ジハーン法」　37, 79
シブリ・マッラト（Chibli Mallat）　27
ジャアファル派　208
ジャイナ教　106-107
ジャイナ教徒　14
社会主義　29-32, 86, 92
射倖性（ガラル，リスク）　222, 230, 237, 238,

268   事項索引

240, 242, 244, 246
「シャー・バーノ事件」　15-16, 79, 90, 101, 115, 128, 136, 145
シャーフィイー派　127 (n.45), 208, 232, 233, 234, 236 (n.36), 237, 239, 240, 243
シャリーア裁判所（マレーシア）　223-225
シャリーア諮問委員会　208-211, 212, 215 → マレーシア証券委員会シャリーア諮問評議／協議会
呪詛の審判　84
自由権 → 個人の自由, 信教（信仰）の自由, 人身の自由, 良心の自由
シリア　23, 28 (n.7) (n.8), 29 (n.9) (n.10), 50, 51, 52
ジルバーブ　55-56, 66, 68, 71 → ヴェール
シンガポール　106, 145, 162, 170, 182, 201
シンガポール・イスラーム宗教評議会　162, 183, 188
信教（信仰）の自由　42, 46, 48, 60, 63-64, 65-67, 68, 70, 72, 73-74, 86-88, 97, 107, 114, 128
人権　26, 82-83, 95, 96, 136
人身の自由　48, 60, 64, 63-64, 65-67, 68, 69, 72, 73-74
ジンミー　107

【す】

スイス　173, 199
スクーク → イスラーム債券
スーダン　32, 199
スピヴァク Gayatri C. Spivak　1 (n.1)
スーフィズム　106-107
スリランカ　13, 135 (n.60), 145
スルタン　43
スンナ　4, 38, 66, 70, 71, 73, 96, 103, 116, 214
「スンナの離婚」　94 (n.8)
スンナ派　4, 39, 43 (n.23), 52, 98 (n.10), 106, 116, 120, 122 (n.34), 164, 208, 216, 236

【せ】

政教一致　24, 46-47, 49, 54, 74-75
政教分離　12-13, 15-16, 46-48, 86 (n.4) → 世俗主義
成文法　80, 103, 106, 108 (n.5), 111, 112, 113, 115, 116, 117, 124, 134, 136, 145
世俗主義　23, 24, 47 (*), 79, 86, 114
背中離婚　84, 127 (n.43)

【そ】

相互免除　85, 127
属人法　80, 108 (n.6), 110-112
ゾロアスター教　14, 107

【た】

タイ・イスラーム中央委員会　162
待婚期間　90, 94 (n.8), 122, 124-125, 127-128
第三次中東戦争　23, 28 (n.6), 30 (n.12), 53
ダインの売買　222, 231-245, 246
ダラーク → 離婚宣言
ダール・アル＝マール・アル＝イスラーミー（DMI）　199
タンターウィー（Muḥammad Sayyid Ṭanṭāwī）　69, 216

【ち】

千葉眞　46
千葉正士　2-3, 5, 9, 10, 12, 113（n.17）, 135 (n.60)
地母法　6
中国法　7, 9, 10
チュニジア　35, 39-41, 199

【と】

投機性　222, 230
瀆聖罪　34, 82
土着法　6 (n.6), 109, 110
ドバイ・イスラーム銀行　199, 209
トルコ　36 (n.(11)), 40, 104, 151

【な】

ナイジェリア　104
ナジュス　156, 165-167, 172, 184
ナセル（Jamāl ʿAbd al-Nāṣir）　23, 29-30, 50-51, 53, 54
ナッジャール（Aḥmad al-Najjār）　199
ナポレオン法典　27
「ナラス・アッパ・マリ事件」　88-89, 92
ナワウィー（Muḥiy al-Dīn al-Nawawī）　232

【に】

ニカーブ　57-58, 60-73, 185 → ヴェール
日本法　10, 134, 137 (n.63), 138, 140-142, 234

【は】

ハーバーマス（Jürgen Habermas）　16
バイウ・ダイン　221, 232 → ダインの売買
バイウ・ビサマン・アージル　225, 226, 230, 242
背教罪　25, 34, 41, 125
パキスタン　13, 16, 24 (n.1), 79-80, 82-86, 95-102, 104, 105, 106, 114-117, 119, 122-123, 125, 130-132, 134-136, 138-141, 145-146, 151, 199

事項索引   269

バース党　29
パーソナル・ロー　79, 80, 84-85, 87-94, 97-98, 102, 107-116, 121, 125, 128, 130, 131, 133, 134, 136, 137 (n.61), 138, 140 , 144-146, 223
ハッラーク（Wael B. Hallaq）　3-4
ハディージャ（Khadīja）　206
ハディース　55, 131, 190, 236, 238, 239-240, 245
ハナフィー派　106, 120, 124, 125, 126, 127, 131, 132, 133, 165, 208, 232 (n.22), 233, 234, 236, 237, 238, 239, 240, 242, 243, 244
バハレーン　199, 210
ハラール　149-150, 151-191, 195
バラモン教　106
パールシー教　107
パールシー教徒　108, 137 (n.63), 144 (n.68)
ハワーラ　232
汎アラブ主義 → アラブ・ナショナリズム
バングラデシュ　13, 80 (n.1), 97, 104, 106, 107, 116-118, 119, 122-123, 125, 131, 140, 142, 199
パンチャーヤット　87, 107
ハンバル派　208, 232 (n.22), 233, 236, 237, 239, 240
判例法　80, 103, 112, 115 (n.23), 121, 123, 124, 125 (n.39), 126, 130, 131, 136-137, 145, 223

【ひ】

比較法　1-2, 6-9, 110
ヒジャーブ　13, 55-57 → ヴェール
ヒマール　55-56, 63, 71 → ヴェール
「ビドアの離婚」　124, 125 (n.38), 127
広渡清吾　7
ヒンドゥー教　106, 107-109
ヒンドゥー教徒　88-89, 104, 108, 110, 133, 144, 145
ヒンドゥー至上主義　114, 144 (n.68)
ヒンドゥー法　9, 14-15, 87, 108, 133

【ふ】

ファトワー　4, 43, 52, 69, 116 (n.25), 124 (n.37), 152, 159, 163-165, 183, 208-210, 214, 217 → ムフティー
フィクフ → イスラーム法学
フィジー　145
複婚　37 (n.(17)), 79, 88-89, 92, 115, 119, 122-123
福利 → マスラハ
仏教　11, 13, 106, 107
仏教徒　14, 110

ブミプトラ　171
フランス　29 (n.10), 109 (n.9), 187
フランス法　58
ブールギバ（Habib ben Ali Bourguiba）　39, 40 (n.20)
ブルネイ　210

【へ】

ヘイスティングス（Warren Hastings）　108 (n.7)
ベン・アリ　40

【ほ】

法系・法圏論　1, 7-8
法多元主義 legal pluralism　1 (n.2), 9, 113
法的多元性　5, 6, 8, 11, 79, 110-116, 143-144
法の継受　12, 24 (n.1), 110, 116, 119, 223
ホジャ派　106, 133
ボホラ派　133
堀井聡江　3, 12
ポール・リクール（Paul Ricoeur）　45
香港　201

【ま】

マイノリティ　13-16, 29 (n.9), 87, 115 (n.21), 128 (n.48), 136, 145
マスラハ　62, 242, 244
マナール派　28 (n.7)(n.8)
マハティール（Mahathir bin Mohamed）　200
マフムード・エル＝ガマール（Mahmud Amin El-Gamal）　217
マーリク（Mālik b. Anas）　165, 240 (n.54)
マーリク派　127 (n.45), 164, 208, 232 (n.22), 233, 236 (n.37), 237, 239, 240 (n.54), 243, 244
マルギーナーニー（Burhān al-Dīn al-Marghīnānī）　233
マルクス主義　32
マレーシア　145, 149-191, 195, 196, 198-200, 208, 210, 213-215, 221-247
マレーシア・イスラーム銀行　200, 221, 225-229
マレーシア国際ハラール見本市（Malaysia International Halal Showcase, MIHAS）　149, 179-181
マレーシア国民ファトワー評議会　163-164, 183-184
マレーシア首相府イスラーム開発局（JAKIM）　152, 159, 162-163, 164, 167-169, 172, 174-176, 177 (n.25), 181, 183, 188

270   事項索引

マレーシア証券委員会　209, 210, 214, 222, 225, 229-230, 241-246
マレーシア証券委員会シャリーア諮問評議／協議会　210, 214-215, 222, 225, 229-230, 241-245, 246

【み】

身請け離婚　34, 85, 127, 233, 242
ミシェル・アフラク（Michel Aflaq）　29
ミート・ガムル銀行　198
ミャンマー　106, 145

【む】

ムガル帝国　107, 145
ムシャーラカ　204, 230
「ムスリム・パーソナル・ロー（シャリーア）適用法」(1937, インド)　84-85, 92, 93, 95, 97, 117, 119 (n.28), 129, 133
「ムスリム・パーソナル・ロー（シャリーア）適用法」(2007, ジャンムー・カシミール州)　93, 101
「ムスリム・パーソナル・ロー（シャリーア）適用法」(1962, パキスタン)　85 (n.3), 97
「ムスリム・パーソナル・ロー（シャリーア）適用法」(1935, 北部辺境州)　95
「ムスリム家族法令」(MFLO)（パキスタン)　85, 97-102, 117, 119, 122, 123, 125
「ムスリム家族法令」(MFLO)（バングラデシュ)　118, 119, 122, 125
「ムスリム婚姻解消法」（インド)　84 (n.(11)), 113, 117, 125, 126, 138, 140, 142
「ムスリム女性(離婚の権利保護)法」（インド)　16, 90, 101, 115, 117, 128
ムスリム同胞団　24, 29-30, 31 (n.13), 38, 39, 54
ムダーラバ　196, 204-207, 215-218, 230
ムバーラク（Ḥusnī Mubārak）　51
ムハンマド（預言者）　4, 29, 55, 56, 66, 68, 71, 103, 116, 202, 203, 206, 214, 217, 236, 238, 239 (n.45), 245
ムハンマド・アブドゥフ　28 (n.8)
ムハンマド・アリー　49
ムハンマド・アリー朝　23
ムハンマド・タキー・ウスマーニー（Muhammad Taqi Usmani）　214
ムハンマド・バヒート（Muḥammad Bakhīt）　52
ムハンマド6世（モロッコ国王）　43
ムフティー　52, 69, 161 → ファトワー

ムラーバハ　196, 204, 217, 230, 242
ムルスィー（Muḥammad Mursī）　51

【め】

メンスキー Werner Menski　9

【も】

モスク　32, 41, 185
両角吉晃　233-234, 240, 241（n.56）
モロッコ　41-44
モロッコ・ウラマー高等評議会　42
モロッコ家族法典　43
モンゼル・カハフ（Monzer Kahf）　217-218

【や】

安田信之　2（n.2), 6（n.6), 9-10
柳橋博之　233, 239-240

【ゆ】

ユダヤ教　14, 112
ユダヤ教徒　120, 176

【よ】

ヨルダン　208

【り】

離婚宣言（タラーク）　84, 91-95, 97-102, 119, 124-125, 127, 128
リダー（Rashīd Riḍā）　28
リバー　195-196, 203-204, 207, 213, 215, 216-219, 222, 229-230, 231, 233, 235, 237, 238, 239 (n.45), 240, 241, 242, 243, 245, 246
リバー財　241, 244
リーマン・ショック　195
良心の自由　34, 42, 43, 87 (n.(4))

【る】

類推 → キヤース
ルクセンブルク　199
ルーマン（Niklas Luhmann）　7

【れ】

連邦シャリーア裁判所（パキスタン)　97, 98

【わ】

ワクフ　37, 85, 107, 117, 118, 128, 130, 133, 223
「ワワサン2020」　200

編著者略歴

伊藤　弘子（いとう　ひろこ）
愛知学院大学大学院法学研究科博士課程修了．博士（法学）．名古屋大学大学院法学研究科法政国際教育協力研究センター特任准教授．
専門分野：アジア法（家族法），国際私法．
業績：共著『国際〈家族と法〉』八千代出版社，2012；「わが国における初めてのハーグ条約に基づく国外への子の返還決定について」『戸籍時報』722号（2015年2月号）．

桑原　尚子（くわはら　なおこ）
1970年生．名古屋大学大学院国際開発研究科博士課程修了（学術博士）．福山市立大学都市経営学部准教授．
専門分野：比較法学
業績：「イスラーム離婚法改革の論理とその特質：マレーシアを事例として」『アジア法研究』（アジア法学会）第4号（2010），3-21；「イスラーム証拠法の現代的変容：マレーシア・シャリーア裁判所証拠法におけるイギリス法の移植」『社会科学論集』（高知短期大学）第100号（2012），35-59.

孝忠　延夫（こうちゅう　のぶお）
1949年生．関西大学大学院博士課程後期課程単位修得後退学．法学博士・関西大学名誉教授．
専門分野：比較憲法学，インド憲法．
業績：『インド憲法とマイノリティ』法律文化社，2005；編著『差異と共同』関西大学出版部，2011.

後藤　絵美（ごとう　えみ）
東京大学総合文化研究科地域文化研究専攻単位取得退学（2011年博士（学術）取得）．東京大学日本・アジアに関する教育研究ネットワーク特任准教授，

東洋文化研究所准教授（兼任）．
専門分野：現代イスラーム研究，中東地域文化研究，アジア近現代史．
業績：『神のためにまとうヴェール—現代エジプトの女性とイスラーム』中央公論新社，2014；「「近代」に生きた女性たち—新しい知識や思想と家庭生活のはざまで言葉を紡ぐ」水井万里子他編『世界史のなかの女性たち』（勉誠出版、2015年）．

高見澤　磨（たかみざわ　おさむ）
1958年生．博士（法学）（東京大学大学院法学政治学研究科，1994）．東京大学東洋文化研究所教授
専門分野：中国法
業績：『現代中国の紛争と法』東京大学出版会，1994；共著『中国にとって法とは何か』岩波書店，2010；共著『現代中国法入門』（第7版）有斐閣，2016．

デュプレ，ボードワン（Baudoin Dupret）
パリ政治学院修了，博士（政治学）（1996）．ジャック・ベルク研究所（モロッコ）所長等を経て2015年よりライデン大学ファン・ホレンフォーフェン研究所准教授．
専門分野：アラブ社会における法の理論的，社会学的，文化人類学的研究，イスラーム法のエスノメソドロジー研究．
業績：*Délibérer sous la coupole. L'activité parlementaire dans les régimes autoritaires* (avec J.N. Ferrié), Beyrouth, Presses de l'IFPO, 2014；*La Charia. Des sources à la pratique, un concept pluriel*, Paris, La Découverte, 2014.

長岡　慎介（ながおか　しんすけ）
1979年生．京都大学大学院アジア・アフリカ地域研究研究科博士課程修了（博士，地域研究）．京都大学大学院アジア・アフリカ地域研究研究科・准教授．

専門分野：イスラーム経済論，イスラーム金融研究，比較経済思想・経済史．
業績：『現代イスラーム金融論』名古屋大学出版会，2011；共著『イスラーム銀行――金融と国際経済』山川出版社，2010．

福島　康博（ふくしま　やすひろ）

1973年生．桜美林大学大学院国際学研究科博士後期課程単位取得満期退学．東京外国語大学アジア・アフリカ言語文化研究所フェロー，立教大学アジア地域研究所特任研究員．博士（学術）．
専門分野：マレーシア地域研究，イスラームと経済の関係性．
業績：共編著『東南アジアのイスラーム』東京外国語大学出版会，2012；「マレーシアにおけるハラール認証制度とハラール食品産業」イスラムビジネス法研究会・西村あさひ法律事務所編『イスラーム圏ビジネスの法と実務』経済産業調査会，2014．

堀井　聡江（ほりい　さとえ）

ケルン大学哲学部東洋学科イスラーム学博士課程修了（2002年 Ph.D 取得）．桜美林大学リベラルアーツ学群准教授．
専門分野：イスラーム法，エジプトを中心とするアラブ諸国の近現代法制史．
業績：『イスラーム法通史』山川出版社，2004；共著『イスラーム法の「変容」近代との邂逅』山川出版社，2014；共著『オスマン民法典（メジェッレ）の研究 売買編』人間文化研究機構（NIHU）プログラム・イスラーム地域研究東洋文庫拠点，2016．

ラウ，マーティン（**Martin Lau**）

ロンドン大学博士課程修了，法学博士．ロンドン大学アジア・アフリカ学院ロースクール教授・副学長．エセックス裁判所バリスタ．
専門分野：アフガニスタンの人権と憲法，南アジアの家族法と商法，イス

ラーム法および中東法（イスラーム金融・商法）

業績：*The Compatibility of Afghanistan's Legal System with International Human Rights Standards*, Geneva, ICJ, 2002; *The Role of Islam in the Legal System of Pakistan*, Martinas Nihoff, 2006.

現代のイスラーム法

2016（平成28）年11月1日　初版第1刷発行

編　者	アジア法学会

編集代表　孝忠延夫
　　　　　高見澤磨
　　　　　堀井聡江

発行者　阿部成一

〒162-0041　東京都新宿区早稲田鶴巻町514番地

発行所　株式会社　成文堂

Tel 03(3203)9201(代)　　Fax03(3203)9206
http://www.seibundoh.co.jp/

製版・印刷　藤原印刷　　　　　　　製本　佐抜製本
©2016　N.Kochu, O.Takamizawa, S.Horii　　Printed in Japan
☆乱丁・落丁本はおとりかえいたします☆
ISBN 978-4-7923-3353-9　C3032
定価（本体4800円＋税）